十字軍とイスラーム世界

神の名のもとに戦った人々

God's Battalions: The Case for the Crusades

by Rodney Stark

ロドニー・スターク［著］

櫻井康人［訳］

新教出版社

God's Battalions: The Case for the Crusades
by Rodney Stark

Japanese translation published by arrangement with
HaperOne, an imprint of HarperCollins Publishers
through Japan UNI Agency, Inc., Tokyo

Japanese translation by Yasuto Sakurai

Shinkyo Shuppansha
Tokyo, Japan
2016

目次

著者による注は（　）内に、訳者による補足・修正等は〔　〕内に記した。

なお、原著では巻末注の体裁を取っているが、より見やすくするために、文献情報については本文中に、それ以外の情報については原注として各章の末尾に配置した。

序章　冑《かぶと》を身にまとった貪欲な野蛮人たち？

クレルモン教会会議の間、教皇ウルバヌス2世は第1回十字軍の喧伝を助けるように、集まった司教や教会人たちに求めた。翌日、彼は草原にて大群衆に向かって十字軍を呼びかけた。

一〇九五年一一月二七日、教皇ウルバヌス二世〔位一〇八八～一〇九九年〕は、フランスのクレルモン郊外に広がる草原に設置された演壇に上がった。四方は大群衆に囲まれていた。五三歳にしてなお活力あるウルバヌスは、かなり遠くにまでその声を轟かせることのできる、類いまれなる力強く印象深い声を神から授けられていた。貴族や教会人のみならず貧しい農民をも含む大群衆に向けた、この記憶に刻まれるような儀式の中で、教皇は歴史を変える演説を行った。

ビザンツ皇帝アレクシオス・コムネノス〔一世、位一〇八一～一一一八年〕は、戦闘態勢に入っていた帝都コンスタンティノープルからフランドル伯〔ロベール二世、位一〇九三～一一一一年〕に宛てて、彼とその同胞のキリスト教徒たちに対して、ビザンツ人たちを援助してほしいと要請する書簡を送っていた。近頃中東に侵入してイスラームに改宗し、エルサレムを占領し、コンスタンティノープルから一六〇〇キロの圏内に進出してきたセルジューク朝を駆逐するためである。ウルバヌスはこの書簡に応じる形で集会を設定したのであった。その書簡の中で、ビザンツ皇帝は聖地に向かうキリスト教徒巡礼者たちが体験する悍《おぞ》ましい苦痛や、教会・祭壇・洗礼盤に対してなされる下劣な冒瀆について詳述していた。万が一にでもコンスタンティノープルがトルコ人の手中に落ちてしまえば、数千人以上ものキリスト教徒が殺害されて責め苦を負わされるばかりでなく、数世紀をかけて収集された「最も聖なる救世主の聖遺物」が失われてしまうであろう。「ゆえに、神の名のもとに……余は貴君がこの都にすべての忠実なるキリストの戦士たちを連れて来るよう懇願する。……もしやって来れば、貴君は天の報酬を見出すであろう。しかし、もし来ないのであれば、神は貴君を強く咎めるであろう」（Payne 1984, 28-29）。

しかし、ヨーロッパ人たちがビザンツ帝国からの援助要請を無視する可能性があったことについては、多くの理由があった。一つには、彼らのキリスト教信仰および文化遺産がローマ的であった一方で、ビザンツ人たちのそれがギリシア的であったということである。ビザンツ人たちの生活様式はヨーロッパ人の目には堕落しているように映り、そしてビザンツ人たちの「正統なる」キリスト教信仰はラテン＝カトリック信仰を軽蔑し、しばしばカトリックの聖職者や実践者たちを虐げさえしていたのである。それにもかかわらず、教皇ウルバヌス二世はこの書簡を読んだ時、価値ある行動によって応えるべきであると決心し、その有名な演説が続いてなされることになるクレルモン教会会議の手筈を整えたのであった(1)。

教皇は、キリスト教徒巡礼者たちが被っている拷問・強姦・殺害について、そしてトルコ人たち（彼はペルシア人たちと言っているが）による教会や聖所の冒瀆について、フランス語を用いて鮮明に詳述することから演説を始めた。「彼らは、その不潔なる手で祭壇を汚した後にそれを破壊している。彼らはキリスト教徒に割礼を施し、その際の血を祭壇や洗礼盤の瓶に注ぎ込んでいる。彼らが屈辱的な死に至るような拷問を行いたいと望む場合には、彼らは臍《へそ》に穴を空けて、腸の先端を引っぱり出してそれを柱に結び付ける。そして犠牲者を、その腑が吹き出して地面に倒れ伏すまで鞭打ちながら引き摺り回すのである。……悍ましき女性の強姦について、私が何を言うことができるであろうか？　それについて語ることは、黙っているよりも悪いことである。ゆえに、これらの不正に報復し、かの地を回復する職務は、あなた方でなければ一体誰の義務なのであろうか？」（ロベール・ド・ランスの記述によるウルバヌスの演説、Peters 1998, 27）。

ここで教皇ウルバヌスは、彼および彼の輝かしい前任者であるグレゴリウス七世（位一〇七三～一〇八五年。正確には前々任者）が、長年にわたって取り組んできた二番目の問題、すなわち中世における慢性的な戦闘状態という問題を取り上げた。教皇たちは、封建貴族たちの間に「神の平和」を確立しようと試みてきた。彼らの中には、ともすればうまく戦うということのためだけに友人に対してでさえ戦闘を仕掛けたがる者が少なくない、と考えられていたのである。結局のところ、良く戦うことは、幼い頃から毎日そうするように訓練を受けてきたことであったが、教皇たちにとって絶好の機会はそこにあった。「愚かにも戦いのための口実を絶えず求めているキリスト教徒の戦士たちよ、喜びなさい。今日、あなた方は真の口実を見出したからである。……たとえ戦いの中で敗北したとしても、あなた方はイエス・キリストとまさに同じ場所で死ぬという栄光を得るであろう。そして、神は聖なる軍の中にあなた方がいたことを決してお忘れにならないであろう。……地獄の兵士たちよ、真の神の兵士になりなさい！」（Michaud 1855, 51 より引用）。

ここで、「主はそれを欲し給う！」という叫びが群衆を通じて広がり始め、十字の印を作ってそれを胸に縫い付けるために、男たちはマントや服を裂き始めた。翌年に聖地に向かうことに皆は同意し、そして実際にそうした。

以上が、いかにして、そしてなぜ第一回十字軍が始まったのか、ということについての伝統的な説明である。しかし近年、より皮肉交じりで悪意のある説明が人気を博している。そのために、ムスリムのテロリストによる世界貿易センタービルの破壊直後に、十字軍こそがイスラーム世界の憤慨の基であるという発言がしばしばなされた。西方のキリスト教徒が行った虐待に対するムスリムの怒りは第一回十字軍に遡ることができると論じられたのである。そこでは、十字軍は決して敬虔さや巡礼者の安全や聖所に対する関心によって心を動かされたのではなく、ヨーロッパの残虐な植民地主義の歴史における極度に血なまぐさい序章に過ぎなかったとされている（Armstrong [1991] 2001; Prawer 1972）。

さらに進んで、十字軍士たちは、理想ではなく、土地や略奪を求めて東方に向かったのだという非難もある。十字軍士たちは、ムスリムを集団的に改宗させることによってキリスト教世界を大きく拡大したいという、常軌を逸した権力を追い求める教皇によって駆り立てられたのであり（Ekelund et al., 1996）、ヨーロッパの騎士たちは「先進的なムスリムの文化を……廃墟に」（Madden 2002a より引用）しつつ、行軍中にあらゆる者に残虐な行為を行った野蛮人だという非難まである。「十字軍は、今日の我々と共にある歴史的な記憶、すなわちヨーロッパの長い攻撃の記憶を生み出したのだ」と、ワシントン大学に所属するイスラーム研究の第一人者であるアクバル・アフメドが述べているようにである（Curry 2002, 36 より引用）。

二〇〇一年九月一一日に起こったニューヨークへの攻撃から二ヶ月後、元大統領のビル・クリントンは、ジョージタウン大学で聴衆に向かって、イスラーム世界に対する罪としての十字軍を引き合いに出しながら「ヨーロッパの様々な国の子孫に由来する我々に、罪がないわけではない」と話した。それから彼は、一〇九九年にゴドフロワ・ド・ブイヨンとその軍勢がエルサレムを占領した際に流された血についての古めかしい説明を手短に述べた。

十字軍が贖罪という大きな需要の中で生じた恐ろしい罪であったということは、イスラームのテロリストによる航空機ハイジャック事件が起こる以前においてでさえ一般的な見方であった。一九九九年、ニューヨーク・タイムズ紙は、十字軍がヒトラーによる残虐行為やコソヴォでの民族浄化に比肩しうるものであったと真剣に述べた（一九九一年六月二〇日、第四部一五頁）。同年、十字軍士によるエルサレム占領から九〇〇年という節目を人々の心に刻み込むために、数百人から成る敬虔なプロテスタントたちは、ドイツを出発して聖地を目的地とする「和解の行進」に参加した。その道中、参加者たちは「私は謝罪する」とアラビア語で書かれたTシャツを着ていた。彼らの公式見解では、キリスト教徒による謝罪の必要性が、次のように説明されている。

九〇〇年前、我々の祖先たちは、イエス・キリストの名を中東での戦闘に持ち込んだ。恐怖・貪欲・憎悪の念に駆られ、……十字軍士たちはあなた方の民の上に十字架の旗を掲げた。……第一回十字軍の節目の年に当たって、……我々は十字軍士たちの足跡を、彼らの行為に対する謝罪の中で辿るのである。……我々は、先人たちによって神の名のもとになされた残虐行為を深く後悔している。我々は、貪欲・憎悪・恐怖を放棄し、イエス・キリストの名のもとに行われたすべての暴力行為を非難する。（Ontario Consultants on Religious Tolerance, www.religioustolerance.org/chr_cru1.htm）

また一九九九年には、元修道女にして宗教を主題とする著名な作家であるカレン・アームストロングが、次のように述べている。「十字軍運動は、ヨーロッパ＝キリスト教世界における根深い必要性に応じたものであった。しかし今日私たちの多くは、十字軍を非キリスト教的なものであると非難するのに躊躇しない。結局のところ、イエスは同胞に対して、敵を殺害するのではなく愛しなさい、と言ったのである。イエスは平和主義者であり、教皇ウルバヌスよりもガンジーに共通するものが多い」と。アームストロングは、続けて次のようにも述べている。実際のところ、キリスト教世界は「イエスの平和主義にもかかわらず、暴力を志向する属性を有している」ので、「聖戦は深淵においてはキリスト教的な行いである」と（Armstrong [1999] 2001, 4）。そして、著名な元司祭のジェームズ・キャロルも、十字軍は「今日に至るまで地上と人類の記憶に傷跡を刻んでいる暴力の痕跡を残した」と非難しつつ、アームストロングの見解に同意した（Carroll 2004, 5）。

しかし、このような非難は何も新しいものではない。十字軍に対するヨーロッパ人の非難は、フランスやイギリスの知識人たちが、自分たちを美化し、カトリック教会の評価を下げるために「暗黒時代」という完全に間違った用語を作り出した「啓蒙期」の間に広まった（第三章参照）。それゆえに、ヴォルテール（一六九四〜一七七八年）は、十字軍を「二〇〇年間も続き、人間性の能う限りのあらゆる残虐・背信・堕落・愚行によって刻印された憤懣という、絶え間なく蔓延した伝染病」と称した（Richard 1999, 475より引用）。デイヴィット・ヒューム（一七一一〜一七八四年）によると、十字軍とは「いかなる時代や国家にも現れたことのないような、人間の愚行の中で最も注目に値し、最も持続性のある例」であった（Hume 1761, 1: 209）。ドゥニ・ディドロ（一七一三〜

一七八四年）は、十字軍を「住民の喉を掻き切り、一滴の血を流す価値もないような岩の頂を手に入れるために、世界の中で最も重要な場所を不幸にして小さな国へと引き摺り込んでしまった、……最深の暗黒にして最大の愚行の時代」と特徴づけた（Richard, 1999, 475 より引用）。これらの非難の矢はまた、すでに広く流布していた「十字軍運動とはカトリックの偏狭さと残虐性のもう一つの表現である、というプロテスタントの信念を増強した」（Riley-Smith 2003, 154）。ゆえに、イングランドの歴史家であるトーマス・フュラー（一六〇八〜一六六一年）は、十字軍はすべて教皇の行ったものであり、ムスリムから彼らの合法的な所有地であるパレスチナを奪おうとした点において、この「戦争はキリスト教世界の汚点である」と非難したのであった（Saunders 1962, 11 より引用）。

しかし、十字軍とは土地や戦利品を求めるために宗教的な口実を利用した初期のヨーロッパ帝国主義であった、という考えは、ルター派のドイツ人歴史家ヨハン・ローレンツ・フォン・モスハイム（一六九三〜一七五五年）に起源を持つ。彼は、次のように記述している。「ローマ教皇とヨーロッパの諸侯たちは、最初は迷信のみに基づいてこれらの十字軍に没頭していたが、時が経つにつれ、経験を通じてこれらの聖戦が彼らの富の増加や権威の伸長に大きく寄与することを学んだ時、……野心と貪欲が狂信と迷信の命ずるものを支えて増強したのであった」と（Saunders 1962, 11-12 より引用）。モスハイムの見解にはエドワード・ギボン（一七三七〜一七九四年）が共鳴し、実際に彼は、十字軍士たちは「宝物・金・ダイヤモンド・大理石・碧玉で飾られた場所、シナモンや乳香の香り高い森という鉱脈」を求めて旅したのだと非難している（Gibbon [1776-1788] 1994, bk. 6, chap.

58）。

二〇世紀に入り、このような利己主義的見解は、なぜ十字軍が起こったのかという「物欲主義者」の入念な説明へと脚色された（Duby 1977; France 1997; Mayer 1972）。多作家であるジェフリー・バラクロウ（一九〇八～一九八四年）は、次のように記述している。「十字軍に対する我々の評価は、それが植民的搾取に等しいということである」と（Riley-Smith 2003, 159）。また、カレン・アームストロングは、十字軍は「我々の最初の植民活動だった」と信じている（Armstrong [1991] 2001, xii）。なぜ騎士たちが東方に向かったのかについての、より広い視野からの、より洗練された物欲主義的な説明は、十字軍はヨーロッパの「騎士階級」の厳しい経済的窮地を緩和した、ということを提示したハンス・エーバーハルト・マイヤーによって練り上げられた。マイヤーや彼の見解を支持する者たちによると、当時、「余剰の」子息たち、すなわち家督を継ぐことができず、家督を継いだ者が最低限の収益さえも割り当てることが徐々に困難になっていると認識していた貴族家系の構成員たちの数が、相当かつ急速に増加していた。ゆえに、マイヤーの言うところによると、「十字軍は騎士階級、すなわち十字軍をその物質的な問題の解決方法と見なす階級にとって、一種の安全弁であった……」（Mayer 1972, 22-25）。実際に近年、とあるアメリカの経済学者の一団は、エルサレムの祭壇を現代のアミューズメント・パークに例えながら、十字軍士たちは流れるように続々とやって来る巡礼者たちから富を得ることを望み、そして教皇はイスラームから改宗した人々によって拡大するであろう教会の「新たな市場」を求めて十字軍士たちを東方に派遣した、との見解を提示している[2]（Ekelund et al. 1996）。かくして、世界を牽引するような一流大学で用いられている西洋文明についての教科書が、「教皇やヨーロッパ君主たちの観点からは、十字軍は、好戦的な若い貴族たちをヨーロッパから除去する方法を提供するものであり、……若い貴族たちは十字軍を領土、富、地位、可能であれば称号、そして救済さえも得ることができる好機と見なした」という情報を学生に与えていることは、驚くべきことではないのである（Spielvogel 2000, 259）。

以上、広く流布している知見を要約すると次のようになる。十字軍運動の中で、領土拡張主義的・帝国主義的なキリスト教世界が、寛容で平和に満ちたイスラーム世界を蹂躙・略奪して植民地にした、と。

しかし、そうではない。以下に見るように、十字軍はイスラーム世界からの挑発、具体的には西洋世界を植民地にするための数世紀にわたる流血を伴う試みや、突如として起こったキリスト教徒巡礼者や聖所への攻撃によって引き起こされたのである。十字軍は教皇の請願によって始まったが、このことはムスリムを改宗させようという願望とは無関係である。また、十字軍は、余剰の子息たちによって組織されたのではなく、十字軍運動にかかる費用は期待できる〔戦利品などの〕わずかの物理的見返りを遥かに凌ぐということを十分に認識していた大貴族家系の当主たちによって組織され、そして率いられたのである。多くの者たちは莫大な費用を私費で賄い、中には全財産を意図的に投げ打って十字軍に参加した者もいた。さらに、十字軍士たちが聖地に設立して二世紀近く存続した十字軍国家は、現地の搾取に支えられた植民地ではなく、むしろヨーロッパからの莫大な援助を必要としたのである。

加えて、軍事行為のあるべき姿についての現代的な考えを、中世の戦闘にも当てはめようとするのはまったくもって理に適っていない。中世では、キリスト教徒とムスリム双方とも、現代とはまったく異なる戦いのルールに従っていたのである。不幸にも、十字軍に対して非常に同情的である、あるいはそこまで至らずとも分別のある歴史家でさえ、その多くはこの事実を受け入れることができずにおり、学術の世界であまりにも広く浸透してしまっている平和主義を掲げつつ、戦争とは常に「正しく」ありうるという考えの上で苦悶する傾向にある。最後に、ムスリムが一〇〇〇年もの間、十字軍に対して激しい怒りを心の中に抱きつづけているとの主張も、まったくの的外れである。十字軍に対するムスリムの敵対心は、オスマン帝国の衰退や、中東における真のヨーロッパ植民地主義の始まりに対する反動の中、一九〇〇年頃になって初めて現れたからである。そして、イスラエル国建国の後に初めて、反十字軍の感情が激しさを増していったのである。これらのことは、以下の本論における主題となる。

歴史家たちは、どの出来事が十字軍であったのか、したがっていつ十字軍が起こったのかについて、見解を一致させていない（Tyerman 1998 参照）。ここでは、私はヨーロッパ内の異端に対する「十字軍」を除外し、十字軍とは聖地の支配を巡るキリスト教世界とイスラーム世界との衝突を意味し、その活動は一〇九五年から一二九一年の間に起こった、という伝統的な定義を受け入れるものとする。ただし、伝統的な十字軍の歴史家たちとは異なり、私の話はクレルモンでの教皇の訴えからではなく、イスラームの出現とムスリムによるキリスト教世界への侵略の開始から始まる。それらはすべて七世紀に始まり、イスラームの軍勢が、当時キリスト教徒の領域であった中東やエジプトの大部分、および北アフリカ全域、そしてその後にはシチリア、コルシカ、キプロス、ロドス、クレタ、マルタ、サルディーニャを含む多くの地中海に浮かぶ主要な島々ばかりでなく、スペインや南イタリアをも席捲した時期である。八世紀に始まり、すぐに占領された地域の多くを「解放した」キリスト教徒の反撃について検証することもまた重要である。というのも、それは最終的に聖地において勃発した軍事衝突の前哨戦となったからである。ただし、私は十字軍の戦闘行為そのものについて詳述するつもりはない。というのも、ヨーロッパの騎士たちが四〇〇〇キロ以上も行進し、その過程で多くの損失を被ったものの、圧倒的に大多数のムスリムの軍勢に打ち勝つことを可能とした優れた文化や技術という観点からしか、それを理解することができないからである。

これまでに多くの優れた歴史家たちが、十字軍の諸相を研究することに身を捧げてきている(3)。しかし、私はそのような者の一人ではない。私のすることは、これら専門家たちの成果を、一般的な読者にわかりやすい文章で、より包括的な全体像へと統合することである。ただし、私が依拠した多くの専門家の成果については、本文や注の中で十分に提示するよう配慮する。

注

（1）教皇の演説については四種類の史料が現存しているが、いずれも演説から数年後に書かれたものである。また、それぞれの内容は、基本的な点では一致しているものの、大きく異なっている。さらに、それらの英訳は幾つかあるが、訳出の上でも幾分かの相違点がある。

（2）管見の限りにおいて、この見解は、類推によって経済原理を当てはめようとする試みの中で最も不当で無知なものの一つである。

（3）それらのすべてを挙げるにはかなりの頁を割かねばならないので、ここではその内の幾つかを本文中で示すに留める。

第一章　ムスリム侵入者たち

実質的には、十字軍の歴史は、イスラームに改宗したばかりのアラブ軍がキリスト教徒の領土の多くを奪い取った7世紀に始まっていた。

後世に言われているところによると、ムハンマドは最後の言葉として、「私はすべての者が『アッラーの他に神はなし』と言うまで戦うように命ぜられた」と追随者たちに伝えた（Karsh 2007, 4より引用）。これは、クルアーン第九章五節「多神教徒たちを見出し次第殺し、捕らえ、包囲し、あらゆる道で彼らを待ちうけよ」（訳は中田考監修『日亜対訳　クルアーン』作品社、二〇一四年に従った）とまったく矛盾しない。このような精神の中で、ムハンマドの後継者たちは世界征服に向かったのである。

ムハンマドの生まれた五七〇年、キリスト教世界は中東から北アフリカにまで広がり、ヨーロッパの大部分を包含していた（地図1―1）。しかし、六三二年のムハンマドの死からわずか八〇年の内に、新たなムスリム帝国が中東の大部分、北アフリカの全域、キプロス、およびスペインの大部分からキリスト教徒を駆逐した（地図1―2）。

次世紀には、シチリア、サルディーニャ、コルシカ、クレタ、南イタリアもまた、ムスリムの支配下に入った。このことは、どのようにして成し遂げられたのだろうか？　数百万人ものキリスト教徒やユダヤ教徒には、一体何が起こったのだろうか？

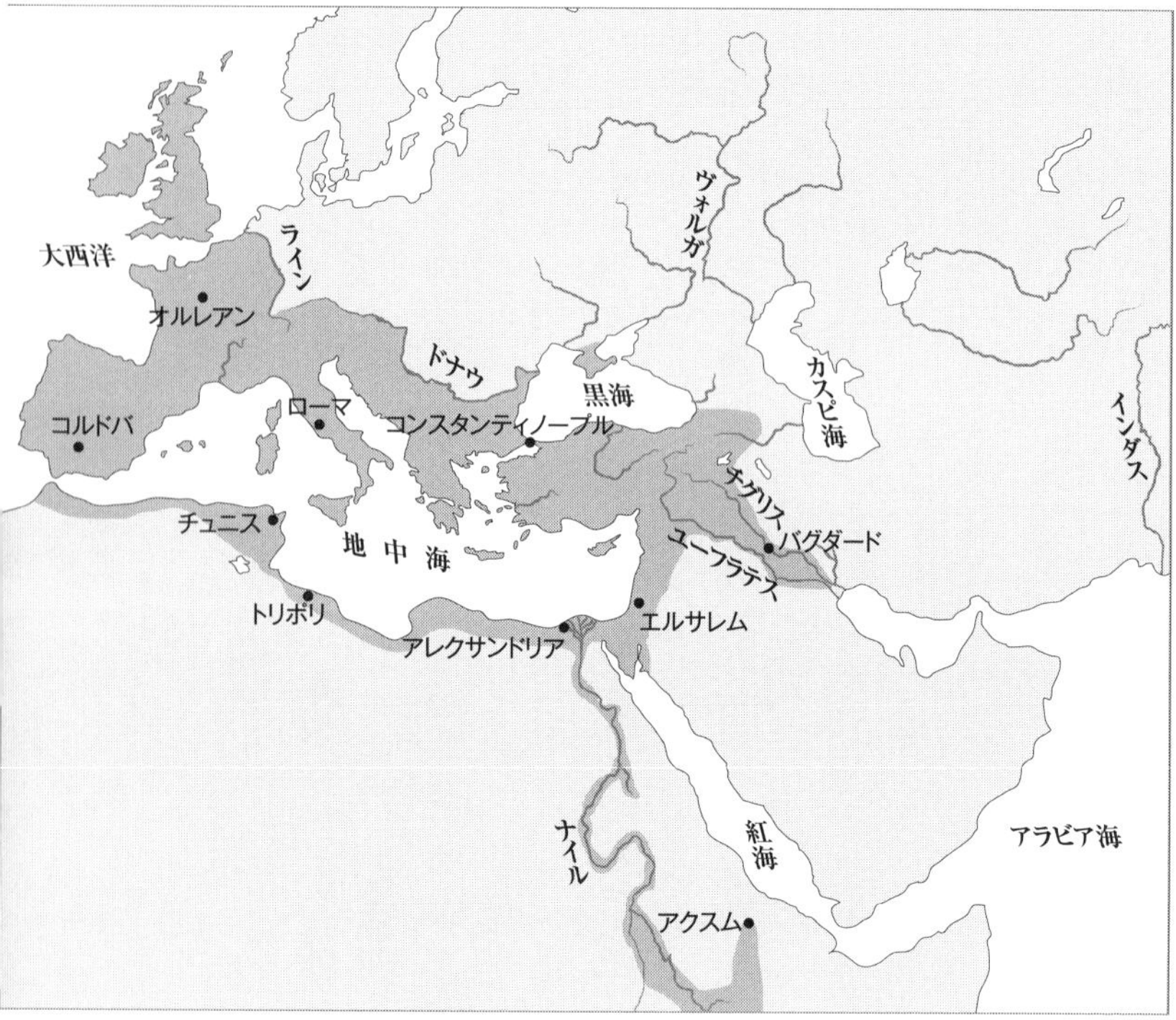

地図 1-1　キリスト教世界の範囲（紀元 600 年頃）

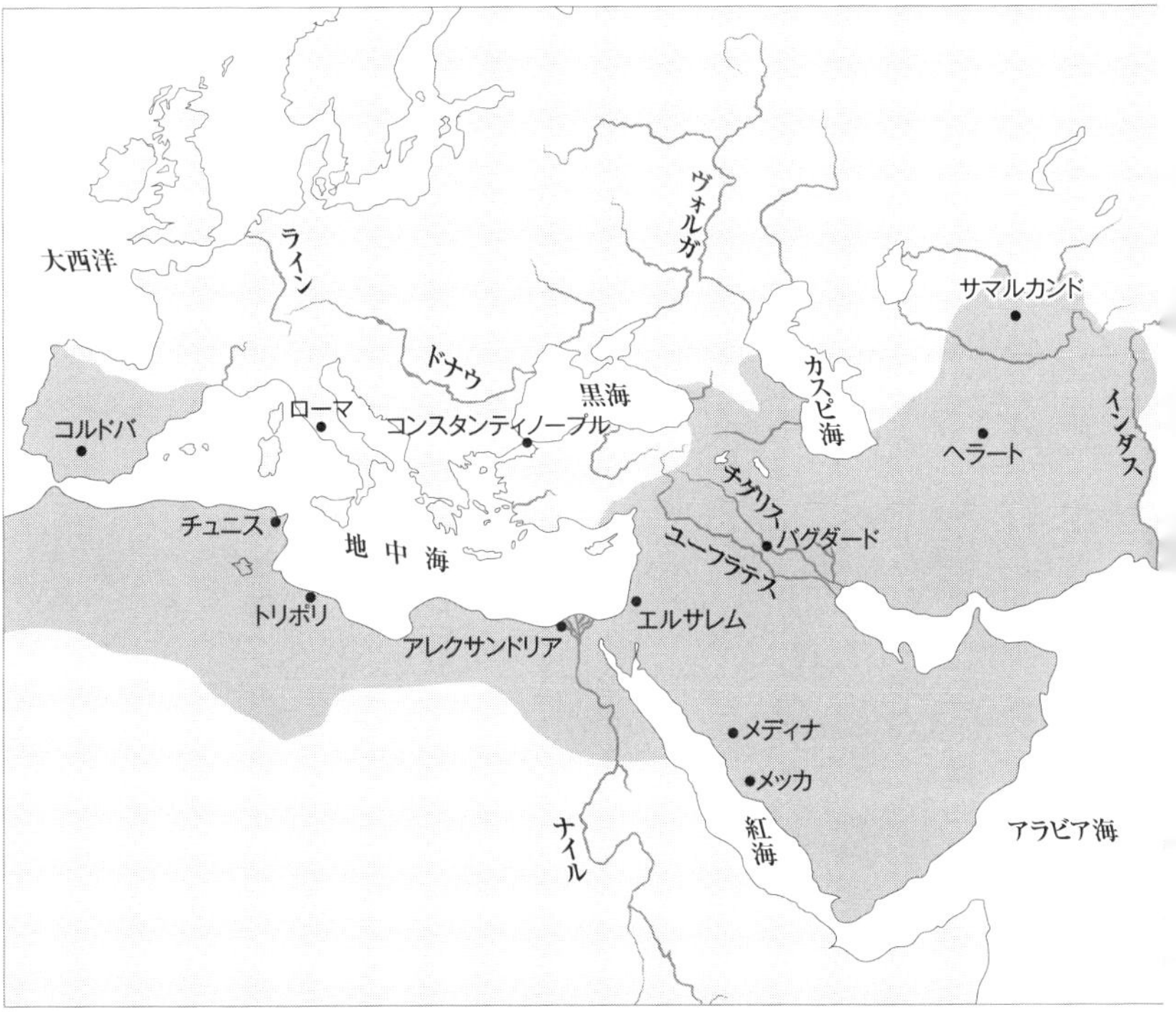

地図 1-2　イスラーム世界の範囲（紀元 800 年頃）

征服事業

死の前、ムハンマドは、アラビア半島を越えて領土を拡大することを期待させるに足るだけの十分な軍勢を召集した。ムハンマドによる砂漠の民ベドウィン諸部族のアラブ国家への統合は、彼らがキャラバンから思いのままに強奪することに終わりをもたらしたばかりでなく、アラブ人の町や村に防衛の名目で税を課すという彼らの長い伝統を排除することにもなったので、ムハンマドによる外部世界への侵略は徐々に人々の心を惹き付けていった。したがって、その視線は「豊かな戦利品を勝ち取ることが可能であり、戦士たちがアラビア半島の平和と内的安定を危険に晒すことなくして栄光と利益を見つけ出すことができる」北方や東方に向けられることとなった（Rodinson 1980, 273）。ムハンマド軍によるビザンツ領シリアや〔サーサーン朝〕ペルシアへの襲撃は、預言者の晩年に始まって、その死の直後に激しさを増していった。

一般的に歴史家の多くは、初期のムスリムの征服事業について、完全に物質的かつ世俗的な説明をしている。したがって、著名なカール・ハインリヒ・ベッカー（一八七六〜一九三三年）は、「故地の半島を越えたアラブ人による爆発的な領土拡大は、完全に経済的必要性ゆえであった……」と説明した（Becker [1909] 2006, 2）。とりわけアラビア半島における人口爆発やキャラバン交易の急速な衰退が、当時のアラブ人を一連の侵略と征服事業を突発的に開始するように導いた主要な力源であった、と言われている。しかし、人口爆発などは決して生じていなかった。アラブ人の人口爆発という考えは、それこそが野蛮な「アラブの遊牧民たち」に文明的なビザンツ人やペルシア人に対する勝利をもたらした、と仮定する著述家たちによって生み出されたものなのである。実際は、正反対である。後述するように、ムスリムの侵略は、極端に少数ではあるが、非常に良く統率・組織されたアラブ軍によって成し遂げられたのである。キャラバン交易については、おそらくはアラブ国家の成立によってキャラバンがかなり安全な状態に置かれるようになったので、逆にそれはその成立の初期において発展傾向にあった。

この特定の時期においてアラブ人が近隣を攻撃した根本的な理由は、彼らがそうする力を持つに至ったからであった。一つには、ビザンツ帝国も〔サーサーン朝〕ペルシアも、長年にわたる争いによって疲弊していた、ということである。その間、双方とも多くの流血を伴う敗北に苦しんでいた。それと等しく重要なことは、非協力的な諸部族の寄せ集めではなく統一国家になったことで、アラブ人が数世紀にわたって行ってきたような、攻撃しては素早く引き上げるという略奪行為ではなく、今や軍事遠征を支えるだけの力を得たことである。より特別な動機に関して言えば、ムハンマドは、対外的膨張を、戦利品と税収という新たな機会を砂漠の民たちに提供することでアラブを統一する手段と見なしていた、ということである。しかし何よりも重要なのは、アラブの侵略活動がイスラームの拡大に専心した人々によって計画・統率された、ということである。ヒュー・ケネディが要約しているように、ムスリムは「信仰と戦利品に対する期待のために戦ったのであり、友人や仲間の部族民たちがそのようにして戦っているから戦った」のであった（Kennedy 2001, 6）。

ムスリムの侵略活動を再構成しようとするあらゆる試みは、史料の信憑性の低さによって制約されてしまう。学識豊かなフレッド・ドナーが説明しているように、初期のムスリムの年代記作者たちは「異なった様式の断片的な情報を集め、結果として幾つかの矛盾をはらむ図式に陥ってしまった」ので、たとえそれが本当にあるにせよ、どの情報がより正確なのかを決定することは不可能なのである（Donner 1981, 221）。さらに、往々にしてキリスト教徒およびムスリムの年代記作者双方とも、軍隊の規模については馬鹿げているほど大げさな主張（一〇倍以上に数を膨らませるように）を展開する。しかし幸運なことに、数世代に及ぶ優秀な研究者たちが、主要な軍事遠征についてのより妥当な数値や十分な全体像を提供してくれている。なお、当然のことながら、本章で以下に記すムスリムの征服事業についての概観は、第一回十字軍以前のものに限定されることを断っておきたい。

シリア

最初の征服地は、当時ビザンツ帝国（東ローマ帝国）の属州シリアであった。シリアには、多くの魅力があった。距離的に近いばかりでなく、外部世界の中では最もよく知られた地でもあった。アラブ商人たちは定期的にシリア商人たちと接触しており、その中には、幾世代にもわたって、メッカで開催される定期的な交易市にやって来る者もいた。また当時のシリアは、アラビア半島よりも遥かに肥沃な地域であり、ダマスクスを含む、より大きくて立派な都市を有していた。また、シリアは、その不安定な政治状況や中央政府に対する多くの不満分子の存在ゆえに、絶好の征服の的としての姿を露わにしてくれていたのである。ビザンツ帝国支配下に入って数世紀を経た後、シリアは六一一年頃に〔サーサーン朝〕ペルシアの手中に落ちるも、六三〇年頃（ムハンマドの死の二年前）にはビザンツ帝国に奪回されていた。ペルシア人がその支配の間にビザンツ帝国の支配基盤であった施設を破壊していたために、彼らが駆逐された時には支配権力の真空状態が生じた。さらに、数世紀の間、アラブ人はシリアへと移住しており、ビザンツ帝国軍の徴募兵の重要な源泉となっていた。加えて、辺境地域に位置するアラブ諸部族は、南方から略奪しにやって来る自分たちの親族から帝国領を防衛する傭兵として長らく仕えていた。しかし、ビザンツ帝国がシリアの支配を回復した時、巨額の負債を負った皇帝ヘラクレイオス〔位六一〇～六四一年〕は、辺境諸部族への給金を従来通りに支払うことを拒否した。それは、戦略的に重要なこの時期に彼らを遠ざけてしまう行動であった（Glubb [1963] 1995, 125）。シリアに居住する多くのアラブ人もまた、〔東〕ローマの支配者たちに愛着をほとんど感じていなかった。それゆえ、イスラームのアラブ侵略者がやって来た時、アラブ人防衛者の多くは戦いの最中に鞍替えしたのである。さらに悪いことに、シリアの非アラブ人の間においてでさえ、「ビザンツ帝国の支配は非常に根深く憎悪されていたので、アラブ人は解放者として歓迎された」のであった（Becker 1926a, 345）。特に、ビザンツ帝国のギリシア正教会の主教たちから異端として迫害されていたネストリウス派のような多くの大規模なキリスト教徒集団ほどに、ギリシア人を憎み恐れていた者はいなかったのである。

六三三年、ムスリムの軍勢は初めてシリアに侵入し、ビザンツ軍からの大きな反撃なくして南部地域を掌握した。第二段階に入った翌年にはより頑強な抵抗に遭ったが、ムスリムは一連の戦闘に勝利し、六三五年にはダマスクスや他の諸都市を獲得した。これは、六三六年八月に勃発し六日間にわたって続いた、人口に膾炙するヤルムークの戦いの舞台を整えることとなった。両軍の軍勢はほぼ互角だったようであるが、このことはムスリム側に有利に働いた。というのも、ギリシア人を攻撃側に回らせつつ、ムスリム側は防衛側として陣形を整えたからである。最終的に、ビザンツ軍の重装騎兵は辛うじてアラブ軍の前衛線を突破したが、ムスリム側が、両足を縛ったラクダから成る防御壁の後ろへと後退したために、その利点を有効に活用することはできなかった。ビザンツ側がこの新たな防衛線に攻撃を仕掛けた時、その側面はがら空きになり、ムスリム騎兵からの決定的な攻撃に晒されることとなった。このような時に、ギリシア側の歩兵部隊は、重装騎兵と連携するどころか暴動を起こし、混乱して峡谷へとなだれ込み、そこで数千人が命を落とすこととなった。その直後、シリアに孤立したビザンツ側の部隊は見捨てられてしまった（Jandora 1990, 1986）。すぐさまカリフはダマスクスを、拡張しつつあるイスラーム帝国の首都としたのである（カリフという言葉は「後継者」を意味し、カリフの称号は「ムハンマドの後継者」を意味した）。

ペルシア

それと同時期に、他のアラブ軍は今日ではイラクとして知られるペルシア領メソポタミアに向けて進軍した。信頼の置けないアラブ人の軍団は、ビザンツ人と同様にペルシア人をも悩ませていた。重要な諸戦闘中に、ほぼアラブ人傭兵で構成されていたペルシア側の騎兵隊はすべてムスリム側に寝返り、六三六年のカーディシーヤの戦いにおけるペルシア人の大敗北を招いた。

ペルシア側は、多数の戦象を含む約三万の軍勢を召集した。ムスリム側の兵力はそれよりも小さく、十分な武装も施されていなかったが、位置取りにおいて決定的な利点があった。前面にはユーフラテス川の支流があり、右側には沼地、左側には湖があり、後方には砂漠が広がっていた。戦象を先頭に立てたペルシア側の進軍はアラブ弓兵隊によって退けられたが、初日の戦闘はまったくの様子見であった。二日目もほぼ同じ状況であったが、三日目、ペルシア側は戦象部隊を前面に押し出して総攻撃に打って出た。再度、彼らは弓矢の雨に打たれ、二頭の主要な象は傷を負わされた。結果として、傷付いた象たちは他の象の後ろへと我先に逃げて行き、他の象もそれに追随し、象部隊全体がペルシア軍の後ろへと足を踏みならして撤退した。混乱が生じた時、アラブ騎兵隊が一気に突撃し、ペルシア側に甚大な被害を与えて戦いに勝利したのである（Jandora 1990）。

その後ムスリム軍は、わずかな包囲の後に首都クテシフォンを占領した。かくして、今日のイラクを形成する地域がムスリムによって占領され、今日のイランとして知られる範囲にまでペルシア地域の領域が縮小されたのである。すぐ後に、ペルシア自体もムスリムの侵略者によって征服されたが、それに対する激しい抵抗がなかったわけではなく、次世紀の間にもペルシア人たちはムスリムに対して激しい反乱を展開し続けた。いったんペルシアを十分なまでに平定すると、カリフのアル・マンスール〔アッバース朝第二代カリフ、位七五四～七七五年〕は、ムスリム帝国の首都をダマスクスからイラク内のティグリス川沿いに建設した新しい都市へと移した。町の正式な名前はマディーナ・アッサラーム（平和の都市）であったが、皆はそれをバグダード（神の贈り物）と呼んだ。

ペルシアを征服した後、ムスリム軍はアルメニアを征服するために北方へと向かい、また最終的にはインダス川流域（今日のパキスタン）を占領するに至る形で東方へも移動した。ここを拠点として、何世紀もかけてムスリムは最終的には遥かインドにまでその勢力を拡大したのであった。

聖地

パレスチナは、ビザンツ領シリアの一部であったが、ヤルムークの戦いにおけるギリシア軍の大敗北によって、聖地は在地の軍勢によってのみ防衛されている状態になってしまった。当時、確かにパレスチナはギリシア人のキリスト教徒によって統治されていたが、住民の大部分はユダヤ教徒であった。明らかに、ビザンツ帝国に対するムスリムの勝利は、多くのユダヤ人にまさにメシアが到来せんとする兆しとして解釈されたのであるが、このことは、ユダヤ人が、侵略してくるムスリム軍を歓迎したという記録の理由を説明してくれるかもしれない（Gil 1992, 61-64）。ムスリムの集団は六三六年にパレスチナに入場し、長期にわたる包囲の後の六三八年、エルサレムはカリフのウマル〔第二代正統カリフ、位六三四〜六四四年〕に降伏した。彼はラクダを伴い、豪奢な馬に跨って町に入場した。ウマルは、ビザンツ帝国に属するギリシア人たちにはエルサレムに居住し続ける許可を与えたものの、何世紀にもわたってビザンツ帝国の統治者たちが行ってきた政策を踏襲し（Gil 1992, 70）、すべてのユダヤ人に対しては居住を禁止した（Gil 1992, 54）。ただし数年後には、ユダヤ教徒に対する禁令は解かれた。

エジプト

エジプトもまた、ビザンツ帝国の属州であった。しかし、北東〔シリア・パレスチナ〕でギリシア軍が被った敗北ゆえに、エジプトの安全は土台を崩されてしまった。六三九年、カリフのウマルは、ナイル・デルタ地帯に約四〇〇〇人から成る小規模な侵略軍を送った。それに対してビザンツ側の防衛軍は、安全な城塞都市の中へと撤退した。翌六四〇年、一万二〇〇〇人から成る別のムスリム軍が到着し、二つの軍団はヘリオポリス〔カイロ近郊の都市〕に陣を構えた。まだ二つに分断している段階のムスリム軍への攻撃に失敗した後、ビザンツ軍は戦いに打って出ることを決心した。夜の間にアラブ軍の指揮官は、巧みに二つの小隊を戦場の両翼に配した。アラブ軍の主力部隊がギリシア人の関心を引き付けた後、待ち伏せていた場所から二つの小隊が現れたため、ギリシア軍の陣形は崩れ、「非常に多くの者たちが、勝ち誇ったムスリムによって斬り倒されて虐殺された」のであった（Glubb [1963] 1995, 230）。

続いて、他のビザンツの軍勢を戦場へとおびき寄せるために、ムスリムは無防備だった都市ニキウ〔ナイル・デルタ西部の都市〕を急襲して住民を虐殺した後に、近隣の多数の農村でも同じことを行った（Glubb [1963] 1995, 238）。この時点で、ビザンツ軍の残党の多くは「整然としてアレクサンドリアの防衛へと身を引いてしまった」（Glubb [1963] 1995, 240）。アラブ軍はその後を追い、アレクサンドリアの城壁に対する浅はかな攻撃を行ったが、結果として多くの血を流す敗北に苦しむこととなった。防御壁から放たれる弓や石の射程距離から離れつつ、アラブ軍は陣を張った。

アレクサンドリアは港町であり、当時は完全に制海権を掌握していたビザンツ海軍が、容易に必要な分だけの援助や増強を施すことができたので、町の包囲はまったく見込みのない行為であった。全キリスト教世界の中で（コンスタンティノープルに次いで）二番目に大きい都市であったアレクサンドリアは（Chamdler 1987）、「巨大な城壁と塔によって覆われ、アラブ軍の飛び道具ではそれに対する攻撃はまったく無駄なものであった。……そのような町だからこそ数年間も持ち堪えることができた」のであった（Glubb [1963] 1995, 241）。しかし、理由はまったく不明であるが、六四一年にエジプトの新たな統治者となるべく海路でやって来たキロスという者が到着した一ヶ月後、彼はムスリムの指揮官に面会し、アレクサンドリアを含む全エジプト領を引き渡してしまったのである。

しかし、これで終わりではなかった。四年後、約三〇〇隻から成るビザンツ艦隊が、突如としてアレクサンドリアの港に到着して大軍を上陸させ、約一〇〇〇人から成るムスリム駐屯軍を瞬時に殺害した。ギリシア人は、再び町の巨大な城壁の後ろで難攻不落の状態を得たが、傲慢にして愚かな指揮官がアラブ軍を迎撃すべく軍隊を向かわせ、大敗北を喫した。それでもなお、十分な数を備えたビザンツ軍は、防御を強化するためにアレクサンドリアへと戻り、もしアラブ人のために城壁の門を開けた役人の裏切りがなければ、再び彼らは攻撃から身を守ることができるような安全な状態にあった。複数の記録によると、その役人は賄賂を受け取っていた。また他の記録は、彼はコプト派のキリスト教徒であり、同胞を迫害するためにギリシア人にも取り入っていた、と伝えている。いずれにせよ、町中になだれ込んだムスリムは、「町の半分が破壊されるまで……殺害・略奪・放火の限りを尽くした」（Glubb [1963] 1995, 284）。そして彼らは、問題の再発を防ぐために城壁を引き倒したのであった。

アレクサンドリアを占領するのに二度を要したことによって、ムスリムはビザンツ帝国なみの海運力を持つことの必要性を十分に悟った。依然として機能し続けているエジプトの造船所に目を付けた彼らは、艦隊の構築を命じ、航行のためにコプト派やギリシア人の傭兵を雇った。六四九年、この新しい艦隊は、キプロス侵略を支えるのに十分なものとなっていた。すぐ後には、シチリアとロドスが略奪された。ムスリム帝国の中央政府は、今や中東の大部分を支配下に収め、北アフリカ沿岸に勢力を拡大することが自由にできる状態となった。

しかし、このような状況であったにもかかわらず、ムスリムの征服事業は一時停止した。イスラーム世界で大規模な内乱が勃発し、それが数年間も続いたからである。問題は、ムハンマドの真の後継者を巡って展開された、ムハンマドの従兄弟にして義理の息子であるアリー〔第四代正統カリフ、位六五六～六六一年〕と、暗殺されたカリフのウスマーン〔第三代正統カリフ、位六四四～六五六年〕の〔又〕従兄弟であるムアーウィアとの間の衝突であった。多くの血が流された後、アリーもまた暗殺され、ムアーウィアがカリフとなったが〔ウマイヤ朝初代カリフ、位六六一～六八〇年〕、これは永遠にイスラームがスンナ派とシーア派〔アリーの支持者〕とに分断される結果を伴った。六七〇年になってようやく、ムスリム軍は北アフリカ沿岸を進むこととなったのである。

北アフリカ

エジプトと同様に、北アフリカ沿岸部一帯もビザンツ帝国の支配下にあった。主要な都市のすべてが港であり、かつ強固に防衛されていたので、アラブの指揮官は、道中で内陸部に拠点を形成しつつ、砂漠を横切って西へと向かい、後の都市カイラワーン〔現チュニジア共和国ケルアン〕となる所に巨大なモスクを建築した。なお現在その町は、メッカやメディナに次ぐ、ムスリムにとっての三番目の聖地となっている（Abun-Nasr 1971）。マグリブ（アラブ人による北アフリカの呼称）に設置されたこの拠点から、まず始めにムスリム軍は、その多くが遠い昔にユダヤ教へと改宗していた砂漠に居住するベルベル人に対する戦闘を仕掛けた（Brent and Fentress 1996）。とりわけカーヒナ〔またはディフヤ〕という名のカリスマ的なユダヤ教徒女性によって率いられた、アトラス山脈地域の諸部族からの激しい抵抗にもかかわらず、最終的にはムスリム軍が勝利し、ベルベル人から同盟者としての協力を得ることに成功した（Brent and Fentress 1996）。その間、おそらくは四万人から成る新たなムスリム軍が、六九八年にはカルタゴを占領するなどして、沿岸部の諸都市を一掃した。しかし、アレクサンドリアで起こったのと同様に、ギリシア人は苦心の末にカルタゴの港に軍隊を上陸させて町を奪還した。それに対してムスリムは、一個艦隊と大人数のベルベル人を含む軍隊を召集し、七〇五年、カルタゴは「徹底的に破壊され、その住民の多くが殺された」（Ye'or 1996, 48）。ムスリムが十分な艦隊を手に入れたことは、ビザンツ帝国領であった残りすべての沿岸都市の命運を決めたのであった（Becker 1926a, 370）。

スペイン

七一一年、モロッコからやって来た七〇〇〇～一万の軍勢が、北アフリカ西部の最も狭い地点から地中海を渡り、スペインの沿岸にある海へと迫り出した山の麓に上陸した。後に、この山はムスリムの指揮官であったベルベル人のターリク・イブン・ズィヤードに因んで、ターリクの岩山を意味するジャバル・ターリク（ジブラルタル）と名付けられた（Fregosi 1998, 94）。ムスリムの上陸は、スペインの皆を驚かせた。国王ロドリーゴ〔またはロデリク、西ゴート国王、位七一〇～七一一年〕は、急遽軍隊を召集して首都トレドから南に向かって進軍したが、グアダレテ川の戦いにおいて大敗北を喫するのみであった。ロドリーゴは、虐殺から逃げ惑う間に溺死した。これはムスリム軍によるビザンツ人以外のキリスト教徒との初めての交戦であったが、この場合のキリスト教徒とは、五〇〇年頃にローマ帝国領スペインを征服した西ゴート人であった。よくあるように、戦闘に巻き込まれた人や死傷者の数についての同時代史料の数値は当てにはならない。ギボンは、ロドリーゴの軍勢を一〇万人とし、ムスリム側については、勝利こそしたものの戦闘中に一万六〇〇〇人の犠牲者が出た、と主張している。しかし、おそらくロドリーゴの軍勢は一万人にも満たなかったであろう。確かなことは、ロドリーゴが命を落とし、ターリクが（塩水につけた）ロドリーゴの頭と信ずる物をダマスクスのカリフ〔ウマイヤ朝第六代カリフのワリード一世、位七〇五～七一五年〕に送った、ということである（Fregosi 1998, 96）。

その後の七年間にも及ぶ軍事活動の結果、アル・アンダルス（ムスリムによるスペインの呼称）の残りの部分は、キリスト教徒が決して退かなかった北方の一部を除いて、ムスリムの支配下に置かれた。非常に残虐で堕落した西ゴート王国による支配が現地の人々に広く憎悪されていたので、ムスリムに対する目立った抵抗はなかったという事実を除いて、スペインの大部分を征服したこの軍事活動についてはほとんど何も知られていない。現地人たちはムスリムをモーロ人（モロッコからやって来た人々）と呼んだが、その呼称は今でも定着している。コルドバに首都を定めてすぐ後、モーロ人は以前はキリスト教の大聖堂があった場所に巨大なモスクを建築した。当初、アル・アンダルスはムスリム帝国の一部であったが、七五六年に一つの独立した首長国となった〔後ウマイヤ朝、七五六〜一〇三一年〕。

シチリアと南イタリア

ムスリムによる最初のシチリア侵入は六五二年に起こったが、それは失敗に終わった。その後の六六七年および七二〇年にも攻撃が展開されたが、さらなる試みは、ベルベル人とアラブ人とを巻き込んだ北アフリカにおける内紛のために、遅々として進まなかった。八二七年、再びムスリムがやって来て、約一万人から成る軍勢が上陸した。在地のビザンツ人指揮官は激しく抵抗し、「度重なる戦闘と多くの虐殺行為を経て」ムスリムがシチリア征服に成功するには、七〇年以上の歳月を要した（Fregosi 1998, 132）。したがって、パレルモこそ長期に及ぶ包囲戦の後の八三一年に陥落していたが、シラクーザは八七八年まで陥落せず、最後のビザンツ人の要塞タオルミーナは九〇二年まで持ち堪えたのである。

ムスリムは、シチリアを足場として南イタリアへと渡り、八四〇年にはターラントとバーリを奪い、カプアを略奪し、そしてベネヴェントを占領した。ローマも八四三年および八四六年に略奪されたが、後者においてはすべての有名な教会が略奪され、教皇は巨額の税を支払わざるをえなくなった。南方へと引き返したムスリム指揮官たちは、南イタリアをそれぞれ独立した首長国として分け合った。

シチリアおよび南イタリアの占領は、二世紀以上続くこととなった。

主要な島々

ムスリムによる地中海の主要な島々の占領については、これまでほとんど記述されていない。おそらく歴史家たちが、それらを問題にするには値しないと考えているからであろう。しかし、クレタやサルディーニャのような島の所有は、ムスリム艦隊にとって戦略の上で非常に重要であった。したがって、キプロス陥落（六五三年）、ロドス陥落（六七二年）、サルディーニャ陥落（八〇九年）、マヨルカ陥落（八一八年）、クレタ陥落（八二四年）、マルタ陥落（八三五年）は、西洋世界にとって重大な損失であった。

ムスリムの戦闘方法

いかにしてアラブ人は、かくも短期間に、かつかくも容易に見えるように、勝利したのであろうか？　軍事に精通していない研究者の多くは、このことには説明がつかないとしている。彼らは問う。いかにして砂漠の野蛮人の一団は、「文明化された」諸帝国の強大にして鍛え上げられた軍隊を打ち倒すことができたのであろうか、と。

すでに記したように、多くの者たちはムスリムの征服が可能になった理由を、数的な圧倒的優位性、すなわちより数の少ないビザンツやペルシアの軍隊を打ち破るために砂漠から飛び出したアラブ人の大軍、というものに帰している。しかし、砂漠の諸部族の数は決して多くなく、実際のところ、征服活動を行ったムスリム軍は、総じて彼らが打ち破った「文明化された」軍隊よりも基本的には小規模であった。その結果として、歴史家の多くは、「ビザンツ人は、ムスリムの宗教的熱狂がアラブ軍に与えた新しい力を理解し損ねていた」がゆえに、ムスリムは勝利したのである、という見解に立ち返っているのである（Jamison 2006, 16）。このことは、「不信心者には死を」と叫びながら敵に向かって次から次へとやって来る狂信者の猛攻撃のことを指している。最終的に、幾人かの歴史家たちは、ビザンツ人やペルシア人の敗北の理由を、恐れを知らないイスラームの未開人とは対照的に、彼らがあまりにも文明化してしまったことに負わせている。実際に、このような解釈は、有名なムスリムの思想家であるイブン・ハルドゥーン（一三三二〜一四〇六年）ですら提示している。彼は、次のように記している。「間違いなく未開の民が他の民よりも勇敢であることは、知られるべきである……」と（Jandora 1990, 105より引用）。

しかし実際には、戦いの波が彼らに向かって押し寄せてきた時、ビザンツ人やペルシア人と同じくらいにムスリム軍も押しては返すことに長けていた。彼らの勝利は、通常の戦闘技術や軍事技術という基盤の上で容易に理解されうるのである。

最初に認識しておくべきことは、より「文明化された」帝国がより優れた武器を何ら持っていなかった、ということである。攻城兵器は例外であったが、それは防御においては役に立たない。あらゆる者は剣・槍・斧・弓に頼っていた。皆は盾を持ち、そうする余裕のない者はある程度の防護服を身にまとった。この点において、「文明化された」軍隊はより優れていた（Kennedy 2001, chap. 7)。しかし、当時のビザンツ帝国やペルシア帝国の軍には、もはや献身的かつ高度に訓練された「市民兵」が存在しなかった。代わりに、これらの軍隊は、あちらこちらから掻き集められた者たちで構成され、賃金のためだけに働く「外国人」を多く引き寄せ、そのことが忠誠心や熱意に限界をもたらした。実際に、すでに述べたように、ビザンツ軍やペルシア軍の兵卒の多くはアラブ人であり、その多くは最終的にムスリム側に寝返ったのである。

また、ペルシアやビザンツの「正規」軍も、さほどに訓練されてはいなかった。それどころか、彼らはもっぱら、主として城壁に囲まれた駐屯地や都市のような強固な点を戦略的に防衛するために使われる「城塞」軍であり、機動的な戦いにはまったく不向きであった（Kaegi 1992）。さらに悪いことに、慢性的な軍隊不足は、敵の奇襲を防ぐのに十分に配置されていた駐屯地のネットワークの維持を困難にする、という事態を招いた。また、ペルシアもビザンツも、敵の侵攻ルートや兵力を偵察することでネットワークの不備を補うのに十分なだけの騎兵を有していなかった。実際、すでに述べたように、それらの有する騎兵隊は主としてアラブ人雇用兵から構成され、往々にして彼らは重要な局面で逃亡した。さらに、ほとんどが農民出身であるペルシア人兵やギリシア人兵とは対照的に、砂漠の民であるアラブ人は若い頃から武器に慣れ親しんでおり、戦場において個々のムスリム戦士は、親類や長年の友人と共に戦ってきた同じ部族出身者から成る強い紐帯を持つ小集団の一部をなしていた。そのような状況は、極度な社会的圧力の下に置かれた個々人を勇敢かつ攻撃的にもしたのであった。

おそらく、ムスリム侵略軍の最も重要な利点は、彼らが皆ラクダで移動した、ということである。騎兵でさえ、移動に際しては馬を連れ立ってラクダに乗っていた。ラクダの利用が、徒歩で移動するペルシア軍やビザンツ軍よりも遥かに迅速に移動できるという点で、アラブ人を「機甲化された軍隊」に匹敵させたのである（Kennedy 2001; Nicolle 1993）。このようなより優れた機動力のおかげで、アラブ人は敵の最も弱い所を見つけて攻撃することができ、ペルシアやビザンツの主力部隊が不利な状況に追い込まれるまでそれとの戦いを回避できたのである。加えて、「砂漠を横断することのできる唯一の移動手段は、アラブ人の独占するラクダであった」（Glubb [1963] 1995, 25）。ゆえに、その地域の地理的条件も考慮に入れると、ムスリムは砂漠ルートを利用することで常に帝国軍の裏を掻くことができ、必要な時にはいつでも、戦闘を回避するために砂漠へと撤退できたのである。この能力は、アラブ人に中東地域における大きな優位性を与えたのみならず、北アフリカの征服でも同じく重要であった。しばしば戦車部隊を砂漠へと進めさせ、イギリス軍のエジプト侵攻を阻止しようとしてその裏を掻き続けた「砂漠の狐」との渾名を持ったドイツ軍人エルヴィン・ロンメル〔一八九一～一九四四年〕とまさに同じように、アラブ人は沿岸の定住地を防衛しようとするビザンツ軍を周りから取り囲むためにラクダを利用したのである。

多くの者たちが想定するのとは反対に、真に重要なアラブ人の利点は、野戦軍の規模の小ささにあった。それが一万人を越えることは珍しく、大抵は二～四〇〇〇人の部隊で軍事活動を行った（Donner 1981; Glubb [1963] 1995; Kennedy 2001）。圧倒的に多勢の帝国軍に対する彼らの勝利は、動きの重い敵軍に対峙した際、往々にして小規模であるがゆえに、うまく統率されて攻撃の意識が高まった軍隊によってもたらされるような勝利である。古代史の中で、いかにして小規模なギリシア軍が強大な〔アケメネス朝〕ペルシア軍を幾度となく打ち破ったか、ということを考えてみてほしい。皮肉なことに、少人数であるがゆえに、アラブ侵略軍は特定の戦場において、概して敵よりも数的優位に立つことができたのである。なぜならば、そのより優れた機動性のおかげで、彼らは敵の補助部隊を攻撃したり、増援部隊が到着する前に主力部隊を打ち砕くことができたからである。一方で帝国軍は、無益な追尾戦の中で自らを疲弊させる、もしくは散開したり同時にあらゆる場所を防衛しようとすることで、自らを弱めていった。また、このことは、単に特定の地域においてビザンツ軍が直面した戦術上の問題ではない。それは、ビザンツ軍がその帝国領の広大さゆえに手薄な形で広く展開していたという点で、全般的な戦略上の問題であった。結果として、アラブ人がシリアやエジプトのような特定の場所に対する攻撃に軍隊を集中的に注ぎ込んだのに対し、数万人から成るギリシア軍は、戦場とは遠く離れた南イタリアやアルメニアといった場所で駐屯軍として配備されながら、暇を持て余していたのであった（Kaegi 1992, 39-40）。

断言しておかねばならないのは、アラブ軍は非常に良く統率されてもいた、ということである。部族長たちによってではなく、「メッカ、メディナ、あるいはアル・ターイフ〔メッカ東方の町〕から やって来た定住民から成る新たなイスラームの支配者エリート」から選出された役人によって、軍隊は統率されていた（Donner 1981, 225）。軍隊の中上層部はすべて、エリートたちの中から選ばれた人々であった。彼らを選んだのは、命令系統も含む行政についてしっかりと理解し、戦術面では混乱することもあったものの、より大局的な戦略上の目的を常に留意しておくことに長けている統率者たちだった。最後に、概してビザンツやペルシアの指揮官がその血統以外に何も価値を持たなかったのとは対照的に、初期段階のムスリム軍における役人への昇進や任命は、まず第一にその能力に基づいていたのである。

統治

当初、被征服地の社会はムスリム国家の総督区とみなされ、カリフから任命された統治者によって支配された。その後に中央政府の統制力が崩壊し、すでに述べたように、総督区の多くが、「その統治者はカリフをイスラームそのもの、もしくはイスラームの頂点として認識していたものの、自領域へのその権力の介入を許さない」独立したムスリム国家となった（Saunders 1962, 29）。ゆえに、西洋世界が反撃に打って出た際、それへの対応は、特定の支配者が利用することのできる軍隊に制限された。大抵の場合、他のムスリム国家から増援部隊が派遣されることはなかったのである。

当初は、アラブ征服者集団によって形成された少数のエリート層が、以下に見るようにその多くが数世紀にもわたって改宗することのなかった大多数の非ムスリムを支配していた。実際に、ムスリム支配者であるエリートたちは、彼らの駐屯都市を平定するようカリフによって命ぜられたのである。「このことが、彼らに軍事的統制力の維持を可能とし、かつ現地に同化して宗教的・民族的アイデンティティを失うのを思い止まらせた」のであった（Kennedy 2001, 7）。もちろん、これは両刃の刃であり、ムスリムの孤立が改宗の障壁ともなった。したがって、被支配民との関係は、例えば教会建築や乗馬といったような活動に対して制限を課すことや、絶えず非ムスリムに課された税の徴収、といったことに限られていた。

被征服民

ムスリムの寛容さについては、これまでに非常に多くの誤った記述がなされている。たとえば、ユダヤ教徒や異端に対するキリスト教徒の残虐さとは対照的に、イスラームは被征服民に対して驚くべき寛容さを示し、敬意を持って彼らと接し、干渉することなく彼らに信仰の自由を認めた、といった記述である。おそらくムスリムの寛容さという主張は、カトリック教会に可能な限りの悪印象を与えるためにそのような言説を利用したヴォルテールやギボン、そして他の一八世紀の著述家に始まった。しかし、ムスリム支配下の生活についての真実は、まったく異なっているのである。

確かに、クルアーンは強制改宗を禁じている。しかしそれは、死か隷属とは別の選択肢として被征服民は改宗を「自由に選択」できる、という空論的な法解釈に陥っている。通例その選択肢は多神教徒に提示されたものであったが、しばしばユダヤ教徒やキリスト教徒も、せいぜい幾分か緩和された形での同様の選択肢に直面した（Hodgson 1974, vol. 1）。原則に基づくと、ユダヤ教徒やキリスト教徒は「啓典の民」として寛大に扱われ、信仰の自由が認められる、と考えられている。しかし、それはユダヤ教徒やキリスト教徒が徹底的に押さえつけられた状況下のみのことであった。ムスリムからどちらかの信仰に改宗した者の運命は、常に死であった（これは今も変わらない）。新しい教会やシナゴーグを建設することも、一切認められなかった。また、ユダヤ教徒やキリスト教徒は、偶然であってもムスリムの耳に入らないようにするために、家・教会・シナゴーグの中でさえ、声高に祈ったり、彼らの聖典を読み上げたりすることをも禁じられた。そして、著名なイスラーム史家であるマーシャル・G・S・ホジソン（一九二二〜一九六八年）が指摘しているように、最初期からムスリムの権威者たちは、イスラームに改宗することを拒んだユダヤ教徒やキリスト教徒、すなわちズィンミー〔庇護民〕に屈辱を与え、彼らを罰するためにあらゆることを行ったのであった。ズィンミーは「劣等感を感じるべきであり、……『己の立場』をわきまえるべきであり、……例えばキリスト教徒やユダヤ教徒はせいぜいロバには乗れても馬に乗るべきではない、もしくはムスリムの中にいる時には衣服の上にその宗教を示す目印を付けるべきである、といった類の法令が課される」ということが、公式の政策であった（Hodgson 1974, 1: 268）。幾つかの場所においては、非ムスリムはムスリムに似た衣服を着ることが禁じられ、武器を携帯することもできなかった（Payne [1959] 1995, 105）。加えて、非ムスリムには、ムスリムに比して厳しい税が例外なく課されたのである（Hodgson 1974; Payne [1959] 1995）。

これらのことは、ムスリム国家の被支配民となったユダヤ教徒やキリスト教徒を取り巻くごく普通の状況であったが、往々にして状況はさらに悪化した。七〇五年、アルメニアのムスリム支配者は、全キリスト教徒貴族を一つの教会に押し込め、彼らを焼き殺してしまったのである（Ter-Ghevondian 1983）。ムスリムの征服事業についての記述の中には、先に述べたキリスト教徒に対する無差別的な虐殺に加えて、同様のエピソードが多々ある。ムスリムによる最初のユダヤ教徒の虐殺はメディナで起こり、その時ムハンマドは在地のユダヤ教徒の成人男子のすべて（約七〇〇人）に自分の墓穴を掘るように強要した後に、その首を刎ねさせたのであった（Stark 2007, chap. 8）。不幸なことに、ユダヤ教徒やキリスト教徒の虐殺は、時の経過と共に徐々に一般的なものとなっていった。例えば一一世紀、一〇三二〜一〇三三年にはモロッコで六〇〇〇人以上が殺害され、グラナダで起こった二度の反乱の中で少なくとも同じくらいの者が殺害される、といったような数多くのユダヤ教徒の大量虐殺が起こった（Stark 2001, 133）。また一五七〇年、ムスリム侵略軍は、キプロスにて数万人ものキリスト教徒市民を殺害したのであった（Capponi 2006）。

ただし、ここで強調しておきたいのは、ムスリムがキリスト教徒やユダヤ教徒よりも残酷で不寛容であった、ということでは決してない。というのも、そもそも当時は残酷で不寛容の時代であったからである。私が強く言っておきたいのは、ムスリムを、啓発された多文化主義の支持者として描こうとする努力がせいぜい愚かしいことだ、ということなのである。

改宗

被征服地が名目上のみならず真にムスリム化するには、非常に長い時間を要した。実際のところ、被征服地ではごく少数のムスリム・エリートが非ムスリム（主としてキリスト教徒）の住民を長きにわたって支配していた。このことは、ムスリムによる支配はすぐさまイスラームへの集団改宗を導いた、という広く流布した考えと相反する。

急速な集団改宗が生じたという考えは、「契約による改宗」を個々人の信仰やその実践の変化と区別し損ねているところにも原因を持つ。ムハンマドのために武器を取った諸部族は、ムハンマドの宗教的な主張を受容することを表明した同盟契約に基づいてそうしたのであったが、預言者の死後に生じた多くの部族の離脱が示すように、これらの契約は個々人の信仰に関わることには一切触れていなかった。同様の契約による改宗は、ムスリムによる征服活動期でも続いた。ベルベル人はその端的な例である。北アフリカへのムスリム侵略軍による攻撃を受けた段階では、ベルベル人部族の内の幾つかは異教徒であり、ユダヤ教徒であり、またキリスト教徒であった。しかし、カーヒナとその軍勢の敗北の後、ベルベル人はムスリムになることを宣言する契約に同意した。おそらく、諸部族の中には実際にムスリムになった者もいたであろう。しかし、たとえマーシャル・ホジソンがベルベル人は「集団改宗」したと記そうとも（Hodgson 1974, 1: 308）、主として彼らの場合は、その後に続く征服活動に従軍し、その結果として生じる戦利品や税を分かち合う資格を与えた契約による改宗に過ぎなかった。個人的信仰という意味でのベルベル人の実際の改宗は、その過程に数世紀を要する遅々としたものだったのである。

契約による改宗と真の改宗との混同の問題は別として、歴史家たちはまた、一度ある民族がムスリムの支配下に入ったならば、集団改宗が起こった「に違いない」と想定している点において誤っている。しかし、「に違いない」という言い回しは、学術用語の中で最も信用できない表現である。この場合、改宗について研究している社会科学者は、いかなる場所であっても集団改宗がこれまでに起こったというのは非常に疑わしいがゆえに、集団改宗は起こら「なかったに違いない」と応じるであろう。確認することのできるすべての改宗例は、すでに改宗した親族や友人のネットワークによって人々が特定の信仰へと引き寄せられるような、比較的ゆっくりと起こった個々人の活動であったことを露わにしている（Lofland and Stark 1965; Stark and Finke 2000）。手元にある事例において、このネットワーク・モデルは、被征服社会の人口の半分がムスリムとなるのに数世紀を要した、という事実から信用に値するのである。

リチャード・W・ブリエットは、様々な被征服地でのイスラームへの改宗について見事な統計を提供してくれている（Bulliet 1979a）。理由はともかくとして、最初期よりムスリムは、特定の地域における著名な人物のすべてを列挙しているような、非常に膨大な人物辞典を多数作成しており、数世紀にわたって新たな版も作成された。そのような史料を基にして、ついにブリエットは一〇〇万人以上の統計を取ることができたのである。この統計の価値は、ブリエットがムスリムと非ムスリムとを彼らの名前に基づいて区分することができた、というところにある。そして、特定の地域に関する多くの辞典の情報を統合し、さらに生年によって数万人もの人々を分類することによって、ブリエットはムスリムの人口比率を様々な観点から計算することができ、その結果として五つの主要地域における改宗の進行具合を示す曲線を描き出すことができたのである。ある程度名のある人々しか辞典には現れないので、そこから導き出された結果は、当初よりエリート層ではムスリムの割合が高く、その後もムスリムがその地位を独占し続けたという点を考慮に入れると、一般的な人々に比べて改宗の程度や速度を過大に見積もったものである、ということになる。この点を踏まえて、ブリエットはこれらの統計を全体的な改宗曲線へと変換するための非常に納得のい

地　域	要した年
シリア	252
西ペルシア（イラク）	253
東ペルシア（イラン）	200
エジプトと北アフリカ	264
スペイン	247

表1-1　主要五地域において人口の半分が改宗するのに要した年（Bulliet, 1979a, 1979b から算出）

く処理方法を発案した。

表1―1は、主要五地域において、人口の半分がイスラームに改宗するのに要した年を示したものである。イランでは、ムスリム軍による最初の征服日からイラン人の半分がムスリムとなるまで二〇〇年を要した。他の四地域については、シリアでは二五二年、エジプトや北アフリカでは二六四年を要した。なぜイランでは幾分急速に事が進んだのか、ということについては、他地域とは異なる二つの点がイラン地域にあったためである、と考えられる。おそらく最も重要であるのは、イスラーム侵入者に屈してから一世紀以上の間、イラン人はムスリム支配に対して頻繁に反乱を起こしており、その結果として多くの大流血を伴う戦闘が相次ぎ、その都度に残虐な鎮圧も起こった、ということである。これらの衝突は、改宗とは関係なく、非ムスリム人口の根本的な減少を招く結果となったのである。二点目は、これらの反乱での敗北が不可避的に生じさせた恐怖心という風潮が、安全を求めたある程度のイラン人を改宗へと駆り立て、そしておそらくはある程度の人々を逃亡へと追い込んだようである、ということである。

いずれにせよ、彼らの上にのしかかったズィンミーという厄介な状況にもかかわらず、被征服民は非常に緩慢にしかイスラームに改宗しなかった。一三世紀に至ってもなお、アラビア半島（そこでは非ムスリムの居住が許されなかった）の外部におけるムスリム帝国の人口の重要な構成要員は、キリスト教徒もしくはユダヤ教徒であった。さらに、ムスリムの文化と見なされてきた、そしてヨーロッパ＝キリスト教文化に勝ると言われてきたものの多くは、実際にはムスリム・エリートが非常に緩慢に、しかしまったく不完全に同化していった、征服以前のユダヤ教、キリスト教、ギリシア文化の影響だったのである（第三章参照）。

小括

十字軍に対する批判者の多くは、ムスリムがキリスト教世界の大部分を侵略した後のムスリムについては、無視するか忘れ去るべきである、と考えているかのようである。批判者たちの指摘は、「もし、だれかがあなたの右の頰を打つなら、ほかの頰をも向けてやりなさい」（マタイによる福音書第五章三九節、訳は日本聖書協会『聖書』一九七八年に従った）、ということのように作り上げられてきたのである（Armstrong [1999] 2001, 4）。しかし、このような見解はまったくもって非現実的である、おそらくは偽善的なものである。ビザンツ人は帝国の大部分を失ったばかりではない。敵は入り口にいたのである。主要な地中海の島々のみならず、スペイン・シチリア・南イタリアを失ったことは、ヨーロッパにおける激しい憤怒の的となった。ゆえに、イギリスの歴史家デレク・ローマックス（一九三二〜一九九二年）が説明しているように、「多くのキリスト教徒と同様に教皇は、ムスリムがかつてキリスト教徒に属していた土地を力ずくで強奪したので、またムスリムが、奴隷・略奪・破壊の愉しみを求めていつでも襲撃することができるようにするために被支配民であるキリスト教徒やキリスト教徒の土地を傷つけているので、ムスリムに対する戦いは正当化されるものだと信じていた」のであった（Lomax 1978, 58-59）。反撃の時が来たのである。

第二章　キリスト教世界の反撃

732年、スペインからやって来たムスリムの大軍はフランスの北部にまで侵入してきたが、そこでカール・マルテル率いるフランク軍に敗北を喫する結果となった。それ以降、ムスリムの侵入者たちは徐々にヨーロッパから駆逐され始めた。

ペルシア人、ビザンツ人、西ゴート人から征服した地域を基にしてごく短期間に大規模な帝国を築いたにもかかわらず、ムスリム軍は決して無敵ではなかった。ラクダの利用から離れ、砂漠地帯からも遙か離れて、忠実にして覚悟を決めたキリスト教徒の軍勢に直面した時、「荒々しく」かつ「打ち破りがたい」イスラーム侵略軍は軍備においても戦略においても非常に脆く、多分に欠点を抱えていることを露呈した。ムスリムにとっての初の大敗北はコンスタンティノープルで起こり、次いで彼らはガリアで大敗北を喫した。その直後からムスリムの波はスペインへと引いていき、さらにその後、彼らはシチリアや南イタリアから駆逐されたのであった。

コンスタンティノープルでの敗北

シリアやエジプトにおいてビザンツ軍を破り、ビザンツ帝国から北アフリカ沿岸部一帯を奪うための軍事遠征を成功させた後の六七二年、カリフのムアーウィアは、敵の拠点に対する直接攻撃を決意した。新たな首都ダマスクスから、カリフは艦隊にダーダネルス海峡（地中海とマルマラ海をまっすぐに結ぶ最も狭い地点）を経由して一個軍を運ぶように指示した。約五万を数えるカリフの軍勢は、コンスタンティノープルの対岸に位置するキュジコス半島を占領し、主要な拠点としてその地を防備し、そこからコンスタンティノープルの包囲を開始した。

もしムスリムがコンスタンティノープルを占領したなら、バルカン半島を通ってヨーロッパへと侵入する道が開かれることとなったであろう。しかし、コンスタンティノープルはいともたやすく包囲戦に持ち堪えることができ、海戦ではムスリムが大敗北を喫することとなった。艦隊が大打撃を受けた時に包囲戦の中で飢餓状態に陥ったのは、実にアラブ側であった。その直後に赤痢が伝染し、数千人ものムスリム兵が死亡した。さらに悪いことに、ほとんどのムスリムは雪や氷を見たことがなく、冬に対する心構えがまったくできていなかった。暖房着を所持していなかったため、多くの者は凍死した。そのような状況下で、十分に食料を口にしているビザンツ人がコンスタンティノープルの城壁から彼らを嘲笑する一方で、ムスリム側の兵隊は痩せ細り続けたが、数年間は耐え続けた。最終的に、孤立した包囲軍が「勇気も気力を失った」ので、ムアーウィアはビザンツからの「数年前であれば彼が恥辱とみなしたような和平の申し出、具体的には彼が近年占領したエーゲ海の島々の明け渡しに加え、ビザンツ皇帝に対して一年につき五〇人の奴隷と五〇頭の馬と三〇〇〇ポンドの金を納めることを受諾した」のであった（Norwich 1990, 324）。ただし、一年後にムアーウィアが没すると、新しいカリフ〔ウマイヤ朝第二代カリフのヤズィード一世、位六八〇～六八三年〕は年貢の支払いの取り決めを破棄した。

西洋の歴史家たちは、この出来事を「人類の歴史における転換点」として長らく讃えてきた（Jenkins [1966] 1987, 42）。ロシア生まれのビザンツ史研究者であるゲオルギー・オストロゴルスキー（一九〇二～一九七六年）は、コンスタンティノープルへの攻撃を、「異教徒によるキリスト教徒の拠点への攻撃の中で最も激しいものであり、ビザンツ帝国の首都は激しく打ち寄せるムスリムの波を堰き止める最後のダムであった。そこを堅持したという事実は、ビザンツ帝国のみならず、ヨーロッパ文明全体をも救ったのである」と性格づけている（Ostrogorsky 1969, 125）。あるいは、著名なビザンツ史家であるジョン・ジュリアス・ノリッジ子爵が述べているように、「もし彼らが、コンスタンティノープルを一五世紀にではなく七世紀に占領していたならば、全ヨーロッパ（およびアメリカ）の人々は、今日ムスリムになっていたであろう」（Norwich 1990, 325）。

では、いかにしてビザンツの勝利は成し遂げられたのであろうか。残念ながら、アラブ側の史料は、「あまりにも記述が混乱しているので史料的価値がない」（Kennedy 2001, 12）。したがって、我々はムスリム側からはほとんど何も知ることができないし、ギリシア人も、胸壁の陰で身を安全な状態に置きながら、遠くからムスリム軍を観察していたに過ぎない。驚くかもしれないが、戦闘はまったく生じず、勝敗を決したのは西洋技術、すなわち侵入不可能な要塞（Turnbull 2004）と秘密兵器（Roland 1992）であったので、戦闘の状況を把握すること自体はそれほど重要なことではないのかもしれない。

城壁は、コンスタンティノープルを陸側で守ったのみならず、巨大な門を通過してのみ入場することができる港まで含んだものであり、町の海側三方をも覆っていた。これらは単なる城壁ではなく、当時の工学技術の粋を集めた驚愕すべきものであった。巨大な外壁は塔や見事な胸壁を備え、その背後には高さ一二メートルで厚さ四・五メートルのさらに頑強な内壁があり、そこにはさらに工夫の凝らされた胸壁と塔が備えられていた。それでも不十分であるかのように陸側には巨大な堀があったため、当然のことながら、他の三方向からの攻撃を試みる者は船でしか城壁に辿り着くことができなかった。このような尋常ではない防備体制に対して、アラブ人は極めて原始的な攻城兵器を幾度となく運んできたが、城壁に掠り傷を負わせる以上のことは何もできなかった。一五世紀の〔オスマン帝国軍の〕大砲による攻撃まで、コンスタンティノープルの城壁は梯子でよじ登られただけで、打ち砕かれることはなかったのである。

もちろん、もし制海権を維持できたならば、ムスリムは町が降伏するまで兵糧攻めすることができたであろう。しかし、そこで秘密兵器が登場したのである。

言い伝えによると、六七〇年頃、ペリオポリスのカリニコスという名の、とあるギリシア人建築家もしくは技術者が、後に「ギリシアの火」と呼ばれるようになる物を発明して、それをコンスタンティノープルへと持って行った。ギリシアの火はナパームにほぼ類似した高可燃性の液体であり、燃え上がると水で消すことができず、水に触れるとより一層激しく燃え上がった。その発明についての話は、まるで御伽話のようである。より真実に近いと思われるのは、それは「アレクサンドリアの化学学校で発見された物を受け取ったコンスタンティノープルの化学者たちによって」改良された、ということである（Partington [1960] 1999, 12-13）。いずれにせよ、最高機密であったその製法は、最終的には第四回十字軍によってコンスタンティノープルの統治者であるエリート層の多くが折り悪く殺害されてしまった時に失われてしまったために（Roland 1992）、現代の科学者はそれを完全に再現することができないのである（Partington [1960] 1999）。

ギリシアの火を所持したことで、ビザンツ人は敵軍を恐怖に陥れるのみならず、敵艦隊を粉砕することもできた。それは様々な方法で発射されたが、投石機や揚水機による発射が一般的であった。ギリシアの火の入ったガラス製あるいは陶製の器が投石機の上に設置され、三六〇〜四五〇メートルの距離までの目標に向かって投じられた。目標にぶつかると器は壊れて、かなりの広範囲（おそらくは直径二〇メートル以上）に可燃性の液体を飛び散らしながら燃え上がった。それがコンスタンティノープルの胸壁から投じられた時の効果は絶大であり、ムスリムは町に近づくのを諦めた。しかし、投石機は船上での使用には不向きであった。そこでビザンツの技術者は、原始的な火炎放射器、すなわち可燃性液体をガレー船の船首から張り出された管（管にはしばしば動物の頭が付けられた）を通じて吸い上げる揚水機を発明した。この装置は、攻撃可能範囲を大幅に制限してしまうものの、ガレー船の接近戦にとっては十二分なものであった。ギリシアの火の噴出機を装備し、ビザンツ人は海上に打って出て、幾度もムスリム海軍を灰になるまで焼き尽くしたのであった（Partington [1960] 1999）。

七一七年、ムスリムは再度の攻撃を試みた。この時は、一八〇〇隻ものガレー船に、さらに多くの軍勢が乗船してやって来た。ギリシア人は、侵入を防ぐための巨大な鎖を動かすことで彼らをボスポラス海峡へと誘き寄せた。ムスリム艦隊が狭水路で一塊になると、ギリシアの火の噴出機を装備したギリシア軍が出現し、船上にいた軍勢の多くを殺害するか溺死させるかして、艦隊の大部分を粉砕した。次年の春、ムスリムはまたもや新たな艦隊を率いて攻撃を試みた。この時も、ギリシア人はギリシアの火を噴出しながら迎撃した。ムスリム側の数隻のガレー船は辛うじて逃れることができたが、その後に発生した激しい嵐の中で捕らえられるのみであった。最終的に逃げのびたのは五隻のガレー船だけであった（Fregosi 1998）。

トゥール＝ポワティエ間の戦い

長い歴史において幾度となくそうであったように、ピレネー山脈は、スペイン北部にいたムスリムのヨーロッパ進出を食い止めたこと（ほんの数年間のことであったが）を含めて、防御壁として機能した。しかし、七二一年、スペイン統治者であったムスリムのアル・サムフ・イブン・マーリク・アル・ハウラニー〔位七一八〜七二一年〕が、ガリア（今日のフランス）南部に位置するアキテーヌ公領の併合を企図し、軍隊を率いて北上した。第一段階は、トゥールーズの町を包囲することであった。三ヶ月の後、まさに町が降伏しようとしていた時に、アキテーヌ公ウード〔位六八八〜七三五年〕がフランク軍と共に到来した。ウードが軍勢を集めるために離れている間、敵勢力が手薄になったためムスリム側は慢心していたが、それが彼らの大敗北の始まりであった。彼らは陣営の周りに何ら防御を施さず、迫り来る脅威を警告する斥候も送り出さず、歩哨を配備することさえしなかったようである。フランク人が攻撃した時には完全に虚を突かれ、ムスリムの多くは武器も持たずに逃げ出し、そのほとんどが逃走する途中でフランク騎兵によって殺されてしまった。アル・サムフ・イブン・マーリク・アル・ハウラニーも瀕死の重傷を負ってしまった。

七三二年、アブド・アッラフマーン〔アル・ガーフィキー、位七二一〜七二二年および七三〇〜七三二年〕に率いられたムスリム軍は、大幅に勢力を増強して再度の攻撃を試みた。ムスリム側の史料はその軍勢を数十万とし、キリスト教側の史料である『サン・ドニ年代記』は、驚くべきことに三〇〇万人のムスリムが戦いで命を落としたとしている。しかしより現実的な数値として、ポール・K・デーヴィスはムスリム側の軍勢を八万人と見積もり〔Davis 2001, 105〕、ヴィクター・デイヴィス・ハンソンは三万人しかいなかったと考えている〔Hanson 2001, 141〕。いずれにせよ、この戦いの重要性を過小評価したがる幾人かの歴史家たちの考えに反して〔Cowley and Parker 2001, xiii〕、それは単なる奇襲でも探索のための遠征でもなかった。ムスリムは大軍を率いてやって来たのであり、ガリアの奥深くまで侵入したのである。正確な場所は不明であるが、戦いはパリ南方のわずか約二四〇キロの地点で起こった。その場所についてせいぜい言えることは、トゥールとポワティエの間、クラン川とヴィエンヌ川が合流する地点にほど近い場所、ということである。ゆえに、歴史家たちはその戦いをトゥールの戦いと称したり、ポワティエの戦いと呼んだりするのである。

スペインから北上した段階では、ムスリムにとって万事うまくいっていた。ボルドーの防衛を試みたフランク軍は敗北し、町は略奪された。その後、別のフランク小隊がガロンヌ川の戦いで虐殺された。道中、ムスリム軍は農村地帯を荒廃させ、すぐに彼らの積み荷は戦利品と略奪品で一杯になった。

同時代人であったベージャ〔現ポルトガル共和国南部の町〕のイシドールスの記述によると、この時点でムスリム指揮官は「幾つもの教会を燃やし、自分がトゥールの聖マルタン聖堂を略奪できるものと想像していた」〔Davis 1913, 362〕。その後、軍勢を再編成するために、初めて進軍を一時休止したのであったが、ここでもう一度、ムスリムは確信に満ち溢れることとなった。名前不詳のあるアラブ人年代記作者によると、「アブド・アッラフマーンおよび配下の下士官や家臣たちの心は、怒りと自惚れに満ち溢れていた」のである（Mitchell and Creasy 1964, 111より引用）。ゆえに、彼らは斥候を送らなかったし、事実上のガリアの支配者であるカール・マルテルが戦争経験豊富なフランク軍を率いてやって来ているのを事前に察知できなかったのである。

マルテルは、異常なまでに背が高く、頑強な体躯の人であり、国王ピピン〔正しくはメロヴィング朝フランク王国の宮宰、位六八〇～七一四年〕の庶子であり、その軍事的功績により名を挙げていた。たとえムスリム侵略軍と対峙していなかったとしても、マルテルは、ババリア人、アラマンニ人、フリジア人、ザクセン人に対する数多くの戦いに勝利することによって事実上カロリング〔この名称は彼の名に因んでいる〕帝国を作り上げた、ということで〔後に帝国は彼の孫であるシャルルマーニュ〔位七六八～八一四年〕によって完成される〕、歴史上の重要な人物となったであろう。今やそのようなマルテルが、ムスリムの脅威に立ち向かうために、軍勢を召集して南へと進軍していたのである。

ムスリムへの奇襲攻撃に完全に成功したため、マルテルは自分の思うがままに戦いの場を選ぶことができた。ムスリム軍が坂を登って攻撃せざるをえないか、もしくは戦いを諦めざるをえないようにするために、両側が木々に覆われた丘の上に十分に装備された歩兵隊から成る幾重もの戦列を配したのである。そして、ムスリム軍は突進してきた。何度も何度も。

圧倒的な数的優位がなければ、騎兵は十分に武装されて訓練を受けた歩兵の戦列に打ち勝つことができない、ということは、軍事科学においては自明の理である（Hanson 2001; Montgomery 1968）。

騎兵が効果を発揮するのは、戦列が崩れた時に戦場を逃げ惑う歩兵を馬上から攻撃する場合である。しかし、意を決した歩兵隊が、盾で壁を形成し、地面にしっかりと接地させた多数の長槍を壁の隙間から前面に押し出しつつ、肩を組んで立ち並んだ形で戦列を維持した場合、騎兵の攻撃は容易に退けられた。概して馬は言うことを聞かずに後退し、槍に向かっていくのを嫌がった。トゥール＝ポワティエ間の戦いの場合、ムスリム軍は「槍や剣は持つが盾を持たず、わずかの防護服しか身にまとっていない」軽装騎兵から成っていた。一方で、彼らに対面するのは、「ほぼ鎖帷子《くさりかたびら》を着て盾を持った歩兵で構成されていた」（いずれも Mitchell and Creasy 1964, 110-11 より引用）。完全に不平等な戦いであった。ベージャのイシドールスが年代記中に記しているように、歴戦のフランク歩兵隊はアラブ騎兵隊にまったく動じなかった。「互いに密着して氷の防波堤のように隊列を組みながら、彼らはしっかりと立っていた」のである（Davis 1913, 363）。ムスリム騎兵隊は繰り返しフランク軍の戦列に突進したが徐々に血まみれとなり、乗り手を失った馬の数が増えていき、そのことがかえって戦場の混乱を大きくしていった。

アラブ側の年代記作者が述べているように、昼下がりに多くのムスリムは「自陣営に残した戦利品の無事が気になり、敵が陣営を略奪しているという嘘が戦隊の中で声高に叫ばれた。その結果、複数のムスリム騎兵の中隊が自陣を守るために馬を下りた」のであった（Mitchell and Creasy 1964, 112より引用）。他の隊の目にはこれが退却の合図のように映ったが、それはすぐに実際の退却となった。そこにフランク軍は、逃げ惑うムスリムに大きな傷を負わせるために重装騎兵を投入したのである（White 1962; White 1940）。ついに、幾度となくフランク槍兵に突き刺されたアブド・アッラフマーンを含めて、少なくとも一万人ものムスリムがその日の午後に命を落としたのである（Mitchell and Creasy 1964）。

ムスリム軍が撤退する時でさえ、フランク歩兵隊は、追撃を騎兵隊に委ね、持ち場を離れずに戦列を堅持し、ついにはそのままで一晩を過ごした。夜が明けてもムスリム軍は姿を見せなかった。ムスリム陣営を注意深く偵察した後、フランク軍はムスリムが自陣に何も残さずに夜の間に逃亡したことを悟ったのである。

多くの歴史家たちは、トゥール＝ポワティエ間の戦いにおける勝利を西洋文明の生存にとって決定的なものであった、と見なしている。エドワード・ギボンは、もしムスリムがトゥールで勝利していたならば、彼らはすぐさま「ポーランドやスコットランドの高地地方まで占領していたであろうし……アラブ艦隊は戦わずしてテムズ川河口までやって来たであろう。そして、おそらくはクルアーンの釈義が現在のオックスフォードの学校で教えられ、教師たちは、ムハンマドの受けた啓示の聖性と真性を、去勢された人々に提示しているであろう」と考えた（Gibbon [1776-1788] 1994, bk. 5, chap. 52, p. 336）。その後の多くの西洋人歴史家たちも、その戦いを歴史上の重大な転換点とする同様の見解を持った。実際に、ドイツ人の軍事史家ハンス・デルブリュック（一八四八～一九二九年）は、「世界史上で比類なき重要な戦い」と記しているのである（Delbrück [1920] 1990, 441）。

その一方で、予測通り、近年の歴史家の中には、トゥールの戦いはほとんど、あるいはまったく重要なものではなかった、と主張する者もいる。フィリップ・ヒッティによると、「トゥールの戦場は何も決定づけなかった。ムスリムの波は……すでに尽きており、自ずと限界を迎えていた」のである（Hitti 2002, 469）。また、フランコ・カルディーニは、すべては「フランク人と教皇庁による喧伝」以外の何ものでもない、と記している（Cardini 2001, 9）。このことは、その戦いがムスリム、少なくともダマスクスに引き返したムスリムには何ら印象を与えるものではなかったという証拠と一致している、と言われている。バーナード・ルイスは、アラブ人の歴史家のほとんどがこの戦いに注目しておらず、注目したとしても「比較的小さな出来事」としてである、と主張している（Lewis [1982] 2001, 19）。

相当に地方的特質性の高いムスリムは他の社会を意図的に無視していた、ということを考慮に入れると（Lewis [1982] 2001, 59-60）、おそらくトゥール＝ポワティエ間の敗北は、ダマスクスからすると小さな出来事として見られたのであろう。しかし、そのことと、戦闘がスペインからはどのように見られていたのか、ということとは別である。実際、他地域のムスリム統率者とは異なり、スペインにいたムスリムは、カール・マルテルがどのような者であって、彼らの野望に対して何をした者であったのか、ということを十分に知っていた。また実際に、スペインのムスリムは、フランク人が傭兵から成る駐屯軍を働かせることによって自らはほとんど動かない者たちではなく、また野蛮な群衆でもない、ということを敗北から学んでいたのであった。また、フランク人は帝国の創設者であり、その上層部は、ムスリムを凌ぐ武器・鎧・知略を兼ね備えた、十分に訓練された市民志願兵から成っていた（Hanson 2001）。実のところ、ムスリムは七三五年に再度ガリアへの侵入を試みたが、その際、カール・マルテルと配下のフランク人は、ムスリムが二度と北方へと進軍しなくなるほどの痛烈な敗北を、彼らにもう一度与えたのであった。四〇年後、マルテルの孫〔シャルルマーニュ〕は、スペインから彼らを駆逐する長い過程に身を投じていったのである。

スペインのレコンキスタ

フランスにまで侵攻したにもかかわらず、ムスリムはスペイン全土を征服したわけでは決してなかった。スペイン貴族は、初期に生じたムスリムによる虐殺から逃れた後、北部沿岸に位置するビスケー湾へと到達し、他に行く所もなかったので、三方を山に、そして北方を海に守られたアストゥリアスとして知られる地域に足場を築いた。この地域はキリスト教国家のアストゥリアス王国となり、当初からアストゥリアス人はスペインの再征服に関与していた。そして、七四一年、ムスリム支配下のスペインがベルベル人の暴動によって荒らされていた一方で、アストゥリアスは沿岸部西方に隣接するガリシア地方を併合した。そして、キリスト教徒のレコンキスタにおける次の段階は、ムスリム側の内部闘争に起因して始まることとなった。

ムスリムによる最初のスペイン侵入から六〇年以上を経た七七七年、バルセロナのムスリム統治者は、敵対するコルドバ総督に対抗するために、偉大なるフランク皇帝シャルルマーニュ〔実際には、八〇〇年に皇帝戴冠〕に、「サラゴサや他の〔北部の〕町を、援助の見返りとしてシャルルマーニュに与えることを示しつつ」、救援を要請した(Lomax 1978, 32)。七七八年の春、シャルルマーニュは二個軍隊を召集してスペインに向かった。一個軍隊はピレネー山脈の東側を通って進軍し、バルセロナに到着した。シャルルマーニュ自身はもう一つの軍団を率いて、ピレネー山脈の西側を経由してパンプローナに向かった。非常に奇妙なことに、パンプローナはキリスト教徒支配下のバスク地方の一都市であったが、シャルルマーニュは、その激しいまでの敬虔さにもかかわらず、パンプローナに到着した時に町を占領するように命じた。その後に別の軍団と合流したシャルルマーニュは、道中で複数の町からの降伏を取り付けつつ、約束の町であるサラゴサに向かって軍を率いた。しかし到着してみると、ムスリム統治者は鞍替えして町の明け渡しを拒否したのであった（Collins 1998; Lomax 1978）。

この時点で、シャルルマーニュはザクセン人が彼の支配に対して反乱を起こしているという報告を受け取り、その結果として、反乱の脅威を平定するための軍団を集めて、迅速に北方に向けて進軍した。軍の後衛がピレネー山脈中の狭隘なロンスボー〔ロンセスバリェス〕峠を通過している際、ムスリムとバスクの連合軍が奇襲してきた。後者は、パンプローナの強奪に対して激怒していたのである。罠を仕掛けられ、また敵の数が圧倒的に上回っていたため、このフランク軍の分隊は虐殺され、死者の中にはシャルルマーニュの甥であるブルターニュ辺境伯のローランもいた。まさに彼は、有名な中世の叙事詩『ローランの歌』で讃えられるよう運命づけられていたのである。

しかし、この出来事がシャルルマーニュのスペイン遠征の終焉ではなかった。数年後、彼は新たな軍勢を派遣し、バルセロナの南でムスリム軍を捻じ伏せた。この新たにキリスト教徒の支配下に置かれた地域は、マルカ・ヒスパニカ〔スペイン辺境伯領〕として知られるようになった。八一四年にシャルルマーニュが死去した後、フランク人の統制力は弱まり、キリスト教徒の支配地域は

「事実上の自治を享受する小さな諸国家へと」瓦解した（Lomax 1978, 32）。単独で、あるいは時には連合して、これらのキリスト教諸国家は、徐々にではあるがムスリム勢力を南へと追いやっていった。彼らの努力は、聖ヤコブの遺骨と信じられる物がガリシアで発見された八三五年〔八一四年頃の誤りであろうか？〕に促進された。この聖遺物は「キリスト教信仰の正当性を大きく高める根拠」として役立ち、加えて、すぐさまキリスト教徒巡礼者たちがサンチアゴ・デ・コンポステーラ大聖堂内に安置された聖ヤコブの廟へと大挙してやって来た。その結果として、「ガリシアに安定した富の流入」がもたらされた（Wheeler 1969, 34）。そして一〇六三年、在地の軍勢は北方から増援部隊と刷新された魂とを受け取ることになったのである。

一〇六二年、教皇という職務に新たな敬意と力をもたらした改革派教皇の一人、アレクサンデル二世〔位一〇六一〜一〇七三年〕が即位した。選出されてから一年後、アレクサンデルは、スペインからムスリムを駆逐するために援助をしに行く騎士は罪の赦しを受け取るであろう、ということを提示した。それはすなわち、メネンデス・ピダルの的を射た表現を用いると、「十字軍の前の十字軍」の開始であった（O'Callaghan 2003, 26より引用）。しかし、反響はほとんどなかった。少人数のフランク騎士がスペインへと進軍したようであり、彼らの軍事参加はムスリムからさらなる領土を回復する手助けとなったかもしれないが、重要な戦闘が展開されることはなかった。

しかし、ムスリムと戦うために出兵した騎士が道中でユダヤ人を攻撃しないよう、教皇が十分に気遣っていたことは注目に値する。ユダヤ人を保護するよう直接に指示した後、彼は、「ユダヤ人についてはサラセン人〔中世ヨーロッパにおけるムスリムの呼称、アブラハムの妻サラの子孫の意〕とは大きく事情が異なるので、サラセン人と戦うためにスペインに向かう者たちによって殺害されることのないように、貴君〔誰かは不明〕が領内に居住するユダヤ人を保護した」ことを知って、彼自身は非常に喜んでおり、「サラセン人がキリスト教徒を迫害したので、人は彼らに対して正当な理由に基づいて戦うことができるのである」と書き記している（O'Callaghan 2003, 25 より引用）。

一〇七三年に教皇アレクサンデル二世は死去したが、スペインの再征服を支持する献身的な別の改革派の人物がその後を継いだ。実際に、教皇グレゴリウス七世は、教皇に選出されるや否や、スペイン行きを望む騎士に対して書簡を送り、その中で「いかなるフランク人であろうとも、スペインにて征服した地はその者に授ける」ことを約束した（O'Callaghan 2003, 27）。またもや反応は非常に悪かった。しかしそれは、一〇八五年五月二五日のトレド占領という結果をもたらしたように、在地のキリスト教徒の軍勢を鼓舞するには十分なものであった。トレドの陥落は、戦略的かつ心理的に「ムスリムにとっての大災難」であった（Lomax 1978, 65）。まさにスペインの中心に位置するトレドは、何世代にもわたって荘厳な宮殿を維持してきた最も豊かなムスリム支配者家系に属する者たちの拠点であった。実のところ、そこはかつて西ゴート王国の首都でもあった。今や、トレドがキリスト教徒の手中に戻ったのである。

その後の一〇九二年、レオン＝カスティーリャ国王アルフォンソ六世〔レオン王位一〇六五～一一〇九年、カスティーリャ王位一〇七二～一一〇九年〕は、流刑中であったスペインで最も名の知れた騎士を呼び戻した。エル・シッドとして広く知られるロドリーゴ・ディアス・デ・ビバールは国王の許しを得て軍隊を集め、一〇九四年六月一六日、二年間の包囲の後にバレンシアを占領した。

ムスリムの対応は素早く、一二月にはバレンシアに向けて大規模な野戦軍を派遣した。彼らが驚いたことに、エル・シッドは、包囲されるのに甘んじるのではなく突撃に打って出て、バレンシア近くの町クアルテでムスリム軍に対峙したのであった。エル・シッドは、ムスリムに対して一度も敗北したことのない卓越した戦術家であったが、この時も思い切った野戦を仕掛けて壊滅的で血みどろの敗北を敵に与えた。そのすぐ後、彼はバレンシアで起こったムスリムの反乱を徹底的に鎮圧し、関係者を追放し、報復としてバレンシアにあった九つのモスクをキリスト教会に建て直した。一〇九七年一月、エル・シッドは、バレンシアに向けて新たに派遣されたムスリム軍を、バイレンの町で迎撃して打ち破り、そして近隣にある他の町を征服して回り続けた。

ムスリムの主力部隊に対するエル・シッドの圧倒的な勝利は、「他のスペイン人キリスト教徒に何ができるかを示した」のであった（Lomax 1978, 74）。イスラーム軍もその後に起こった幾度かの戦闘で勝利こそしたものの、波の方向は完全に変わっていた。イスラーム支配下のスペインは、南岸に向かって後退していったのである。

イタリアとシチリアの奪回

おそらく、イスラーム領域における唯一にして最も顕著な特徴は、ほとんど止むことのない内部闘争であった。その中で展開された手の込んだ陰謀・暗殺・裏切りは、テレビドラマさながらである。北アフリカは、頻発する反乱やイスラーム内部で起こる戦争や征服活動によって分裂状態であった。スペインは、しばしば互いに対抗するためにキリスト教徒とも同盟を結ぶような、常に反目しあうムスリム諸国家のつぎはぎ状態であった。そもそもシャルルマーニュをスペインに招き入れたのがバルセロナのムスリム統治者であったことや、エル・シッドがサラゴサのムスリムの「王」のために有能な傭兵隊長として一時期を過ごした、ということを思い起こしてほしい。そのようなムスリムの分裂によって、スペインは、彼らを駆逐しようとするキリスト教徒に攻撃されやすい状態になってしまったのであるが、イタリアやシチリアでも状況はまったく同じであった。

八七三年、ビザンツ皇帝バシレイオス一世〔位八六七～八八六年〕は、共同皇帝〔ミカエル三世、位八四〇～八六七年〕を殺害し、（イタリアの対岸に位置する）ダルマチア沿岸一帯からムスリムを駆逐した後、南イタリアをムスリムの支配から奪回することを決意した（Norwich 1991）。彼はイタリア半島の踵に軍隊を上陸させ、すぐさまオトラントから降伏の申し出を受け取った。三年後にはバーリが彼の支配下に入り、続く一〇年の間で「事実上、南イタリア全域はビザンツの権威へと引き戻された」のであった（Norwich 1991, 93）。

しかし、南イタリアが平和な状態になることはなかった。コンスタンティノープルでの権力闘争を背景とした絶え間なく渦巻く陰謀に加えて、暴動・クーデター・新しい政治体制の登場が、再三再四繰り返された。それでもビザンツの支配はイタリアに浸透していき、一〇三八年、シチリアの港からやって来るムスリムの海賊や略奪者に止めを刺そうと決意したイタリア系ビザンツ人は、海峡を渡ってメッシーナへの侵入を開始した。ちょうどその時にシチリアのアラブ人アミール〔総督〕たちは典型的な内紛に陥っていたので、彼らは最も適した時期を選んで侵攻したと言えよう。パレルモのムスリム統治者であったアル・アハルは、敵対者からの攻撃に対して、ビザンツに援軍を要請するために一〇三五年にコンスタンティノープルに使節を派遣した。皇帝は軍勢を送ることに同意したが、アル・アハルは暗殺されてしまった。彼の暗殺は、ビザンツ軍を「武力行使なく上陸させるための都合の良い口実を奪ってしまった」（Norwich 1991, 284）。しかし、シチリアにおけるアラブ人の間での内紛は拡大の一途を辿り、彼らにはもはやギリシア侵攻軍に強く抵抗することはできないかのように思えたのであった。

そして一〇三八年、当時のビザンツ武将の中で最も有名であったゲオルギオス・マニアキスが、多種多様な軍勢を率いて海峡を渡った。ギリシア系の名前ではあったが、マニアキスはモンゴル系の人であり、「人の姿をした大きな熊であった。強く、しかし醜くて非常に威嚇的であった。……その武勇は帝都で大きな尊敬を集めていた。しかし彼は、宮廷内部で繰り広げられる陰謀や背信が日増しに増えていく状況下では、辛うじてしか生きていけないような愚鈍な人物であった」（Brown 2003, 36）。彼の軍隊は、奉仕を強要されたロンバルディア人、少数のビザンツ正規兵や様々な傭兵隊から構成されていたが、そこには、異常なまでに背が高いばかりでなく政治的打算や野心でも際立っていた、スカンディナビア半島出身のノルマン騎士も含まれていた（「ノルマン」という言葉は、古ノルド語の Northmathr［北方人］に由来する）。

侵攻は晩夏に始まり、大成功を収めた。メッシーナはすぐさま陥落した。それから侵攻軍は、ロメッタの戦いやトロイーナの戦いといったおもだった戦いに勝利し、「二年以内に、シラクサの町を含む島の東部の主要な城塞の一二以上が征服された」（Brown 2003, 36）。しかしその後、すべてが崩れていった。第一に、マニアキスが戦利品の分け前を与えないことでノルマン人を遠ざけたために、彼らは「激怒して、敵意を剥き出しにして凄み」（Brown 2003, 37）、最も効果的な働きをした分隊をビザンツ軍のために残留させることもなく、イタリアへと引き返していった。加えて、マニアキスと、海軍指揮官であった皇帝の義弟ステファノスとの間で徐々に対立が起こっていった。ステファノスには軍事能力がなかったが、野心はあった。彼が愚かにもムスリム艦隊がビザンツ側の封鎖路から逃げるのを許してしまった時、マニアキスは、彼に暴行を加えた上で女々しい女衒《ぜげん》との罵声を浴びせるという過ちを犯してしまった（Norwich 1991, 285）。それに対する報復として、ステファノスはマニアキスを裏切り者として非難する書状を皇帝に送った。コンスタンティノープルに召還されたマニアキスは、すぐに投獄され、シチリアの指揮権はステファノスに委ねられた。しかし、彼は物事を混乱させるばかりで、そのまま死去した。バシレイオスという名の宮廷宦官がその職務を引き継いだが、「彼はステファノスとほとんど同じであることを露呈した」（Norwich 1991, 285）。ビザンツ軍はゆっくりと後退し始めた。この時、イタリア半島の踵の最南端に位置する属州アプーリアで、ロンバルディア人の反乱が起こった。反乱を鎮圧するために軍隊が緊急召集されたが、そのことがシチリアを敵のいなくなったムスリムの支配のもとに引き戻すこととなった。

このような状況から最も多くのことを学んだのは、ノルマン人の傭兵たちであった。第一に、シチリアが豊かな地であること、多くのキリスト教徒住民が侵攻の手助けをしてくれるであろうこと、そしてムスリム勢力が絶望的なまでに分裂していることを、今や彼らは知ったのであった。また彼らは、コンスタンティノープルはあまりにも遠くにあり、あまりにも多くの陰謀によって腐敗しているので、西方での支配を維持できないことも認識した。したがって彼らは、ロンバルディア人の反乱を鎮圧するために雇用されるのではなく、むしろ彼ら自身が率先して反乱を鎮圧することを決心した。一〇四一年、ノルマン騎士たちは、幾つもの山を秘密裏に越えて、アプーリアへと降り立った。

ノルマン軍は、シチリアにおける英雄的な功績が讃えられて「鉄腕」というあだ名を得たギヨーム・ド・オートヴィルによって率いられ、立地もよく強固に防備された丘の上の町メルフィを素早く占領して、そこを拠点とした。そこから彼らは、自軍を反乱の援軍であるかのように巧みに見せかけて、数週間の内に近隣のすべての町からの服従の申し出を受けていった。多くの経験を積んでいたビザンツ統治者は、ただ座しているだけではなく、ノルマン人と反乱軍との連合軍が勢力を拡大するのを阻止しようとした。敵を遙かに凌ぐ数の軍勢を集め、彼はノルマン軍とオリヴェント川で対峙した。そしてノルマン人の陣営に使者を送り、無傷のままにロンバルディア人の領地へと引き返すか、それとも戦うか、という選択肢を突きつけた。それに対して次のようなことが実際に起こったということで、歴史家たちは見解を一致させている。使者の馬を掴んでいた体の大きな騎士〔ギヨーム・ド・オートヴィル〕が鎖帷子を着けた拳で馬の頭に一撃を加えると、馬はその場で死んでしまったのである（Brown 2003, 42）。新しい馬をあてがわれた使者はビザンツ陣営に戻り、その翌日に戦闘が勃発した。

大きく数を上回られていたものの、ノルマン軍はビザンツ軍に大敗北を与え、ビザンツ軍の多くは戦場で命を落とすか、川を渡って逃げようとする間に溺死した。ビザンツ統治者は、コンスタンティノープルから多くの正規軍を導入することで迅速に対応し、モンテマッジョーレの地でノルマン軍と反乱軍との連合軍に対峙するために正規軍を進軍させた。再び、鉄腕ギヨームに率いられたノルマン軍は、新たにやって来たビザンツ軍を徹底的に打ち破った。それでもなおビザンツ側は敗北を認めず、またもや軍勢を集め、モンテペローゾ近郊で何度か戦闘を繰り広げた。そして、またもや鉄腕ギヨームとノルマン軍が勝利したばかりか、この時はビザンツ統治者を捕らえて保釈金を要求した。ビザンツ人は、イタリアでノルマン人と戦おうとは二度と思わなかった。その代わりに、彼らは頑強に防備された町や都市を防衛することに徹した。そうすることによって、彼らはさらなる軍事的な大惨事こそ回避したが、南イタリアを掌握することもできず、南イタリアは徐々にノルマン人の王国へと変わっていった。

その間も、ノルマン人はムスリム支配下のシチリアに対する関心を失ってはいなかった。一〇五九年、南イタリア公ロベルト・グイスカルドが、教皇ニコラウス二世〔位一〇五八～一〇六一年〕に宛てた書簡の中で、自らを「将来のシチリア君主」と称した後に（Van Houts 2000, 243）、ノルマン人の侵攻計画が形を露わにし始めた。グイスカルドは目立つ人物であった。ビザンツ皇女のアンナ・コムネナ〔ビザンツ皇帝アレクシオス一世コムネノス（位一〇八一～一一一八年）の長女〕は、彼について「横柄」、「勇敢」、「狡猾」であり、「相当に悪辣な精神の持ち主」と記述している。彼女は続ける。「彼は非常に背が高く、大男をすら上から見下ろすくらいである。その顔は赤く、金髪は肩まで伸びている」と。しかし、かなり「優美でもある」とも（Comnena [c. 1148] 1969, 54）。

一〇六一年、グイスカルドと弟のルッジェロ〔一世、後のシチリア伯〕、およびノルマン人の特殊部隊は、夜間にメッシーナに上陸したが、翌朝になると町が放棄されているのを見つけた。グイスカルドは、すぐさま町に防備を施し、そして互いに争っていたシチリアのアミールの内の一人であるイブン・アッティナーと同盟を結んだ。そして、その後の様子を確認するためイタリアへと帰還する前に、シチリアの大部分を制圧した。彼は、シチリアの支配圏を拡大する素振りも見せたが、南イタリアに残存していたビザンツの要塞を制圧することに専念し、最終的には一〇七一年に南イタリアからビザンツ人を駆逐した。翌年に彼はシチリアに戻ってパレルモを占領し、すぐさま全島を統制下に置いた。一〇九八年、ロベルト・グイスカルドの長男のボエモンドは、後にアンティオキア〔現トルコ共和国アンタキア〕を占領することになる十字軍を率い、アンティオキア侯国の支配者となった〔位一〇九八～一一一一年〕。その後の一一三〇年、グイスカルドの甥のロベルト二世〔シチリア国王ルッジェロ二世（位一一三〇～一一五四年）の誤り〕は、南イタリアも含むノルマン朝〔オートヴィル朝〕シチリア王国を建国した（Matthew 1992）。ノルマン朝はわずか一世紀ほどしか存続しなかったが、ムスリムの支配が再開されることは決してなかった。

制海権

一九二〇年代、ベルギー人の歴史家アンリ・ピレンヌ（一八六二～一九三五年）は、「暗黒時代」はローマ帝国の崩壊や北方の「野蛮人〔ゲルマン民族〕」の侵入ではなく、ムスリムによる地中海世界の支配がヨーロッパを孤立させたがゆえにヨーロッパに舞い降りたのである、という主張によって世界的名声を博した。彼が記すには、「かつて地中海はローマの湖であった。しかし今や、その大部分はムスリムの湖になり」(Pirenne 1939, 25)、東方世界との交易から遮断されて、ヨーロッパは後進的な農村経済の集合体へと退行したのであった。

自身の説を補強するため、ピレンヌは、七世紀後半に海上交易が急速に衰退し一〇世紀初頭まで低水準に留まったことを示す断片的な証拠を引用した。ピレンヌ・テーゼは長年にわたって大きな影響力を持っていたが、最終的には他の研究者たちが、そのテーゼが立脚する交易の衰退を断定するのは行き過ぎだということを示す信憑性の高い証拠を発見したことによって、その妥当性を失った。ムスリム領域が拡大した最初の半世紀の間における東方世界との海上交易については幾つかの解釈があるが、おそらくはヨーロッパとイスラーム諸国家との間でさえ、非常に活発な地中海交易が素早く回復したであろうということを示す証拠が存在しているのである(Gabrieli 1964; Gibb 1958)。

奇妙なことに、歴史家たちはピレンヌの仮説の中で最も基本的かつ少し考えればわかるようなことに十分な注意を払うことができていない。それは、ムスリムの海軍力が地中海を支配した、という点である[1](Dennet 1948)。いかにしてピレンヌがこのような考えに至ったのかについては、理解が困難である。おそらくは、彼が「ムスリムは全地中海の支配権を手に入れた。地中海をぐるりと覆う彼らの権力と支配は強大であった。キリスト教の民たちは、地中海のいかなる場所であっても、ムスリム艦隊に対しては何もできなかった。ムスリムはずっと征服という波に乗り続けていたのである」というイブン・ハルドゥーン(一三三二〜一四〇六年)の記述を単純に信じてしまったのであろう（Pryor 1992, 103より引用）。しかし、たとえ戦略上重要な位置にあった幾つかの島を保持することによって優勢な立場にあったとしても、ムスリム艦隊はその波を支配することは決してできなかったのである。

なるほど確かに、ムスリムはエジプト占領直後に強力な艦隊を手に入れ、六五五年にはアナトリア半島沿岸部の沖合でビザンツ艦隊を打ち破った。しかし、わずか二〇年後には、ビザンツ軍はギリシアの火を用いてムスリムの大艦隊を打ち砕き、七一七年にも同様のことが起こったのである。その後の七四七年には、「シリア人やエジプト人の海軍力の繁栄を象徴するかのような、一〇〇〇隻のガレー船から成る凄まじいアラブ艦隊」が、キプロス沖で遙かに小規模のビザンツ艦隊と会戦し、その結果、アラブ側にはわずか三隻の軍船しか残らなかったのである（Lewis 1951, 69）。ムスリムの海軍力が十分に回復することは、決してなかった。その理由の一つには、ビザンツ側が豊富に所有していた「船を建造するための木材・海軍軍需品・鉄」の慢性的な不足にムスリム側は苦しんでいたということがあった（Lewis 1951, 72）。ゆえに、地中海はムスリムの湖になったというよりはむしろ、ビザンツ海軍は「沿岸部の巡回、公海の警備、そして見つけた時には場所や時を選ばずに行われたサラセン人海賊に対する攻撃といったように、当時の世界の中で最も優れており、高度に訓練されていた」ので（Norwich 1991, 94）、地中海東部はビザンツの湖であった、ということが真実である。確かに、ムスリムは、八～九世紀においてもビザンツ海軍の拠点から遠く離れた地中海西部では、海上から侵略活動を支えることができた。しかし、一〇世紀までには、彼らは復活したビザンツ艦隊のみならず、ヨーロッパ人の艦隊に対しても劣勢へと追いやられたのである。

ムスリム海軍力の弱さは常に明白であった。一つに、ムスリムは、奇襲攻撃を受ける危険性の高い公海からは撤退しなければならないということをすぐに悟った。したがって、例えばカルタゴが放棄された後、そこに停泊していた艦隊は、海上に出られるように掘削された運河で結ばれたチュニス内陸部へと移動したのである。一度にわずか一隻のガレー船しか通れないほどの狭さであったので、運河は敵艦隊から容易に防衛することができた（Lewis 1951, 71）。同様に、エジプト艦隊はアレクサンドリアからナイル河を遡った所に停泊地を移した。これらの移転は賢明な処置であったが、一方で彼らの弱さも露呈しているのである。

ムスリムが制海権を掌握していなかったことは、ビザンツ側が無傷で軍隊の海上輸送を行うことができたという点からも明らかとなる。例えば、イスラーム勢力を南イタリアから駆逐した軍隊が海上から上陸できたことや、それに対する支援物資も海上から運ばれていた、というように。またムスリム海軍は、ジェノヴァ、ピサ、ヴェネツィアといったイタリアの都市国家による非常に広範囲に及ぶ海上交易を妨害することもできなかった（Stark 2005）。実際には、一一世紀、まさに第一回十字軍の前に、イタリア艦隊はムスリム船を拿捕したばかりでなく、成功裏にかつ幾度となく北アフリカ沿岸にあるムスリム海軍の拠点を襲撃していたのである（Krueger 1969, 40）。だからこそ、十字軍の間、イタリア、イングランド、フランクの各艦隊、そしてノルウェーの艦隊でさえ、思うがままに聖地を行き来することができ、何千人もの十字軍士や支援物資を運んだのである。最後に、次章で示されるように、ピレンヌ・テーゼとは異なり、ムスリムによる海上交易の遮断は、ヨーロッパを「暗黒時代」へと追い込むことはできなかった。なぜならば、そもそも「暗黒時代」などなかったからである。

小　括

以上に見てきたようなキリスト教徒の勝利のすべては、第一回十字軍に先行する。したがって、西ヨーロッパの騎士たちが陸路あるいは海路を通って聖地へと向かった際、彼らは敵であるムスリムについてすでに多くのことを知っていた。ほとんどすべての者が、自分たちが勝利できることを確信していたのである。

注

（1）デネットは、ピレンヌ・テーゼに対する六つの反論を列挙しているが、地中海の横断からヨーロッパ人を遮断するのを可能にしたムスリムの海軍力という点は、そこに含まれていない。

第三章　ヨーロッパの「無知」対イスラームの「文化」

しばしば主張されているのとは異なり、ムスリムの科学技術は西洋世界の科学技術に大きく後れていた。ここに示された騎士は、ムスリムの弓よりもかなり正確で強力な弩を装備している。ムスリムの弓は、これらの騎士や他の十字軍士の多くが身に着けていた鎖帷子を貫通することはほとんどできず、一方でほとんどのムスリムはそのような武具を身にまとってもいなかったのである。

暗黒時代にヨーロッパ世界が停滞していた一方で、イスラーム世界では科学や学問が花開いていたということは、長らく一般的に受け入れられてきた考えである。著名なバーナード・ルイスが近年の著書で示しているように、イスラーム世界は「それまでの人類史上で最も高水準の文明的な技術や科学に達していた。……（知的な側面から見ると）中世ヨーロッパは弟子であり、ある意味においてイスラーム世界に依存していた」（Lewis 2002, 6）。しかし、同じくバーナード・ルイスが指摘しているように、その後にヨーロッパ人たちは突如として、「イスラーム世界の科学的、技術的、そして遂には文化的遺産を遥か後方に置き去りにしつつ、飛躍的に」進歩し始めたのであった（Lewis 2002, 7）。ゆえに、ルイスはその著書のタイトルとして『何が失敗したのか？』（邦語訳タイトル『イスラム世界はなぜ没落したのか？』）という疑問を掲げているのである。

本章では、ルイスの投げかけた疑問に対して、「何も失敗していない」という私の答えを示していく。かつてムスリムの文化はヨーロッパの文化を凌いでいた、と信じること自体が幻想に過ぎないのである。

ズィンミーの文化

アラブ人のエリートたちが洗練された文化を手に入れたのは、彼らがそれを被支配民から学んだからである。真の意味を十分に正しく理解しているようには思われないが、バーナード・ルイスが述べているように、アラブ人は「古の中東、ギリシア、ペルシア、インドの知識や技術を」受け継いだのであった（Lewis 2002, 6）。すなわち、概してムスリムに帰される洗練された文化（さらには「アラブ人の」文化とも言われる文化）は、実際には被支配民の文化、すなわちビザンツで培われたユダヤ的、キリスト教的、ギリシア的な文化、コプト派やネストリウス派のような異端キリスト教徒集団の注目に値する学識、ゾロアスター教徒（マズダク教徒）の知識、そしてヒンドゥー教徒の偉大なる数学的な成果（インドにおける、初期の大規模なムスリムの征服活動のことを思い起こしてほしい）に他ならなかった。古代のギリシア人たちに由来するものを多く含む学識の遺産はアラビア語に翻訳され、ある程度のものはアラブ文化に吸収されていったが、翻訳された後でさえ、この「学識」は、主としてアラブ支配下に生きるズィンミー〔庇護民〕たちによって支えられ続けたのである。例えば、「イスラームの言語で著された最初期の科学に関する書」は、「ペルシア系ユダヤ教徒の医師によってアラビア語に翻訳され、アレクサンドリアのシリア人キリスト教徒によって作成された医学書」であった（Moffett 1992, 344）。この例に見られるように、「アラブ人の」科学や学識のほとんどは、ズィンミーに由来したばかりでなく、ズィンミーこそがその多くをアラビア語に翻訳したのであった（Hodgson 1974: 1: 298）。しかし、それによって知識そのものがアラブ文化へと変容したわけではなかった。マーシャル・ホジソンが記しているように、むしろ「自然科学を追求した者たちは、アラビア語で執筆している場合でさえ、ズィンミーとして自身の信仰への忠誠に固執し続ける傾向にあった」のである（Hodgson 1974: 1: 298）。そのような次第で、ズィンミー自身がゆっくりとアラブに同化していった時、洗練されたアラブ文化と言えるようなものの多くは姿を消していくこととなったのである。

知的文化の事例ではないが、ムスリム艦隊はその好例である。海上から攻撃を行うビザンツ軍の能力がアラブ軍に突き付けた問題によって、初期のアラブ人征服者たちは自分たち自身の艦隊を持とうと考えるに至った。確かに、後に時としてこれらの艦隊はビザンツや西洋の海軍との戦いの中でうまく機能したので、我々がそのことをイスラームの洗練性の証拠として利用するのは簡単である。しかし、もう一歩近づいて見てみると、それは実際には「ムスリム」の艦隊ではなかったということを我々は発見するのである。

アラブ人は砂漠の民であったために造船については何も知らず、したがって彼らは、新たに獲得した後にも十分に機能していたエジプトの造船所や（Butler [1902] 2005, 114）、ティール〔現レバノン共和国スール〕、アッコン〔現イスラエル国アッコ〕、ベイルートを含むシリア沿岸の海港都市に目を付けて、主要艦隊の構築を委託した。また、アラブ人は航海技術や航法についても何も知らなかったので、そのエジプト艦隊にはコプト教徒の船員を（Jandora 1986, 112）、ペルシア艦隊にはビザンツ海軍に関わっていた傭兵を配備した。その少し後にカルタゴで艦隊が必要となった際、ムスリムの「エジプト統治者は、一〇〇隻の軍船を造るために一〇〇〇人のコプト教徒造船工を派遣した」のであった（Jamison 2006, 23; Lewis 1951, 64）。ムスリム海軍についての記述はほとんどないのだが[1]（ただし、そのこと自体、ムスリムの著述家たちが海軍とほとんど接していなかったことを示している）、ムスリムが「彼らの」艦隊の構築あるいは統率の仕方を決して自分のものにしたのではなく、その艦隊はズィンミーによって考案され、建造され、動かされ続けた、と想定することを可能とする理由はある。したがって、七一七年にアラブ人がコンスタンティノープルを海上から攻撃しようと最後に試みた際、彼らの敗因の一つは「アラブ艦隊のキリスト教徒乗組員の多くがビザンツ側に寝返った」ことであった（Lewis 1951, 66-67）。また、一五七一年にレパント沖でムスリムの巨大艦隊がヨーロッパ勢力によって撃破された時、「両艦隊の主要な艦長たちはヨーロッパ人であった。スルタン自身、棄教したイタリア人の艦隊司令官のほうを好んでいた」のであった（Davis 2001, 257; Beeching 1982, 192）。さらに、アラブの船は、ヨーロッパの船の設計技術の完全な模倣であったばかりでなく、「ナポリやヴェネツィアからやって来た造船工など」（Davis 2001, 260）、「非常に高額な金銭で引き抜かれた者たちによって、スルタンのために建造されたものであった」（Beeching 1982, 192）。

高く評価されているアラブの建築物もまた、ペルシアやビザンツ起源の物に手を加える形で、主としてズィンミーによって建造されたことは明白である。カリフのアブド・アルマリク〔ウマイヤ朝第五代カリフ、位六八五～七〇五年〕が、イスラーム芸術の偉大な傑作の一つとされている巨大な岩のドームをエルサレムに建造させた際、彼はビザンツ人の建築家や職人を雇用したのであり

（Kollek and Pearlman 1970, 59）、それがゆえに岩のドームは聖墳墓教会に酷似しているのである（Gil 1992, 94）。同様に、七六二年にカリフのアル・マンスールがバグダードの町を建設した際、彼は町の設計をとあるゾロアスター教徒とユダヤ教徒に委託した（Hill 1993, 10）。実際に、有名なモスクの多くは元々キリスト教会として建てられたのであり、単に外側にミナレットが付け加えられ、内装を変えることでモスクに転化されたに過ぎない。イスラーム芸術や建築物についての定評ある権威者が述べているように、「実のところ、岩のドームは、今日我々がイスラーム芸術として理解している物、すなわちムスリムによって作成された物では必ずしもなく、……むしろ多くの人々、もしくは主要な人々の多くがムスリムであるような社会の中で作成された芸術の一作品である、ということを示している」のである（Bloom 2007, 7）。

同様の例は、アラブ文化の学識に対する大きな賞賛を鼓舞する原因の一つとなっている、知的領域にも満ちている。ドナルド・R・ヒルは、アラブ人による科学や工学への「非常に大きな」貢献を知らしめるために書かれ、大絶賛を得ている著作の中であっても、アラブ起源に遡ることのできるものはほとんどないと書き留め、そしてその貢献のほとんどが被征服民に起源を持つ、ということを認めているのである。例えば、『ブリタニカ国際大百科事典』において、「すべてのムスリムの科学哲学者の中で最も影響力のある」と記されているアヴィケンナ〔イブン・スィーナー〕は、ペルシア人である。また、アヴィケンナと並び称されるウマル・ハイヤーム、〔アブー・ライハーン・〕アル・ビールーニー、〔イブン・ザカリーヤー・アル・〕ラーズィーといった有名な学者たちも同様である。また別のペルシア人、アル・フワーリズミーは、代数学の父とされている。分数の道を開拓したアル・ウクリディスィーは、シリア人であった。「ムスリムの」医学知識の分野で突出した存在であるバクト・イシューやイブン・イスハークは、ネストリウス派キリスト教徒であった。有名な天文学者にして占星術師であったマーシャーアッラー・ブン・アタリーは、ユダヤ教徒である。このようなリストは数頁に及ぶくらい作成することができる。あまりにも多くの歴史家たちを誤った方向に導いているのは、「アラブの科学」に寄与するほとんどの者がアラビア語の名前を与えられ、その著作が（その地の「公用語」である）アラビア語で出版された、ということなのである。

数学について考えてみよ。いわゆるアラビア数字は、全面的にヒンドゥー教徒起源である。さらに、ゼロの概念に基づく素晴らしいヒンドゥー教徒の数のシステムがアラビア語で出版された後でさえ、それは数学者のみに利用されたのであり、一般的なムスリムは扱いに難しい伝統的なシステムを用い続けた。数学に対するその他の多くの貢献もまた、誤って「アラブ人」に帰されている。例えば、幾何学や数の理論に対する多くの寄与で注目されるサービト・イブン・クッラは、一般的に「アラブの数学者」として認識されているが、異端であるサービア教徒の一員であった。当然のことながら、優れたムスリムの数学者も幾人かはいたが、おそらくは起こりうる宗教的な批判からその実践者である自分自身を守るために、その主題はあまりにも抽象的であった。同じことは天文学についても言うことができる。この分野におけるほとんどの功績も、アラブ人にではなく、ヒンドゥー教徒やペルシア人に帰すべきである。地球が地軸を中心に回っているという「発見」は、しばしばペルシア人のアル・ビールーニーに帰されるが、彼はそのことをブラフマグプタや他のインド人天文学者から学んだことを認めている（Nasr 1993, 135-36）。また、その著書『マスウード宝典』の中で、「あなたが地球は動いているのか空に浮かんでいるのかどちらで考えようとも、同じことである。というのは、いずれの場合においても、それは天文科学には何ら影響がないからである」と述べているように、そもそもこの問題についてアル・ビールーニーは不明瞭である（Nasr 1993, 136）。アル・バッターニーももう一人の有名な「アラブ人」の天文学者であるが、サービト・イブン・クッラと同様に、彼もまたサービア教徒（彼らは星を崇拝し、そのことが彼らの天文学に対する並々ならぬ関心を説明している）の一員であった。

アラブ人がそれ以前の文化よりも遥かに洗練された医学を達成した、という数多くの主張は（Ajram 1992）、「アラビア」数字への評価と同様に誤っている。「ムスリム」あるいは「アラブ」の医学は、実際にはネストリウス派キリスト教徒の医学であった。重要なムスリムやアラブの医師たちでさえ、シリアのニシビス〔現トルコ共和国ヌサイビン〕にあった大規模なネストリウス派の医学学校で訓練を受けていたのである。医学のみならず先進的な教育全般もまた、ニシビスや、著名な科学史家であるジョージ・サートン（一八八四〜一九五六年）が「当時最も優れた学術センター」と称するペルシアのジュンディーシャープールを含む（Brickman 1961, 85 より引用）、ネストリウス派によって設立された学術施設で提供された。ゆえに、ネストリウス派は「優れた会計士・建築家・占星術師・銀行家・医師・商人・哲学者・科学者・書記・教師という名声を、アラブ人の間で得た。実際に、九世紀以前の（イスラーム世界の）学識ある学者のほとんどすべてが、ネストリウス派キリスト教徒であった」のである（Dickens 1999, 8）。「ギリシア語で書かれた原典、とりわけヒッポクラテス、ガレノス、プラトンやアリストテレスの著作のシリア語やアラビア語への翻訳本を収集して改訂し、さらに監修した」のは（Brickman 1961, 84）、主としてネストリウス派キリスト教徒のフナイン・イブン・イスハーク・アル・イバーディー（ラテン語ではヨハンニティウスとして知られる）であった。実のところ、一一世紀中葉になってもなお、ムスリムの著述家であるナシル・イ・フルサウは、「実際、エジプトと同様にここシリアの書記は皆キリスト教徒であり、……そして医師がキリスト教徒であるのは当たり前である」と記している（Peters 1993, 90）。モシェ・ギルの重要な歴史記述によると、ムスリム支配下のパレスチナでは、「キリスト教徒たちは多大なる影響力を保持していた。その主たる理由は、ムスリムの法がキリスト教徒を（そのような地位で）登用することを禁じていたにもかかわらず官職に就いたキリスト教徒たち、もしくは卓越した科学者・数学者・医者などであったという事実ゆえに当時の知識人層の一部を成していたキリスト教徒の中には、行政官としての天分を兼ね備えた者もいた、ということである」（Gil 1992, 470）。キリスト教徒役人の卓越性はまた、九九五年頃に「エジプト、アル・シャーム〔シリア地方〕、イラク、ジャジーラ〔イラク北部地方〕、ファールス〔イラン南部地方〕やその周辺のすべての地域の王たちは、役所仕事、中央行政、そして国庫の運用に関することでキリスト教徒に依存している」と記したアブド・アル・ジャッバールによっても教えられるのである（Gil 1992, 470 より引用）。

有名なイギリス人であり、イスラームに改宗してクルアーンの翻訳も行ったマルマデュケ・ピクタール（一八七五〜一九三六年）を含めて（Pickthall 1927）、自身の宗教を強く支持するムスリムの歴史家の多くでさえ、洗練されたムスリムの文化は被征服民に由来することに同意している。ただし大きく見落とされているのは、ムスリムあるいはアラブの文化はその大部分がズィンミーの文化の複合体に依存する幻影であり、そうであるがゆえにそれは容易に失われ、常に異教的なものとして抑圧されやすかったために、そのような文化は没落して、ムスリムが西洋人についていくことができなくなる、という現象が生じたことである。ゆえに、一四世紀に東方のムスリムがほとんどすべての宗教的な不従順者を蹂躙した際、ムスリムの後進性が前面に押し出されることとなったのである。

イスラームとアリストテレス

ムスリムは西洋のキリスト教徒よりも学識があり洗練されていた、という信念を強調することは、ギリシア哲学や文学に深く関わっていない社会は暗黒の社会であったという憶測に過ぎないのである。したがって、過去幾世紀にわたり、ヨーロッパの著述家の多くは、先進的な古人の「知恵」に接することでイスラームは大いに優れた文化になったと想定し、アラブ人が古典的著述家の作品を所有していたことを強調する。中世ヨーロッパの学者たちも、従来主張されている以上に、かなりの程度に「古典」に精通していたが、アラブ人に征服された社会の中でビザンツ／ギリシア文化が持続したがために、大いに教養のあるアラブ人がプラトンやアリストテレスのようなギリシアの古典的な著述家たちの作品についてより多くの知識を有していた、ということは事実である。しかし、あまり知られていないことは、ギリシアの学識への接触はアラブの学識にかなり悪影響を与えた、ということである。

プラトンやアリストテレスの作品は、七世紀後半におけるシリア語への翻訳、そしてその後のおそらくは九世紀頃におけるシリア人によるアラビア語への翻訳を通じて、アラブ人のもとに届いた。しかし、ムスリムの知識人たちは、これらの作品をギリシア人学者による様々な命題に解答を与えるための試みとして扱うのではなく、クルアーンを読むのと同じように（命題や反駁なくして理解される確定的な真理のように）深く考えずに読み、したがってムスリムの思索家たちは、明瞭かつ根本的な相違があったとしても、クルアーンと調和する範囲内でしかこれらの作品を分析しなかったのである。結局のところ、焦点はアリストテレスにあった。評判の高いムスリム史家のシーザー・ファラーが説明しているように、「アリストテレスの中に、ムスリムの思索家たちは大いなる道標を見出した。彼らにとって、アリストテレスは『第一の師』となった。このことを直観的に受け入れたため、ムスリムの哲学は、その後の数世紀間の進展に見るように、この筋に留まり続けて、アリストテレスを革新するのではなく敷衍することを単純に選択した」（Farah 1994, 199）。このことは最終的に、哲学者のアヴェロエスやその追随者たちに、アリストテレスの自然科学は完璧で絶対に正しいものであり、もし実際の観察がアリストテレスの教えと異なるのであれば、観察結果のほうが誤りであるか勘違いである、と考える立場を取らざるをえなくさせてしまったのである（Jaki 1986, 208）。

こういった姿勢は、知識の追求という点で、イスラームがギリシア人を継承することを妨げた。それとは対照的に、アリストテレスの作品における知識は、初期のキリスト教徒学者たちの中で実験と発見というものを喚起した。実際に、今も昔も人の名声というものは、すでに受け入れられた知識に異を唱えることや、刷新したり修正したりすることで高められたのであり、そのことが学者たちにギリシア人の誤謬を見つけ出そうという動機を与えたのであった（Colish 1997; Stark 2003, chap. 2 を参照）。そして実際に、発見されるべき多くの誤謬があったのである。

書物と図書館

すでに記したように、ムスリム文化の卓越性に関するあらゆる主張の中心は、彼らが多くの古典作品の翻訳を所有していた、というところにある。しかし、書物というものはどこかしらで保存されるに違いなく、大規模な書物の収蔵場所は、それが個人所有のものであろうと書物を収集して保存するための施設であろうとも、図書館と見なされる。イスラーム世界にも両方の形の図書館が初期から存在したということを示す証拠は数多くある。実際に、中東や北アフリカ全域にわたって、ムスリム征服軍は図書館と出会うことになった。これらの図書館の幾つかは異教徒の時代から存続していたものであり、また幾つかはキリスト教徒やユダヤ教徒によって創設されたものであった。エジプトのコプト派の間では、「すべての修道院、そしておそらくすべての教会は、かつてそれぞれに写本の収蔵庫を有していた」（Butler 1884, 239）。ビザンツ地域全般においても、正教徒の聖職者が図書館を存続させていた。その学識の中心地において、ネストリウス派のキリスト教徒は膨大な量の書物を収蔵し続けた。毎週修道院の書庫から本を借り出し、起きている間のほとんどの時間をその熟読と記録に費やした、というあるネストリウス派の修道士の話は（Mackensen 1936, 106）、なにも特別なものではなかったようである。したがって、もしムスリムが「受け継ぐことになった様々な知識を利用することができたのであれば、彼らはアラビア語で書かれた書物を所有していたはずであり、その書物は保全され、読みたい者が書物に接しやすくなっていたはずである」（Mackensen 1936, 110）。

しかしながら、ムスリムが図書館を重要視したという考えは、議論の余地こそあれ、彼らがアレクサンドリアにあった巨大な図書館を焼き払ったという主張と矛盾する（その要点については、Butler［1902］2005 および Mackensen 1935a を参照）。その話は次の通りである。アレクサンドリア征服後、ムスリムの指揮官は、ダマスクスに帰還していたカリフのウマルに、数十万点の巻本を所蔵していたと言われる巨大な図書館をどうすべきかについて伺いを立てた。それに対し、ウマルは次のように答えたと言われている。「もしそこに書かれている内容が神の書（クルアーン）と矛盾しないのであれば、その本はもう必要ない。もし矛盾するのであれば、その本はもう望まれない。したがって、それらを粉砕せよ」と（Mackensen 1935a, 117 より引用）。その命に従って、指揮官は炉代わりに使うために町中にあった四〇〇〇の浴槽に巻本をばらまいたが、すべてを焼き尽くすのには六ヶ月を要したのであった。

エドワード・ギボンを含めた一流の西洋人歴史家たちが、その図書館はユリウス・カエサルがエジプトを征服した時に事故で焼けてしまったという伝承を安易に受け入れ、ウマルにまつわるこの話を否定しているという事実があるにもかかわらず、この話は多くのイスラーム賞賛者からの怒りに満ちた反応を引き起こしている。例えばアスマ・アフサルッディーンは、この話はムスリムに対するキリスト教徒の憎しみを表す以外のなにものでもないと怒りを込めて非難しているのである（Afsaruddin 1990, 292）。そもそもこの話が一三世紀のエジプト人ムスリムの歴史家による記述の中で最初に現れるという事実を無視して。そしてその後、この話はかの有名なイブン・ハルドゥーンを含む他のムスリムの著述家たちによって繰り返されたのである（Mackensen 1935a）。カリフが巨大な図書館を焼かせたという非難がムスリムによって提起されたということが、この話が真実であった可能性を高めるわけではない。なぜならば、これが最初に紹介されたのは、事が起こったとされてからおよそ六〇〇年を経てのことだったからである。しかし、この話が非常に多くのムスリム知識人によって真実だと思われていたということは、単なる興味関心以上の何かを示している。それはすなわち、国家の長を含む多くのムスリムが書物や学術的活動に対して敵意を持っていた、ということに他ならないのである。

学識に対する反感というこのような姿勢は、ムスリムの科学の栄光についての説明ではなく、その政治に関する歴史叙述を読めば明白であるように思われる。ある歴史叙述によると、八四七年にカリフになった際、ムタワッキル〔アッバース朝第一〇代カリフ、位八四七～八六一年〕は、すぐさま「力ずくで各人の研究活動や科学的調査を抑制し、信仰とは意を異にする見解に対する抑圧を強めていった」のである（Moffett 1992, 355）。そして、彼の後継者たちも同様のことを行った。その後に生じたカリフ権力の崩壊と共に、今や一連の内紛のもとにあり、アミール国家というモザイク状態に分離してしまっているムスリム帝国が、「啓蒙的」であろうと「弾圧的」であろうといかなる政策をとることも、もはや不可能となった。それ以降、ムスリム支配者の中には学者やその書物・学識に寛容な者もいたが、ほとんどの者はそうではなかった。実際に、西洋の著述家にも非常に賞賛される一二世紀のムスリムの英雄であるサラーフッディーンであっても、カイロにあった公共の図書館を閉鎖して、蔵書をばらまいたのであった（Mackensen 1935a, 122）。これらのことすべてが、いわゆるズィンミーによって支えられたムスリムの文化としての洗練された文化と、ムスリムのエリートたちの実際の文化との間に、緊張が広まっていたことを示しているように思われるのである。

「暗黒時代」という神話

ムスリムがより先進的な文化を有していたという主張はまた、キリスト教世界の文化的後進性という幻想、すなわち、ローマ帝国の崩壊後にヨーロッパ世界は暗黒時代へと退行し、その結果イスラーム世界では栄え続けていた文化的遺産を失ってしまったという、大きく広まってはいるが根拠のない信念に依拠している。ヴォルテール（一六九四～一七七八年）は、ローマ帝国滅亡後に「野蛮・迷信・無知が世界の表面を覆った」と主張した（*Works* XII）。〔ジャン＝ジャック・〕ルソー（一七一二～一七七八年）によると、「ヨーロッパ世界は人類最初期の野蛮な世界へと逆戻りした。ヨーロッパの民たちは……数世紀前には無知よりも酷い状態の中に生きていたのである」（Gay 1966より引用）。エドワード・ギボン（一七三七～一七九四年）もまた、この時代を「野蛮な行為と宗教の勝利」と称した（Gibbon［1776-1788］1994, bk. 6, chap. 71）。

このような見方が知識として受容されていった、ということは驚くべきものではない。したがって、ピューリッツァー賞を受賞した歴史家であり、アメリカ連邦議会図書館長でもあったダニエル・J・ブーアスティン（一九〇四～二〇〇四年）は、ベストセラーとなった著書『発見者たち』（一九八三年）の中で「キリスト教の教義という監獄」と題した章を設け、そこで「暗黒時代」はローマ帝国崩壊前からすでに始まっていた、と主張している。「キリスト教は、ローマ帝国およびヨーロッパ世界の大部分を征服した。そこに我々は学問の喪失という全ヨーロッパ的に起こった現象を見出し、それは紀元三〇〇年から少なくとも一三〇〇年に至るまでヨーロッパ大陸を苦しめた」。このような現象が生じたのは、「正統派キリスト教信仰の指導者たちが、知識の進歩に対して大きな防御壁を構築した」からであった（Boorstin 1983, 100）。そして、優れた歴史家であるウィリアム・マンチェスター（一九二二～二〇〇四年）の言では、その時代は「絶え間ない戦乱、腐敗、無法、奇妙な神話に彩られた妄想、そしてほとんど理解不能な愚かさの時代であった。……暗黒時代はあらゆる面で不毛であった」のである（Manchester 1993, 3, 5）。

これらの主張の幾つかは悪意に満ちており、そのすべては驚くべき無知から生じたものである。なるほど、ムスリム征服者と同様、ローマ帝国を征服したゲルマン諸部族は、先達の文化基準に達するその前段階として、かなりの程度の文化を獲得せねばならなかった。しかし、多くのローマ人が彼らを教化して導いたことに加えて、彼らにはローマから継承した文化を注意深く支えて進展させたキリスト教会があった（Stark 2005; 2003）。さらに重要なのは、「暗黒時代」と称される数世紀は、科学技術が発展して「それ以前の文明が知らなかったほどの規模で」実用化されたような、「人類の歴史の中で大きな刷新があった時代の一つ」であった、ということである（Gimpel 1976, viii, 1）。実際、以下に見るように、ヨーロッパ世界が科学技術の点で他のいかなる地域よりも抜きん出るほどに大きく飛躍し始めたのは、まさにこの「暗黒時代」においてであった（White 1940, 151）。今やこのことはあまりにも広く熟知されているので、「暗黒時代」という名称を根拠のない神話として否定することは、数年前までは神話を受け入れて広めてきたような主要な辞書や百科事典においても記されているところである。かくして、『ブリタニカ国際大百科事典』の以前の版がローマ帝国崩壊後の五〜六世紀を「暗黒時代」としているのに対し、一九八一年に出版された同書の第一五版では、当時を「知的活動の闇と野蛮の時代」とするのは「誤った」主張であるので、「暗黒時代」という用語は「受け入れられない」ものとして却下されているのである。

すでにこれまでに明らかになっているように、より先進的で洗練されたムスリムの文化という主張は、概して「主知主義」に基づくものである。しかし、文化にとって、書物や「書物から学ぶこと」以上に重要なものがある。誰も、農地の耕し方・航海技術・戦争の勝ち方を、プラトンやアリストテレスから学ぶことはできない。広義の科学技術とは、人はいかに良く生きるのか、自分の身を守ることができるのか否か、ということを決定するような、実生活の要素なのである。そして、教養あるキリスト教徒の学者の知識と比べて、ムスリムの知識人がアリストテレスの科学あるいはプラトンの政治哲学について何を知ろうとも知らなくとも、イスラームの科学技術はビザンツやヨーロッパの科学技術から大きく後れを取っていたのである。

科学技術の対比

重要な科学技術という点においてキリスト教世界とイスラーム世界を正しく対比することは、そもそものテーマが、不条理な主張に偏向しがちなムスリムの著述家たちによって独占されてきたがために、非常に困難である。それゆえに、人々は「八〇〇年代、イスラーム支配下スペインの〔アッバース・〕イブン・フィルナスが飛行機を発明し、組み立てて実験した」ということを「発見できる」のである（Ajram 1992, app. B）。舵を発明したのも、ヨーロッパ人の造船工ではなくムスリムの造船工である（そもそもムスリムの造船工がいたのかという問題があるが）、羅針盤を発明したのも、中国人ではなくムスリムである、等々（Ajram 1992, app. B）。

運搬技術

我々が絶対的な確信をもって知っていることは、ムスリムによるエジプトを始めとする北アフリカ地域やスペインの征服に続いて起こったのは、これらの地域から車輪が消えてしまった、ということである（Bulliet［1975］1990）。数世紀の間、これらの地域には二輪あるいは四輪の荷車が存在しなかった。あらゆる物品は人の手で運ばれたか、ラクダやロバあるいは馬に積まれた。このことは、アラブ人が車輪についての知識に欠けていたからではなく、彼らがそれをほとんど利用価値のないものと考えたことから生じたのである。彼らの判断において、車輪を利用するには道が必要であった。ラクダや歩行者にはそれは必要ではない。さらに、このような車輪に対する彼らの過小評価を考慮に入れると、ムスリムが荷車と使役動物とを繋ぎ留めるのに適切な引き具の作り方を知っていたかどうかは、疑わしくなってくるのである。

それとは対照的に、「暗黒時代」の初期段階において、ヨーロッパ人は、牛ではなく馬に重い荷車を、しかもある程度の速度を保って引くことを可能にした首当てと引き具を発展させた最初の民であった。正しく引き具を付けられた馬は、およそ一トン弱の荷を積んだ荷車を引くことができた（Leighton 1972, 112）。同じ重さの荷をラクダで運ぶ場合には、少なくとも四～五頭を要した（Bulliet［1975］1990, 20）。ヨーロッパの馬の牽引力は、八世紀に蹄鉄が発明されて次世紀にはそれが広く利用されるようになった時、再び増大した。蹄鉄は、とりわけ硬い路面において馬の蹄を摩滅や裂傷から守るばかりでなく、柔らかい路面ではそれを踏み固めることでより強い牽引力を回復することを可能とした（Leighton 1972, 107）。さらに一〇世紀のヨーロッパ人は、複数の馬もしくは牛を横に繋ぐ留め具と垂直に連結して二頭ずつを一列にする形で並ばせるような引き具を最初に発明した。このことによって、包囲戦の間に投石機や攻城兵器といったような巨大な荷を、多数の使役動物で引くことが可能となったのである。

荷車に関してアラブ人が露呈した難点は、ムスリム征服期およびそれ以前に使われていた荷車は固定された前車軸の付いたものであり、方向転換が難しいものであったということである。またブレーキもなく、下り坂では非常に危険であった（Usher 1966, 184）。九世紀までに、ヨーロッパ人はこれらの問題を解決しており、彼らの荷車には適切なブレーキのみならず猿環《さるかん》で回転する前車軸が備わっていた。このことは、本拠地から四〇〇〇キロ以上も移動しなければならないような重要な軍事遠征を遂行する際、大きな利点となった。実に、第一回十字軍における一分隊は、少なくとも二〇〇〇台の荷車を伴って出発したと考えられているのである（France 1994, 91）。

　最後に、世界で最も素早く動くことのできる乗用馬を有していたにもかかわらず、ムスリムにはヨーロッパ人が使用するような大きな使役馬がなかった。よって、ムスリムにとっては、荷車を使用するよりも駄獣としてラクダを使用するほうが便利であった。当然のことながらムスリムもヨーロッパ人も馬の飼育に熟達しており、したがってこのような違いは好みの問題に起因するものであった。

農業技術

大きな使役馬はまた、「暗黒時代」にヨーロッパ世界を変革させた農業革命においても重要な役割を果たした。一人頭の食料生産率は、劇的に増大した。その理由の一つは、馬が牛に比べて倍の速さで犂《すき》を引けたことにある。それゆえに、馬に切り替えることで一人の農民は同じ時間で倍の土地を耕せるようになったのである。同じくらいに重要なことの一つとしては、「暗黒時代」の農民が使用した大きな馬は非常に優れた犂を引いていた、ということである。

　六世紀頃まで、あらゆる地域において最先端を行く農民でさえ、平面に幾列にも付けられた堀棒にすぎない様々な形の引っ掻き犂を使用していた。引っ掻き犂は、土壌を掘り返すのではなく、狭い畝の間に元のままの土を残しながら単に土の表面を引っ掻くだけであり、大抵の場合、縦にも横にも犂を引くことを必要とした（Lopez 1976, 44）。引っ掻き犂は、地中海沿岸部の痩せて乾いた土壌で辛うじて使えるものであり、重くかつ湿ってはいるが非常に肥沃なヨーロッパ北部の土壌には適していなかった。そこで必要とされたのが、土壌を掘り返して深い畝を掘ることのできる、大きく鋭い、重い刃の付いた重量犂であった。それには、一枚目の刃によって掘り返されて出てきた芝草の根などを刈り取るための二枚目の刃が、斜めに付け加えられた。さらに、細切れにされた芝草を完全に掘り返すために撥土板が付け加えられた。そして最後に、異なる深さで掘るために刃を調整できるようにし、畑の間の移動を容易にするために車輪が付け加えられた。これで完成である。痩せた土壌においても撥土板の付いた重量犂を使用することで、それまでは耕すことのできなかった、あるいは効率よく耕すことのできなかった土地の生産力が突如として大きく伸び、穀物生産量はほぼ倍増したのである（Bairoch 1988, 125; Gimpel 1976, 43）。

八世紀には、農業革命の次なる段階が訪れた。村落単位で農地が三つの区画に分けられた上で（Gies and Gies 1994; Gimpel 1976; White 1962）、各区画において農民がそれぞれに筋状の耕作地を有する、という三圃《さんぽ》制農法の実施である。一つ目の区画には、小麦のような冬作物が植えられた。二つ目の区画には、馬が主要な使役動物になると特に重要な穀物となったオート麦、エンドウ豆やそら豆といった豆科の植物、あるいは野菜などの春作物が植えられた。そして、三つ目の区画は休閑地とされた。次の年には、休閑地であった区画に冬作物が植えられ、前年に冬作物が植えられた区画には春作物が植えられ、春作物が植えられた区画は休閑地となった。休閑地は牧草地として利用することで雑草がはびこるのを防ぎ、さらに畜牛の糞などが肥料となって農地の肥沃化にも劇的な効果をもたらした。

結果として「暗黒時代」から、ヨーロッパ人の多くは他地域の一般的な人々と比べて、かなり質の高い物を食べ始めた。実際中世のヨーロッパ人は、貧しい食事によって遺伝子上の潜在能力が妨げられることのなかった最初の人間集団であり、その結果、他地域の普通の人と比べて平均的に身長が高く、健康で、力強くなったのである。

「暗黒時代」の間にヨーロッパ人によってなされた技術躍進はまだまだあるが、それについてはすでに他の自著にて記した通りである（Stark 2005, chap. 2）。本書では、軍事技術についての綿密な比較によって当該問題に結論を与えることが妥当であろうし、より適切であろう。

軍事力

「暗黒時代」の真っ直中の七三二年、カール・マルテル率いる重装騎兵隊が、突進馬に全体重をかけることのできる鐙《あぶみ》の装備された高い背もたれの付いた鞍や、衝撃で投げ出されることなく長槍を前に差し出すことのできる重装備の騎手を有していた、ということを考えてみよ。それとは対照的に、ムスリムの騎兵隊は、直にもしくは薄い当て物をかけただけの鐙のない馬に跨っていた。それによって、ローマ人やペルシア人も含む古の騎兵のように、攻撃は剣や斧を振るう程度に制限されていた（White 1940）。ムスリム騎兵隊は、西洋の騎士の猛攻撃を回避したり、それから逃げたりすることはできたが、それに敢然と立ち向かうことはできなかったのである。

加えて、ムスリムが犂や重荷を積んだ荷車を引くのに必要な大きな馬を有していなかったのとまさに同じように、彼らには重装騎士にとって必要な大きな軍馬もなかった。この問題はトゥール＝ポワティエ間の戦いで初めて露呈されたが、その後も克服されることはなかった。十字軍の時代、ヨーロッパの騎士は約五五〇～六〇〇キロの重量の馬に跨ったが、一方ムスリムの騎兵は三〇〇～三五〇キロの馬に乗っていた（Hyland 1994, 114）。この点が、一騎打ちの戦いの際、十字軍士に大きな強みを与えた。というのも、より大きくて背の高い馬に乗った者は上方から敵を打ち倒すことができ、その馬は敵の馬を押し退けることができたからである。また、平均的な十字軍騎兵の体重がムスリムのそれを大きく上回ったことも重要である。一つには体格の違いもあったが、体重の違いの主要因は武器の違いにあった。

現代とは異なり、当時の軍隊には「標準装備」というものがなかった。貴族の中には、自軍に武器や武具を供給する者もいたが、それは一般的なことではなかった。ほとんどの戦士は、自弁で武装した。したがって、キリスト教徒軍とムスリム軍の装備についての比較は、例えば第二次世界大戦時におけるアメリカ兵と日本兵の装備についての比較よりも、かなり曖昧なものになってしまう。よく言われるように、十字軍士は量質ともにムスリムを遥かに凌ぐ装備をしていた。しかし、すべてのヨーロッパ人が、博物館に飾られているような甲冑を着込んで完全装備していたと考えてはならない。博物館にあるような甲冑は後世に現れたものであり、しかも、危険なまでに実用的ではなかったので、重装騎士の内でもごくわずかな者しか装着していなかった。甲冑を身にまとった騎士は、支えを使って鞍に登らねばならなかった。落馬してしまった場合、自力で馬に乗り直して戦いを続けることはできなかった。十字軍士の中の重装騎兵でさえ、甲冑ではなく、豪剣や斧の打撃以外の攻撃には十分に堪えうる厚さの鎖帷子、および頭や首、そして時には顔面をも覆う冑しか着用していなかった。西洋中世の軍隊の大部分を占める歩兵も同様であった。

鎖帷子は、四つの小さい鉄の環が織り合わされたものを基にして、長くて「鼠蹊部《そけいぶ》で二つに分かれた着物」に形成されたものである。「そして、裾から膝ほどまでにかかる垂れが付けられた。垂れはカウボーイの革ズボンのように足の周りに巻き付ける、あるいはより一般的にはスプリットスカートのようにぶら下げたままにすることができた」（France 1999, 17）。十字軍士の中には鎖帷子で作られた脚絆《きゃはん》をつける者もおり、さらにそれで足全体を覆う者もいた。

鎖帷子は東方世界でもよく知られていたが、広く使われることはなかった。その代わりに、布や革の上着に鉄製の薄片が付けられたもの（「西洋では時代遅れ」[France 1999, 149] と見なされた種の武具）を使用した。より軽くて薄い武具は、ムスリム戦士の機動性には寄与したが、真っ向勝負を余儀なくされた場合には、彼らをより傷つきやすい状態にもした。フランク人の着用した鎖帷子は非常に強固であった。例えば、ムスリム軍の弓矢は部分的にしかそれを貫通できず、「概して身体を傷つけることもなかった」という。「〔セルジューク朝の〕トルコ人の攻撃に晒されている者を描くのに、……時にはヤマアラシのイメージ〔多数の矢が突き刺さった様子〕が用いられた」（Smail 1995, 81）。第一回十字軍の回顧録の中で、ラルフ・ド・カーンは、サラセン人は「数を信頼し、我々は武具を信頼する」と記しているが、このことをうまく要約していると言えよう（France 1994, 194 より引用）。

しかし、鉄製の鎧ですら、戦時において十字軍士に決定的な力をもたらしたある発明品ほどには効果を与えなかった。それは、弩《いしゆみ》である。弩は十字軍士に広く用いられたが、その使用がまったくもって恥ずべきことで罪深いことであるとさえ考えられていたために、それに関する記述は驚くほど少ない。一一三九年に開催された第二ラテラノ公会議において、「破門の罰則のもとに、神やキリスト教徒に対する憎悪の武器として」、〔対異教徒を除いて〕その使用が禁じられ、その後にこの禁令は教皇インノケンティウス三世〔位一一九八～一二一六年〕によって強化された（Payne-Gallway 2007, 3）。しかし、ヨーロッパ人の軍は教会の命令を無視し、火器の登場によって廃れるまで弩は広く使用された。したがって、例えば一二六〇年頃のこととして、ガリラヤ北方にあったサフェド〔現イスラエル国ツファット〕城のテンプル騎士修道会の部隊は、五〇人の騎士と三〇〇人の弩兵から構成されていたのである（Marshall 1994, 59-60）。

弩に対する「倫理的」反発は、社会階級にも関係していた。というのも、この革命的な武器によって、訓練されていない農民でも訓練を施された戦士に匹敵しえたからである。騎士になるには長年にわたる訓練期間を要し、同じことは弓兵にも当てはまる。実に、正確に弓を射るのは言うまでもなく、長弓を引くのに必要な腕力を鍛え上げるのに数年間を要した。しかし、弩にはまさに誰であっても一週間もかからずに熟達することができた。さらに困ったことに、初心者であっても、六〇～六五メートルの距離までなら、相当の腕を持つ長弓兵よりも遥かに正確に射ることができたのである（Payne-Gallwey 2007, 20）。その理由は、弩はライフル銃のように照準を合わせ、弦を放す引き金を引くことで発射し、標的に向かって真っ直ぐに飛んでいく太矢〔重い矢〕を前方に飛ばすからである。長弓のほうがより素早く、そして〔非常に高い軌道を描くようにすれば〕より遠くに射ることができたが、弩の正確さに匹敵することはできなかった。弩から放たれた投射物は、通常の弓から発射される矢よりも非常に短くて重かったために、太矢と呼ばれた。太矢のために弩の射程距離は短くなったが、距離が短くなる分だけより一層その威力は増した。ほとんど訓練を必要としないという事実は、大規模な弩兵を迅速に召集できるということを意味している。例えばジェノヴァ人は、一回の戦闘に二万人もの軍勢を幾度も出撃させていたのである（Payne-Gallwey 2007, 4）。

十字軍士の弩に対して、ムスリムはそれよりも遥かに飛距離が短くて威力にも欠ける、小さな複合弓を用いていた。ムスリムの弓は、敵対する他のムスリム勢力のような軽装兵に対しては効果的であったが、十字軍士に対しては、至近距離で放たれるか、防備されていない箇所にでも当たらない限り、効果はなかった。対照的に、一五〇メートルの範囲内で弩から発射された太弓は、鉄製の鎧でさえもかなりの程度に貫通することができた。ビザンツ皇女のアンナ・コムネナ（一〇八三頃～一一五三年）は、その父親の治世についての見事な報告書である『アレクシアード』の中で、弩は「驚くべき激しさと威力で投射するので、どこに当たっても投射物が跳ね返ることはない。実際に、それらは盾を貫通し、重鉄の胸当てを切り裂き、そして遠くからまた飛んでくるのである」と記している。（Comnena [c. 1148] 1969, 327）

リチャード獅子心王〔イングランド国王リチャード一世、位一一八九～一一九九年〕によって組織されたような十字軍士の軍隊では、弩は三人一組の形で担われた。一人が巨大な盾を運び構えて、戦時には敵の弓矢や投射物からの防備として三人ともその後ろで身を屈めた。もう一人は弩に太矢を装填して射手に渡し、そして射手がそれを放った。通例、各組は一分間に八回発射することができた。これは一人の長弓兵が発射することのできる割合とほぼ同じではあったが、その効果は遥かに大きかった（Verbruggen 2002）。

十分に武装した弩隊が援護射撃をすることで、しっかりと整えられた歩兵の戦形は強固な連携を保つことができた。敵は、攻撃のために前進している間は弩による大きな損害に苦しみ、それを通り抜けたとしても、依然無傷のままでいる歩兵の戦列と対峙しなければならなかったのである（Marshall 1994, 172-73）。このことは、特にムスリムの軍勢にとっては大きな問題であった。というのもムスリム軍には、圧倒的に数を上回らなければ頑強な歩兵隊を攻撃するのには不向きな軽騎兵から構成されていた、というさらなる難点があったからである。弩すらなかった八世紀においてフランク人から被った大敗北は、ムスリムの指導者に自軍の構成を見直すように促したかもしれない。しかし、そのような問題において、伝統というものは非常に克服し難いものである。アラブ人は常に軽装騎兵であり、伝統的な方法で初期の輝かしい一連の征服事業を成し遂げてきた。ヨーロッパから退けられた後もムスリムたちは、自分たちの圧倒的な勝利は騎兵によるものであったと回顧する傾向にあった。しかしそのような傾向は、一一世紀、新たにイスラームに改宗したセルジューク朝のトルコ人たちがアラブ中東地域を侵略した時に挫かれることとなった。トルコ人は、歩兵を侮蔑しているかのような、騎馬遊牧民であった。ゆえに、ムスリムによる軽装騎兵への依存は、十字軍の時代に重要な役割を演じることとなった深刻な戦略的かつ技術的な欠陥を残してしまったのである。聖地において、幾度となく圧倒的な数的優位という状況にあったにもかかわらず、ムスリム騎兵はキリスト教徒歩兵にうまく対峙できなかった。キリスト教徒の騎士でさえ時には歩兵として戦うために馬を下りた上に、彼らの陣形には常に多くの弩兵の組が含まれていたのである（Marshall 1994, 172）。

弩は、戦場において決定的な力を持ったばかりでなく、城壁から守備兵を排除する際〔攻城戦〕や城塞への攻撃を跳ね返す際〔籠城戦〕にも非常に大きな効力を発揮した。またそれは、海戦時にも非常に重要な役割を果たしたのである。

キリスト教徒艦隊とムスリム艦隊との比較を試みる上で考慮すべき最も重要な要素は、後者の船は前者の船の模造品であり、棄教したキリスト教徒や傭兵が建造し乗組員となっていた、ということである。このことから、ムスリム船の船員は、責任感という点でキリスト教徒艦隊と同じ水準には達しないということになる。したがって、一一八〇年代にサラーフッディーンがムスリム艦隊を再建したが、一一八七年、彼の軍勢の包囲下にあったティールの港に、海上からの物資供給を妨げようとして停泊している間に、それは完全に打ち砕かれてしまったのである。あるエジプト人の記述によると、十字軍士の艦隊に驚いて、サラーフッディーン側の船員たちは戦うことなく船を放棄したのであった（Rose 1999, 569）。

加えて、キリスト教徒の船を模造した上でキリスト教徒によって建造されたがために、ムスリム艦隊は幾分か時代遅れのものであり続けた。その結果、より優れた航海技術と責任感という点に加えて、キリスト教徒艦隊は「船の大きさや技術力の点において優勢」であることを享受できたのである（Pryor 1992, 30）。技術的に優れた点の一つは、各ガレー船の「城郭」に弩兵を配備したことであった。それによって、まさに後世にイングランド艦隊がスペインのアルマダ艦隊に対して大砲を利用して一騎打ちなどの接近戦を回避したように、キリスト教徒艦隊は遠方から敵のガレー船に甚大な損害を与えることができたのである。さらにキリスト教徒は、ガレー船の甲板に搭載するための、非常に重量のある弩を開発した。それは、時にはギリシアの火の入った入れ物などの大きな投射物を敵めがけて放つのに用いられた。また技術的な利点としては他に、大きな軍馬と共に騎士の一団を運搬して、乗馬して戦う準備のできた体勢のままで敵領の海岸に彼らを上陸させることを可能とした、特殊なガレー船の開発を挙げることができる（Bachrach 1985）。

小括

我々が、教養あるアラブ人が古典の著述家たちについてより優れた知識を有し、幾人もの際だった数学者や天文学者を輩出したということを仮に認めるにしても、鞍・鐙・蹄鉄・荷車・使役馬と馬具・効果的な犂・弩・ギリシアの火・造船工・船乗り・生産力の高い農業・効果的な冑・よく訓練された歩兵などの肝要な技術という点で、彼らは大きく後れを取っていたという事実は残るのである。だから、十字軍士が四〇〇〇キロ以上も進軍し、数的に圧倒する敵を倒し、その後もそれを継続することができた――ヨーロッパ世界が十字軍を支援する体制を整えていた限りにおいてではあるが――ということは、ほとんど驚くべきことではない。

注

（1）〔「エジプト防空軍の父」として知られる〕モハメド・アリー・ファーミーのムスリム海軍力に関する良書（一九六六年）は、そのほとんどすべてをビザンツや他の西洋の資料に依拠している。

第四章　巡礼と迫害

聖墳墓教会の入り口は、イエスが埋葬された墓であると信じられた物の上に建てられた。元々の教会は326〜335年の間にコンスタンティヌス大帝によって建造されたが、1009年にエジプトのカリフ〔ファーティマ朝第6代カリフのターリク・アル・ハーキム、位996〜1021年〕の命によって破壊された。現在の教会は、最初の教会の廃墟の上に建てられたが、その作業は1037年に始まった。

教皇ウルバヌス二世がヨーロッパの騎士たちに神の軍に参加するように呼びかけた際、彼がそれを正当化したのは、幾世紀もの寛容の時代を経て、ムスリムが聖地にあるキリスト教徒の聖なる場所を冒瀆しており、キリスト教徒巡礼者に残忍な虐待を行っているという理由に基づいていた。それは本当だったのか？　あるいは、それは教皇によるまったくのでっち上げだったのではないか？このような主張についての十分な検討を行うに当たっては、キリスト教徒巡礼の起こりを辿り、時を経てムスリムがそれに対していかなる対応を取ったのか、ということを見ていくことが有効である。

初期の巡礼者たち

一世紀、キリスト教徒巡礼者はまだ存在しなかった。たとえ存在していたとしても、彼らがどこに向かったのかは定かでない。結局のところイエスはほとんどすべての活動をガリラヤ地方で行ったのであり、エルサレムにはわずか数回[1]、しかもごく短期間しか訪れなかった。そうであっても、ガリラヤにある本質的に聖なる場所は、人を惹き付けるほどに重要ではなかった。もちろん最終的には、ナザレ、カナやガリラヤ地方の幾つかの場所は幾分かの巡礼者を惹き付け始め、そこで起こった出来事を記憶に刻むために修道院や教会が建てられた。しかし、それは後世の話である。しばらくの間、エルサレムには極度に聖化された場所があったが、七〇年、ティトゥス〔後のローマ皇帝、位七九〜八一年〕率いるローマ人によって町は破壊され、バル・コホバの反乱が勃発していた最中の一三五年には、ハドリアヌス帝〔位一一七〜一三八年〕によって町は再び蹂躙された。したがって、初期のキリスト教徒たちは間違いなくエルサレムに対する特別な崇敬をユダヤ教徒と共有していたが、我々は、いつキリスト教徒が聖なる場所を訪れ始めたのか、ということについてほとんど何も知らない。

我々にわかっていることは、西洋からの巡礼者が「東方世界からのエルサレム巡礼の流れ」に比して「小さな流れ」以上のものでは決してなかった、ということである（Gil 1992, 483）。残念ながら、ビザンツ人の巡礼に関するはっきりとした情報は、ほとんどすべて失われてしまっている。したがって我々は、「小さな流れ」についてはわずかばかりのことを知っている一方で、東方キリスト教世界からやって来た群衆についてはそれに比してほとんど何も知らない。

初期の東方世界からの巡礼者の一人は、旧約聖書を初めてキリスト教の正典としたとされるサルディス〔現トルコ共和国サルト〕司教のメリトン（一八〇年頃没）であった。彼はエルサレムを訪れ、『ペリ・パスカ』（一九三〇年代に発見された著書『過越について』）の中で、町の中の主要な聖所を定めている。もう一人の訪問者は、かの有名なアレクサンドリアの神学者オリゲネス（一八五頃〜二五四年）である。彼は聖地を旅し、「キリストの足跡を探し求めるというキリスト教徒の願望」について記している（Runciman 1969, 69より引用）。しかし、たとえパレスチナがビザンツ帝国の主要都市からさほど遠くないにしても、初期段階において多くの巡礼者がやって来たという証拠はないのである（Hunt 1982, 4）。

だが、コンスタンティヌス大帝の改宗と共に状況は一変した。彼の母であり、エルサレムを訪問した後に列聖された皇女ヘレナは、そこで多くの聖遺物を見つけ、重要な聖所の位置に関して在地では伝統が強く持続しているということを認識した。これらの中で最も重要であったのが、キリスト教徒に対する嫌がらせのためにハドリアヌス帝によって建てられたヴィーナス〔ウェヌス〕神殿の下にキリストの墓があるという確信であった。

その後に起こったのは最初期の考古学的発掘調査と言えるようなものであり、それについては、教会史家のエウセビオス（二六三頃～三三九年）の著した『コンスタンティヌスの生涯』（秦剛平訳、京都大学学術出版会、二〇〇四年）の中で十分に記されている（以下はPeters 1993, 26-27より引用）。エウセビオスの話は、ハドリアヌス帝の技師たちが明らかにその墓を「人の目から隠そうと決めていた」ことから始まる。「外側から穴に土を入れるのに多くの労力を費やした後に、彼らはその場所全体を覆った。そして地面と同じ高さにしてから石を敷き詰めた後に、聖なる洞窟を盛り土の下にすっぽりと覆い隠してしまった」。その上に、ローマ人は「生気のない偶像のための暗い神殿」を建てたのであった。

エウセビオスは次のように続ける。「コンスタンティヌスは、その場所が浄められるように命じた。……そして、彼の命令が発せられるとすぐに、これら偽りの建築物は打ち倒され、……偶像、悪魔やすべての物が……引き倒されて完全に破壊された……一層一層と掘り進められ……そして突如、あらゆる予想に反して、我らの救い主の復活の尊くて神聖なる墓および最も神聖なる碑が、姿を現し始めた」と。どうも発掘者たちが掘り出したのは、聖書の記述通りの、岩を掘り抜いて作られた墓であったようである。

コンスタンティヌスの対応は、その上に大きな聖墳墓教会を建立させることであり、その時までにカエサレア〔現イスラエル国カイサリア〕司教に着任していたエウセビオスは、その聖祓式に出席した。コンスタンティヌスは、ベツレヘムとオリーブ山にも巨大な教会を建てさせた。聖墳墓と信じられるものの発見とコンスタンティヌスによる教会の建造計画は、急速に増大していく巡礼者の流れを促した。

史料における西洋からの最初の巡礼者は、コンスタンティヌスによる教会の建設が完了しつつあった三三三年に聖地を旅した、ボルドー（フランス）出身のとある者であった。その名前はわからないが、彼は長大な旅行記を作成し、それは現存している。その記述の多くは、道筋および中継地として適切な場所のリストに割かれている。彼はアルプス山脈を越えてイタリアに入り、それからトラキアに至り、ビザンツ帝国領を通過し、ボスポラス海峡を渡って、海岸沿いに進んでパレスチナに到着した。彼の算出によると、それは概算五二〇〇キロの旅であり、その間に彼は三六〇回も馬を乗り換えた（Kollek and Pearlman 1970, 38）。

聖地に至ると、コンスタンティヌスの教会や他の聖所の記述に移る。「（ダマスクス門に向かって北に進むと）あなたの左手には、主が磔刑に処されたゴルゴタの丘がある。そしてそのほど近くには、その遺体が安置された納体堂があるが、主は三日後に再び起き上がったのである。コンスタンティヌス帝の命によって、今ではそこに聖堂が建てられている。……そしてその傍らには、驚くほどに美しい水槽が幾つかあり、その周りには子供が洗礼を授かる洗礼所がある」（Peters, 1993, 33）。

一八八四年、とあるイタリア人研究者が、とある修道院の図書館において、三八一～三八四年にかけて聖地巡礼を行ったエゲリア（またはアエテリア）という名の女性が書いた書簡の一部の原本を発見した。幾人かの歴史家たちは、エゲリアは修道女であったと考えているが、故郷（おそらくはガリア地方の大西洋沿岸）の女友達に宛てた書簡の中で所々への旅についての報告を残した裕福な俗人女性であったという可能性のほうが高い。現存する書簡の一部は、一一世紀にモンテ・カッシーノの修道士によって原本から作成された写しである。間違いなく、この部分には価値があった。というのも、そこには聖地の修道士たちや彼らの宗教儀礼の実践について記されているからである。しかし、それはまた、数多くの聖所への訪問や、エジプトやシナイ山への寄り道についても記録してくれているのである。

三八五年、聖ヒエロニムス（三四〇～四二〇年）は、ローマから聖地に向かう巡礼者の一団を率いた。その中には、アンティオキア司教のパウリヌス、裕福な未亡人のパウラ、彼女の娘で未婚のエウストキウム、そしてパウラの親友で未亡人のマルケッラがいた。パウラは、長らくヒエロニムスの身の回りの世話をしていた（このことは不道徳との噂を引き起こしたが）莫大な富を持つ上層階級のローマ人女性であった。聖所を訪れた後、ヒエロニムスと女性の一団はエジプトに向かった。しかし三八八年、彼らは聖地に戻って、パウラの資金援助によって建てられたベツレヘム近郊にある修道院での生活を始めた。晩年の三二年間、ヒエロニムスはそこで生活し、聖書をギリシア語およびヘブル語からラテン語へと翻訳したのである。

奇妙なことに、ヒエロニムスは聖地巡礼をまったく重要なこととは見なしておらず、また初期の教父たちの多くは巡礼の実践を非難もしくは侮蔑していた。聖アウグスティヌス（三五四〜四三〇年）は巡礼を公然と非難し、聖金口イオアン（三四四頃〜四〇七年）はそれを嘲り（Runciman 1969, 69-70）、ニュッサ（現トルコ共和国ネヴシェヒル）の聖グレゴリオスは、巡礼は聖書のどこにも示されておらず、エルサレムはまったく魅力のない罪深い町である、と記している。ヒエロニムスも、エルサレムは「売春婦や……世界中から集まったならず者」で満ちていると記した上で、それに同調している（Hunt 1982, 150より引用）。

しかし一般の人々は、そのような見方を意に介さなかった。皇妃エウドキア（四〇一頃〜四六〇年）（東ローマ皇帝テオドシウス二世（位四〇八〜四五〇年）の妻）が四四〇年にエルサレムに滞在すると、エルサレムに居住することは大きな流行になっていき、貴族階級の女性たちが巡礼者層を独占していったのである（Hunt 1982, 34）。さらに、西洋からの旅は非常に遠くて費用のかかるものであったので、東方のビザンツ世界からやって来る巡礼者が大半を占めることとなった。コンスタンティノープルからでさえ、ローマ街道を通ってエルサレムに至るまで一六〇〇キロ以上の道のりであった（Hunt 1982, 56）。しかし、巡礼者の数は伸び続け、五世紀の終わりまでには、巡礼者の宿泊のために開放された巡礼宿や修道院が、エルサレムだけで三〇〇以上もあった（Runciman 1969, 69）。もし各施設に平均二〇人の客が宿泊できたと仮定すると、一日につき六〇〇〇人が収容されたことになり、当時のエルサレムの町の人口がわずか一万人であったことを考慮に入れると（Russell

1958, 101)、その数は比重としてかなり大きかったと想定される。

上層階級における巡礼行の流行は六世紀を通じて続き、海路を通って西洋からやって来る巡礼者の数も増加していった。その中の一人に、五七〇年頃にイタリアからキプロスを経由してパレスチナ沿岸に船でやって来た殉教者アントニヌスがいた。その記述の中で、彼はユダヤ人女性の美しさについて多くの頁を割いている。また彼は、低地ガリラヤに位置するタボール山に三つの修道院があったこと（このことについては、現存している遺構から立証されている）を記した最初の人物である（Kollek and Pearlman 1970, 51）。彼が聖墳墓教会を訪れたのはその建立から二世紀以上後のことであったが、彼の記述によると、教会は敬虔な訪問者たちによって絶えず飾り立てられていた。「墓を封じていた石は……金や宝石で飾られ……装飾品の数は数え切れないくらいである。鉄の棒からは、腕輪、鎖、首飾り、頭飾り、帯、剣帯、金と宝石で作られた皇帝の冠、そして皇妃たちによって捧げられた莫大な数の装飾品がぶら下がっている。そして、墓全体は……銀で覆われている」のであった（Kollek and Pearlman 1970, 52）。

ビザンツ人によるエルサレムの装飾は、北アフリカ・イタリア・シチリア・スペイン南部の一部を様々な「蛮族」の侵入者から「回復」することでビザンツ帝国領を大きく拡大した、かの有名な皇帝ユスティニアヌス（四八二〜五六五年〔位五二七〜五六五年〕）のもとでも続いた。ユスティニアヌスは、帝国領内のあらゆる場所で非常に多くの建物を建て、あるいは建て直し、ユスティニアヌスの宮廷の一構成員でもあった古の歴史家プロコピオス（五〇〇頃〜五六五年）は、彼の建設事業を余すところなく記した書物を作成している（Procopius [c. 560] 1888）。その中でも最も重要であるのが、おそらくはソロモン神殿と競うためにエルサレム内に建てられた、通例ネア（新しい）教会と呼ばれる新たな聖母マリア教会であった。それは巨石で建てられ、プロコピオスによると、「他に類を見ない」教会であった（Procopius [c. 560] 1888, 138）。現代の聖地を研究対象とする考古学者の中には、ネア教会は最初は七〇年にローマ人によって盗まれたソロモン神殿の宝物を安置するために使用されていた建物であったが、ユスティニアヌス帝の統治期にビザンツ人によって発見されたのではないか、と想定する者もいる（Taylor 2008）。ともかくも、その巨大な建物の中には巡礼宿も含まれており、多くの人を惹き付ける主要な建物であった。

しかし、後にそれは破壊された。

ムスリム支配下のエルサレム

六三六年にムスリム軍がパレスチナにやって来て、六三八年にはエルサレムが陥落した。勝ち誇ってエルサレムへと入場したすぐ後、カリフのウマルは次のような保証書を市民に宛てて記した。

これは、信者の指導者、神の僕《しもべ》のウマルによって、エルサレムの民に与えられた誓約である。神は、各人およびその財産、彼らの教会、十字架、病める者、健康なる者、その信仰に則って生きるすべての者に対して安全を授けて下さっている。〔よって〕余は、ムスリム戦士を彼らの教会には駐屯させない。余は、教会を破壊しないし、あらゆる教会の財産や十字架、あるいは教会に属するすべてのものを害さない。余は、エルサレムの民に対してその信仰を棄てるよう強要しない。そして余は、彼らに危害を加えない。（Gil 1992, 54）

これは、慈悲深くて理性的なように聞こえる。しかし、次の行にはこう書いてある。「ユダヤ教徒はエルサレムに住んではならない」と。

この禁令は奇妙なように思われる。というのも、アラブ側の史料は、パレスチナでは在地のユダヤ教徒たちがムスリム軍を歓迎し、時には援助していた、と記しているからである（Gil 1992, 58）。この禁令は、エルサレムからユダヤ教徒を排除したビザンツ帝国の政策を単に踏襲しただけである、と考える者もいる。聖ヒエロニムスは、ユダヤ教徒は「エルサレムを訪れることを禁止されている」ということを明示している（Gil 1992, 69）。意外なことではあるが、ビザンツ人は、ハドリアヌス帝が一三五年のユダヤ教徒の反乱を鎮圧した後にエルサレムを占拠していたユダヤ教徒に対して初めて課した禁令を踏襲しただけであった（Peters, 1993, 31）。ムスリムがその禁令を継続したということは、いかなる所であれアラビア半島に居住していたユダヤ教徒に対して発せられた禁令、およびムハンマドによるメディナのユダヤ教徒の迫害と矛盾していない（Rodinson 1980）。ともかくも、数年後にムスリム統治者はこの禁令を廃止し、ユダヤ教徒がエルサレムに戻って来るのを許可した。ただし、このことはせいぜい功罪相半ばであった。なぜならば、彼らがズィンミーという従属的な地位を受け入れ、そのような地位が含意している断続的に起こる屈辱的な迫害に甘んじて生活することを厭わないのでなければ、キリスト教徒もユダヤ教徒もエルサレムに居住することはできなかったからである。「幾世代にもわたってキリスト教徒の著述家たちは、ムスリム統治者の手で被った虐殺や破壊に至るまでの迫害行為や迷惑行為について記している」のである（Gil 1992, 471）。なお、数多くの事例において、キリスト教徒側の史料のみならずムスリム側の史料がもたらす情報は、ユダヤ教徒の集団がキリスト教徒に対する攻撃に参加していたことを暗に示している（Gil 1992, 472）。

ともかくも、キリスト教徒の修道士や巡礼者の大量虐殺は一般的であった。体系的ではないものの、モシェ・ギルの長大な著書『パレスチナの歴史、六三四〜一〇九九年』のみに基づいて作成された一覧表には、次のような出来事が含まれている。

・八世紀初頭、小アジアからやって来た七〇人のキリスト教徒巡礼者が、イスラームに改宗した七名を除いて、カエサレアの統治者によって処刑された。
・その直後に、またもや小アジアからやって来た六〇人の巡礼者が、エルサレムで磔刑に処された。
・八世紀末、ムスリムがベツレヘム近郊にあった聖テオドシウス修道院を攻撃し、修道士を虐殺し、その近くにあった二つの教会を破壊した。
・七九六年、ムスリムがマル・サバ修道院の二〇人の修道士を焼き殺した。
・八〇九年、エルサレム内外の多くの教会や修道院に対する複数回の攻撃がなされ、その中で集団強姦や殺人もなされた。

・八一三年、もう一度このような攻撃がなされた。
・九二三年の棕櫚の主日に、残虐行為の新たな波が起こった。幾つかの教会が破壊され、多くの者が死亡した。

これらの出来事は、ムスリムが宗教的に寛容だったという主張に異議を唱えている。エルサレムは次第にムスリムにとって大きな宗教的重要性を持つ町になっていったが、初めからそうであったわけではない。当初ムハンマドは、祈りの時はエルサレムに向かうようにムスリムに説いたが、クルアーンの中にエルサレムについての言及はない。後に彼は、ユダヤ教徒が彼を預言者として受け入れないことに落胆し、祈りの時に向かう方向〔キブラ〕をメッカへと変更した。しかし、ムスリムが最終的にエルサレムを聖なる都市と見なすようになったのは、ムハンマドの有名な「夜の旅」の中で、そこが中心的な役割を担っているからである。

ムハンマドが死去するおよそ一〇年前の六二〇年、彼はメッカにある従兄弟の家で寝ていたが、その時に天使ジブリール〔ガブリエル〕によって起こされ、ジブリールは彼の手を掴んで天馬のところに連れて行き、それに乗って二人は瞬間的にエルサレムへと移動したとムスリムは信じている。そこで彼はアーダム〔アダム〕、イブラーヒーム〔アブラハム〕、ムーサー〔モーセ〕、そしてイーサー〔イエス〕に紹介された後に、ジブリールと共に天へと飛び、そこでムハンマドは導かれて七層の天のそれぞれを通って、それらを越えたところで、神々しい光のようなアッラーへの面会を許された。七層の天を通って戻る途中、ムハンマドは、ムスリムが一日に何回祈る必要があるのかについてムーサーと対話した。その数は徐々に五〇から五に減っていった。翌朝、ムハンマドはメッカの床の中で無事に目を覚ましたのである（Salahi 1995, 170-71）。

岩のドームは、イスラームがユダヤ教とキリスト教を継承していることを象徴させるために、破壊されて久しいユダヤ教徒の神殿の跡地に六八五年から六九一年にかけて建てられた（Grabar 2006）。後に、ムスリムによるエルサレム巡礼を奨励することに関心を抱く者たちは、ムハンマドとジブリールが天に昇っていったとムスリムが信じるまさにその場所に岩のドームが建てられたとした。豪華な構造と聖なる伝統の具現化が相俟って、すぐにエルサレムは、ユダヤ教やキリスト教にとってほど重要ではないものの、ムスリムにとって聖なるものとなった。三つの信仰すべてにとってエルサレムが聖なるものであるということは、岩のドームの聖墳墓教会側にはアラビア語で「神は息子にあらず」と書かれている事実がよく表しているように、それ以来の衝突を導くこととなった。しかし、ローマ教会とギリシア教会との分裂が生じて以降は、エルサレムのキリスト教徒同士の間でも激しい対立があった。

ムスリムの侵入以前、エルサレムはギリシア正教会によって管理されており、そこでのローマ（ラテン）＝カトリック信仰は単に許容されているに過ぎなかった。正教会の優勢は、ムスリム統治下でも続いた。カリフのハールーン・アッラシード〔アッバース朝第五代カリフ、位七八六～八〇九年〕が、西洋からやって来る巡礼者のための宿を含めた施設への寄付とその維持をシャルルマーニュに許可することに同意し、それらがローマ＝カトリック教会の管理下に置かれることとなったのは八〇〇年頃である。当然のことながら、この変更は正教会を激怒させ（Kollek and Pearlman 1970,

67)、シャルルマーニュの死後すぐに、ギリシア正教徒は、一つの教会のみと「聖墳墓教会に仕えるラテン人修道女」をラテン人の手中に残して、その権威を再び主張した(Runciman 1951, 1: 29. 今日でさえ、聖墳墓を巡ってはローマ=カトリック教会とギリシア正教会の修道士たちの間で殴り合いが生じている[Cohen 2008])。一〇五六年、教皇ウィクトール二世(位一〇五五～一〇五七年)は、ビザンツ役人がビザンツ領域を通過する西洋からの巡礼者に人頭税を課しているのみならず、正教会の修道士も西洋人に聖墳墓教会の入場料を課していることを非難している(Runciman 1969, 77)。

すでに記したように、在地のムスリム当局は、エルサレムの宗教的重要性を強調することで、ムスリム巡礼者の流れを引き寄せることを望んだが、その動機は、町の外からお金を落としてくれる人を惹き付けようとする観光産業推進者の動機と同じであった。エルサレムがムスリムの支配下に入ってしばらくの間、キリスト教徒巡礼者はほとんどいなかったようである。しかし、その数はすぐに増加し始め、八世紀までにはかなりの数に上り、中には遠くイングランドやスカンディナビア半島からやって来る者もいた。九世紀にはシチリアと南イタリアの支配権を巡る衝突のために生じた短い中断期間があったものの、地中海西部におけるムスリム海軍の敗北と共にそれはすぐに過ぎ去り、多くの巡礼者たちがヴェネツィアやバーリから船に乗ってやって来たのである(すべてRunciman 1969 に基づく)。

彼らが「お金を持ってやって来て、税金を払ってくれる」ので、巡礼者たちは聖地で歓迎された(Runciman 1969, 73)。そして一〇世紀までには、キリスト教徒巡礼者の流れは洪水のようになっていったのである。

贖罪を求める巡礼者の波

巡礼とは、「宗教的動機から聖なる場所に向かう旅」と定義できる（Kollek and Pearlman 1970, 1）。キリスト教徒の間で、とりわけ西洋において、「宗教的動機」は徐々に、罪の赦しを得ようとする贖罪と関係していくようになった。長旅をなす者の中には、人生の間に蓄積された罪の赦しを求める者もいたが、罪を負っていることに恐怖の念まで抱く者は誰もいなかった。しかし九～一〇世紀までに、巡礼者は、贖罪をなす唯一の望みは一回もしくは複数回のエルサレム巡礼にあると聴罪司祭に言われた人々で一杯になっていった。例えば、一〇五九年、トリーア伯ディートリヒがトリーア大司教を殺害した際、聴罪司祭は彼に巡礼をするように求め、実際に彼は巡礼を行ったのである（Riley-Smith 1997, 28）。

おそらく最も悪名高い巡礼者は、アンジュー伯フルク三世（九七二～一〇四〇年）だろう。彼は四回も聖地巡礼をするよう要求されたが、伝えられるところによると彼の一回目の巡礼は、妻が山羊飼いと性交したため、彼女に花嫁衣装をまとわせて焼き殺したことに対する贖罪として行われた。あらゆることを考慮に入れると、四回の巡礼でも十分ではなかったかもしれない。というのは、フルクは「略奪者、殺人者、強盗にして偽誓者であり、悪魔のように残酷な極めて恐ろしい性格の持ち主である。……ちょっとしたことでも近隣との諍いが起こると、その領地を急襲し、荒らし回り、略奪し、強姦し、殺害した。何も彼を止められなかった」からである（Erdoes 1988, 26）。

それでも聴罪司祭と面した時は、フルクは「大げさなまでに信心深さを表面に出して答えていたのであった」(Riley-Smith 1997, 28)。

フルクの事例は、中世キリスト教徒の巡礼についての最も基本的な側面を露わにしている。キリスト教世界の騎士や貴族は非常に暴力的であり、非常に罪深く、そして非常に信心深かったのである。シドニー・ペインター(一九〇一～一九六〇年)が言っているように、「一般的な騎士は、凶暴・残忍・貪欲であった。しかし同時に、騎士は彼らなりに敬虔でもあった」(Painter 1969, 15)。したがって、騎士や貴族には絶えず贖罪をなすということが必要であり、彼らは贖罪を得るための負担を受け入れることを厭わなかった。恐るべき犯罪行為に対しては巡礼のみが十分な贖罪になりうるという、広く行き渡った合意があった。一〇二〇年頃にイングランドおよびデンマークのヴァイキング王〔兼ノルウェー王クヌート、九九五～一〇三五年〕によって作成されたとされる「クヌートの法」から抜粋したものについて考えてみよう。

第三九条　もしも誰か祭壇に立つ司祭を殺害した者があれば、その者は、巡礼によって心底深く罪の贖いをなさない限り、神および人の前において法による保護の適用外に置かれなければならない。

……

第四一条　もしも祭壇に立つ司祭が殺害者となる、もしくはそこまでには至らずとも非常に忌まわしき罪を犯してしまったのであれば、その者はその後に教会の位階および所領を剥奪さ

れ、巡礼をせねばならない。（Webb 2001, 35）

そして、彼らは実際に巡礼を行ったのである。一〇世紀末に向かって、フランスのクリュニーを基盤とした大きくかつ活発な修道運動が、往来する巡礼者を収容するために、東方へ向かう道沿いに巡礼宿を建てることとなった。一〇〇〇人規模の集団も珍しくなく、例えばドイツからのある巡礼団には、当初少なくとも七〇〇〇人もの男性巡礼者（数多くの司教も含めて）がいたことが知られており、その道すがら小集団を吸収することによって、おそらくその数はさらに大きくなっていった（Runciman 1969, 76）。なお、この集団は、行きも帰りもベドウィンの盗賊団に襲われ、最終的には約二〇〇〇人しか生き残らなかった（Gil 1992, 487）。

一〇世紀までに、依然としてその国の人のほとんどが異教徒であったにもかかわらず、多くのノルウェー人巡礼者がやって来るようになった（Davidson 1976, chap. 5）。「スカンディナビア人の多くは、往路はジブラルタル海峡を経由する海路を使い、復路はロシアを経由する陸路を用いる形での周遊を好んだ」（Runciman 1951, 1: 47）。フランク人と同様に、キリスト教に改宗したノルウェー人は、「その教えに対してはそうでなかったとしても、キリストそのものに対しては非常に敬虔であった」のである（Lopez 1969, 61）。そのような巡礼者の中には、アイスランドからやって来た、「遥か彼方に旅した者」という渾名を持つトールヴァルドがいる。トールヴァルドは、キリスト教に改宗した有名なヴァイキングであり、「九八一年に同郷人に新しい信仰を説いて回ろうとした」（Davidson 1976, 254）。九九〇年、彼は、自分の信仰を嘲った二人の詩人と彼の説教を批判した一人を殺害したことに対する贖罪のために、巡礼を行った。巡礼に引き続いて、彼はロシアでの布教活動に身を捧げ、おそらくはロシア人異教徒を一人も殺害することなくその地で死去した。また別の巡礼者としては、兄弟を殺害したことに対する贖罪を求めたマン島の王ラグマン・グドロッドッソン〔位一〇九五～一〇九八年〕がいた。スヴェン・ゴドウィンソンもまた、ノルウェー王家出身の巡礼者であった。殺人の罪に対する贖罪のため裸足で旅をすることを求められたが、山中にて死去した。

そして、このような巡礼はその後も続いたのである。

聖墳墓教会の破壊

八七八年、エジプトに新たな王朝が誕生し、聖地の支配権をバグダードのカリフ〔アッバース朝第一五代カリフのムウタミド、位八七〇～八九二年〕から奪って掌握した。当初は何も変わらなかった。そして九九六年、当時一一歳であったターリク・アル・ハーキムがエジプトのファーティマ朝第六代カリフに即位し、三六歳で死去するまで支配者の地位にあり続けた。

ハーキムの気が触れていたか否かについては、これまでにも議論されている。著名なマーシャル・ホジソンは、彼が「風変わり」であったことは認めつつも、「有能な統治者」であったとも主張している（Hodgson 1974, 2: 26）。ハーキムが飾り気のない生活をしていたことは事実である。また、彼が時に通りをうろついて一般人と対話したのも事実である。その一方で、彼はカイロ中のすべての犬を殺すように命じ、（ワインを製造するのを防ぐために）葡萄を栽培したり食べたりするのを禁じ、女性の外出を厳格に禁じて靴屋には女性用の靴を作るのを止めるように命じた。またハーキムは、チェスを禁じ、オランダガラシを食することや、鱗のない魚を食することも禁じた。突如彼は、自分の好みに合わせて、皆に対して夜間に働いて昼間に就寝するよう要請した。彼は、自身の家庭教師、ほとんどすべての大臣、かなりの数の高官・詩人・医師、多くの親族を殺害し、しばしば自殺未遂も行った。彼は、宮殿の中で女奴隷たちの腕を切断していた。女性による公衆浴場の使用に反対の意を表すために、彼は突然最も人気のある公衆浴場の入り口を塞ぎ、中にいたすべての者を生き埋めにした。またハーキムは、すべてのキリスト教徒に対して首の回りに約二キログラムの十字架を、ユダヤ教徒に対しては同じ重さの子牛の彫刻品（金の子牛崇拝に対する恥辱として）を装着するように強要した。最後に、ハーキムは、モスクでの集団礼拝の中において、アッラーを自分の名前に置き換えさせたのである（Atiya 1968; Gil 1992; Hodgson 1974; Runciman 1951, vol. 1 を参照）。

これらのこと自体は、何も歴史を変えなかった。しかしその後、すべてのキリスト教会を焼き払うか、その財産を没収するように命じ（最終的におよそ「三万の教会が焼かれるか略奪された」［Runciman 1951, 1: 35］）、そしてエルサレムにある聖墳墓教会を、その下に彫られた墓碑のあらゆる痕跡も含めて解体して完全に破壊するように命じた。一一世紀のアラブ人年代記作者アンティオキアのヤフヤー・イブン・サイードによると、ハーキムはパレスチナの行政官ヤルクに対して「（聖墳墓）教会を粉砕し、その象徴を取り去り、そのあらゆる痕跡やそれを思い出させるような物すべてを除去するように命じた」。ヤルクの息子と二人の仲間は、「そこにあったあらゆる備品を押収し、壊すことのできないような物を除いて、教会を土台ごと打ち倒した……（そして彼らは）やっとの思いで墓石を破壊し、そのあらゆる痕跡を取り去り、そして実際にほぼ完全に教会を根こそぎ粉砕した」のであった（Biddle 1999, 72）。

このような屈辱的な報告は、ヨーロッパ中に巨大な憤慨の波を引き起こした（そして後に、その激しい怒りは、第一回十字軍への参加を呼びかける人々によって再燃された）。ハーキムはというと、いつも天体観測していた丘でロバ乗りをしている間に姿を消してしまった。彼のロバだけが、背中に血糊を付けて帰ってきた。ドルーズ派（ハーキムを神格化した集団）は、ハーキムは「お隠れになった」のであり、審判の日にマフディー（救世主）として帰って来るであろうと信じている。しかし、それ以外のほとんどの者たちは、他の多くの者たちと同じように殺されることを恐れたハーキムの姉妹の命によって、彼は殺害されたのだと考えている。

ビザンツ帝国によって拘束された五〇〇〇人のムスリム捕虜の解放と引き替えに、ハーキムの後継者（ファーティマ朝第七代カリフのザーヒル、位一〇二一～一〇三六年）は、破壊された洞窟を元通りにすることこそ不可能であったが、聖墳墓教会の再建を許可した（Kollek and Pearlman 1970, 82）。一〇三七年に作業が開始されたが、その時までには西洋からの巡礼者はその流れを取り戻していった。「終わることのない旅行者の流れが、東方へと注がれた。時には、旅に一年以上を費やす心構えのできた……あらゆる階級の老若男女から成る巡礼団の数は、数千を数える」までになったのであった（Runciman 1951, 1: 49）。彼らは、もはや元来の聖墳墓教会に訪れることもできず、また廃墟と化してしまったユスティニアヌスが建立した巨大なネア教会（いつ誰がそれを破壊したのかは定かではないが）も見ることができなかった（Taylor 2008）。そのような長旅で通常起こりうる困難や危険に加えて、キリスト教徒巡礼者に対するムスリムの攻撃がより頻度を増して、より血なまぐさくなっていったという事実にもかかわらず、それでもなお巡礼者はやって来たのである（以下の四つの例はすべて、Riley-Smith 1997, 37-38）。

・一〇二二年、サン・フローラン・レ・ソミュール修道院長のジェラール・ド・トゥアールが、聖地にやって来た時にムスリムによって投獄され、その後処刑された。
・一〇二六年、リシャール・ド・サン・ヴァンヌが、イスラームの領域内でミサを挙げているのが見つかり、投石された末に死去した。
・一〇四〇年、ウルリヒ・フォン・ブライスガウが、ヨルダン川近くで群衆から石を投げつけられた。
・一〇六四年、バンベルク司教ギュンターとその同行者の多くの者がカエサレア近くでムスリムに奇襲され、その三分の二が死去した。

巡礼者たちは道中では危険であったが、エルサレムでは現地の経済に大きく貢献したために、再び歓迎されるようになった。

しかし、一〇七一年に状況は劇的に変わった。

トルコ人の侵入

一〇世紀の終わり、今日のウズベキスタンとタジキスタンとを分かつアラル海南部地域で活動していた遊牧騎馬民のある大部族がイスラームに接し、当初は盟約によってであったが、後には自らの信念によってすぐに改宗した（通例のこととして、異教徒はユダヤ教徒、キリスト教徒、ゾロアスター教徒よりもかなり急速にイスラームに改宗した〔Stark 2001, chap. 2〕）。しかし、彼らの改宗したイスラーム信仰は、一般的なムスリムの正統派信仰とはかなり異なっていた。クロード・カエン（一九〇九〜一九九一年）は「異端的な」イスラーム集団を、洗練さの欠如ゆえではなく、とりわけシーア派に対して好戦的な不寛容さを持つがゆえに、「民間イスラーム信仰」と称した。カエンは続けて言う。「自然の成り行きとして、トルコ人は、新たな信仰を受け入れるや否や非ムスリムであった先人たちの慣習・信仰・実践のすべてを完全に忘れ去ってしまったわけではなかった」と（Cahen 1969, 138）。ゆえに、ムスリムとしてでさえ、セルジューク朝のトルコ人たちは「機会があればいつでも略奪や強奪を行う」盗賊であり続けたのである（Norwich 1991, 340）。そして、時に彼らは様々なムスリム統治者の傭兵としての職を得たが、彼らがイスラームに改宗したからといって、他のムスリムやムスリム統治者を攻撃しなくなったわけではなかった。しかし、最終的にトルコ人は、攻撃しては素早く引き上げていくような生活に代わって、単なる強奪を国家から付託された体系的かつ組織化された略奪に置き換えつつ、持続的な領土支配に着手し始めた。

一一世紀、セルジューク朝のトルコ人は西方への移動を開始し、トゥグリル・ベクという名の有能な指導者の下で一〇四五年までにはペルシアを掌握し、アッバース朝のカリフ〔アル・カーイム、位一〇三一～一〇七五年〕に残されたバグダードに身を落ち着け、そこでトゥグリル・ベクは自らを「スルタンにして東方と西方の王」と称した〔初代スルタン、位一〇五五～一〇六三年〕。領土拡張という雰囲気は依然として続き、トゥグリル・ベクは北方に目を向け、近年にビザンツ帝国の属国と成り下がり同帝国の正教会の主教たちによる激しい宗教弾圧に屈していた単性論のキリスト教国家であるアルメニア王国を攻撃した。ビザンツ帝国に対する敵意に満ちていたため、アルメニアの諸侯たちはほとんど抵抗を示さなかった。しかし、もしトルコ人が何を企てているのかを知っていたとしたら、彼らはきっと抵抗したであろう。一〇四八年、ビザンツ帝国が本国で起こった反乱によって混乱していた間に、トルコ人はアルジェンの町〔またはアーミド（現トルコ共和国ディヤルバクル）近郊の町〕を略奪し、男を殺し、女を強姦し、子供を奴隷として連れ去ったのである（Norwich 1991, 341）。

しかし、トルコ人はアルメニアを支配下には置かず、断続的に略奪することで満足した。その後も、さらなる虐殺が起こった。一〇六三年、トゥグリル・ベクが死去すると、その後継者には当時三三歳であった彼の甥のアルプ・アルスラーン〔位一〇六三～一〇七二年〕がなった。翌年、アルスラーンは大軍を率いてアルメニアに侵攻し、首都のアニを包囲した。アニは防衛するのに最適な場所にあったが、明らかに住民は必要以上に苦しみたくないと考えたために、わずか二二日後に降伏してしまった。しかし、アラブ人の歴史家シブト・イブン・アル・ジャウズィ（一二五六年没）は、目撃者からの引用と主張して次のように記している。「軍勢が町になだれ込み、住民を虐殺し、略奪して火を放った。……死体の数はあまりにも多く、すべての通りを覆い尽くしていた」と（Norwich 1991, 343 より引用）。一〇六七年、アルスラーンの軍勢は、ビザンツ人の防衛線の一つであり現在のトルコ共和国の中心部に位置するカッパドキアのカエサレア〔現カイセリ〕を突破し、またもや虐殺を行った。最終的に、これらの残虐行為に対して、ビザンツ側は真剣に対応せざるをえなくなった。

しかしビザンツ側がそれを可能にするには、軍や帝国の利害に無関心であったことで悪評のある皇帝コンスタンティノス一〇世〔位一〇五九～一〇六七年〕の死によって激しさを増した宮廷内に渦巻く複雑かつ卑劣な政治的陰謀を克服する必要があった。一〇六八年一月、コンスタンティノープルにおいてビザンツ皇帝としてロマノス〔四世〕・ディオゲネス〔位一〇六八～一〇七一年〕が即位すると、あたかも頼りになる有能な統率者が復活したかのように思われた。ロマノスは、功績もあり非常に経験豊かな将軍であり、若く、活動的で、勇敢で、セルジューク朝の脅威を熟知していた。

ロマノスの皇帝としての最初の活動は、装備も不十分で未熟であり、かつ巨額の給料支払いが滞っていたがためにやる気のない傭兵の寄せ集めに成り下がっていたビザンツ軍を建て直すことであった。彼はその作業に二年間を費やしたが、ほとんどの時間と労力を新兵の補充に当てていた。一〇七一年、彼は六～七万の戦士を率いてトルコ人との対決に動き出す準備を整えた（ムスリム側の史料の幾つかは、ビザンツの軍勢を六〇万人と数え、アルメニア人の歴史家であるエデッサ〔現トルコ共和国シャンルウルファ〕のマテオスは総計一〇〇万人に上ったとしている）。ロマノスは軍隊を改善するのに二年間も専念したが、装備・訓練・忠誠の点で以前と比べてもさほど変わらないような戦士を数多く集める以上のことは、ほとんど何もできなかった。さらに悪いことに、彼の軍勢は、互いに激しい敵意を剥き出しにしている者たちをも含む、多くの国々からやって来た傭兵で構成された「寄せ集め軍」であった（Charanis 1969, 192）。実際に、主力部隊はセルジューク朝と関係のあるトルコ系のウズ人から成っており、重要な戦いの最中に彼らはいち早く敵に投降したのであった。

様々な予兆に心を乱され、自分の軍隊の敗北を十分に悟っていたが、ロマノスはトルコ人と相見えるために東進した。エルズルム近くに陣を張ったロマノスは、その理由は不明であるが、自軍を分割した上でより規模の大きい軍団をイオシフ・タルカニオテスに委ね、ヴァン湖畔の町ヘラト〔現アフラト〕を攻撃するために派遣した。一方で、自らは小規模の軍団を率いてマンツィケルト〔現トルコ共和国マラズギルト〕の町へと向かった。規模の大きい方の軍団が逃避して二度と戦場に戻ってこなかったということを除いては、次に何が起こったのか誰も知らない。ムスリムの歴史家の中には、アルプ・アルスラーンおよびかなり小規模のムスリム軍が、タルカニオテスおよびギリシア軍との激戦を制した、と主張する者もいる。また、トルコ軍の到来を告げる報告がタルカニオテス率いるビザンツ軍の間に広まった時、彼らはただ逃亡しただけだった、と主張する者もいる。しかし、五〇キロしか離れていない場所にいたロマノスに敗走の報告が届かなかったということは、タルカニオテスはコンスタンティノープルにいる陰謀者に通じた裏切り者であり、彼はただロマノスを見捨てて後退したのである、というノリッジ子爵の導いた結論と矛盾しない。

今や約三分の一のみとなってしまった自軍と共に、ロマノスは依然としてトルコ人に対峙しようと試みていた。一進一退の戦いが繰り広げられた後に、最終的にはかの有名なマンツィケルトの戦いが起こった。その戦いの最中にウズ人は鞍替えし、ビザンツ人は全滅した。深手の傷を負って剣を握ることができなくなるまで戦い続けたロマノスも捕虜とされた。彼はアルプ・アルスラーンのもとに連行されたが、両者はすぐに意気投合したようであり、和平が結ばれた。それによってトルコ人に若干の領土が割譲され、年貢の支払いが定められた。さらに、ロマノスは娘の一人をアルプ・アルスラーンの息子の一人と婚姻させるのに同意した。あらゆることを考慮に入れると、それはビザンツ側にとって悪い処遇ではなかったのである。

その間のコンスタンティノープルでは、敗北と領土喪失の報告がそれ幸いと考える宮廷の陰謀者たちの耳に届いていたばかりでなく、同時に彼らはイタリアに展開していた自国軍が鉄腕ギヨーム率いるノルマン軍に壊滅させられたことを知った。そこで、陰謀者たちは、近隣の駐屯地から軍勢を集め、帰還するロマノス帝を迎撃しに出た。おそらくは、何度かの戦闘があったであろう。ともかくも、ロマノスは捕らえられた。同時代のビザンツ人の歴史家であるイオアニス・スキュリッツェスが言っているように、「残酷な男たちが彼を捕らえ、無慈悲にもその両目を失明させた。腐敗した遺体のように、価値のない駄獣の背に乗せて運ばれ、両目を抉り出され、顔と頭に蛆虫の湧いた彼は、周囲に悪臭を撒き散らしながら激痛の中で数日間生き長らえたが、亡霊のようになって死んだ」のであった（Norwich 1991, 356 より引用）。

新たに皇帝となったミカエル五世〔ミカエル七世ドゥーカスの誤り、位一〇七一〜一〇七八年〕は無能であり、彼の治世では帝国全土で相次いだ暴動と反乱以外には何も起こらなかった。一〇七八年、あらゆることが制御不能となった結果、ミカエルは退位して逃亡し、帝位は老齢の将軍〔ニケフォロス三世ボタネイアテス、位一〇七八〜一〇八一年〕に取って代わられた。三年後には彼もまた、有能な若い指揮官であったアレクシオス・コムネノスのために退位した。失われた領土を取り戻すことはできなかったが、コムネノスは秩序を回復し、頼れる軍隊を組織し、そしてついにはウルバヌス二世に第一回十字軍を送り出すように駆り立てる書簡を作成したのであった。

もしその時点で宗教的敵対心がなければ、トルコ人は重要で豊かな領域の支配者エリートとしての生活に落ち着くことができたかもしれない。トルコ人は正統なるスンナ派のムスリムであったが、カイロのファーティマ朝カリフ国家は、イスラーム世界を分割した「罪深き」異端であるシーア派によって統治されていた。それゆえにトルコ人は南西に移動し、聖地を含むファーティマ朝の領域に侵入していったのである。

トルコ人の指揮官は、パレスチナでファーティマ朝側に鞍替えするまでアルプ・アルスラーンの宮廷に仕えていたアシズ・イブン・ウワクであったが、その後すぐにまたファーティマ朝側から寝返り、一〇七一年にトルコ人侵入軍の指揮官になったのであった。歴史家たちは、アシズがエルサレムを占領したのはその遠征の最初の年に当たる一〇七一年のことであったのか、それとも一〇七三年のことであったのか、ということについて論争しているが（Gil 1992, 410）、アッコンが一〇七四年に、ダマスクスが一〇七五年に占領された、という点では見解が一致している。ダマスクス占領後、アシズはエジプトからやって来たファーティマ朝軍を駆逐するために南へと向かったが、一〇七七年に大敗北を喫した。トルコ人に対するファーティマ朝軍の勝利のすぐ後に、パレスチナではファーティマ朝側のムスリムによる暴動が勃発し、アシズはダマスクスにまで逃避せざるをえなくなった。しかし、彼はすぐに引き返してエルサレムを包囲した。アシズから提示された安全の約束を受けて、町はその門を開いたが、その直後にトルコ軍は解き放たれた獣のように殺害と略奪を行い、数千もの人が死んだ。続いて、アシズの軍勢はラムラとガザ、そしてティールとヤッファ〔現イスラエル国ヤッフォ〕の住民を殺害したのであった（Gil 1992, 412）。

このような混乱と流血の惨事が起こっている時が、キリスト教徒にとって巡礼者となるのに好機であろうはずはなかった。むしろ状況はすぐに悪化した。というのは、トルコ人統治者自身による巡礼者の迫害に加えて、統治者たちは巡礼者を襲撃する盗賊集団や在地の村落の役人たちを抑えることをしなかった、あるいはおそらくできなかったからである。一〇八九年にフランドル伯ロベール一世〔位一〇七一～一〇九三年〕によって率いられた巡礼団のように、ごく一部の大規模にして十分に武装した巡礼団は難を切り抜けた。しかし、ほとんどの巡礼団は、餌食となるか引き返すことを決心するかであった（Runciman 1969, 78）。一二世紀のシリア人歴史家であるアル・アズィミでさえ、一〇九三年にパレスチナのムスリムはキリスト教徒巡礼者がエルサレムに行くのを妨害していた、ということを知っていた。また彼は、生き延びた巡礼者たちが故国に戻って喧伝したために十字軍が組織されたと言っている。モシェ・ギルは、「生存者の喧伝によって」という行から判断して、アル・アズィミは「大量虐殺があったこと」を明確に示していると指摘しているが（Gil 1992, 488）、おそらくはその通り多くの者が殺害されたのであろう。

結局のところ、ヨーロッパの貴族たちは、キリスト教徒巡礼者に対する残虐行為の情報に関して、教皇やアレクシオス・コムネノスに依拠したわけではなかった。彼らは、辛うじて生き延び、まさにアル・アズィミが記している者たちのように、「語るべき恐ろしい話を携えて、疲弊して西方へと」（Runciman 1951, 1: 79）戻ってきた親族や友人から、信憑性の高い生の情報を得たのであった。

小括

十字軍運動は、挑発によるものでなかったわけではない。ムスリムによる征服と植民の努力は、一一世紀になってもなお続いていた（そしてその後の数世紀の間も）。巡礼者たちは、命を危険に晒して聖地へと向かった。キリスト教信仰にとって聖なる場所は安全ではなかった。そしてキリスト教世界の騎士たちは、自分たちが物事を正しい状態に戻すことができると確信していたのである。

注

（1）ヨハネによる福音書は、他の福音書よりも、イエスがより頻繁にエルサレムを訪れたとしている。

第五章　十字軍士の召集

第1回十字軍に出立する準備を整えた騎士が跪いて祈っている。右上には、その従者が主君の兜を持って塔の上から身を乗り出している。

教皇ウルバヌス二世は、ヨーロッパ世界は東方のキリスト教世界への援助および聖地の解放へと結集すべきである、と心に決めた。しかし、いかにして彼はそれを成し遂げることができたのであろうか？　いかにして何万もの人々に、そのような冒険に生命や財産を委ねるよう納得させたのであろうか？　彼らの多く、とりわけ隠者ピエールによって集められた者たちは、実際に何が待ち構えているのかを知らなかったのかもしれない。しかし、有力な貴族や騎士たちは、愚かでも単純でもなかった。彼らは、その旅自体について多くのことを知っていた。幾人かはすでに巡礼のために聖地へと赴いた経験を持ち、総じて彼らには、聖地に行ったことのある近親者や仲間がいた。したがって彼らは、最後には危険かつ固い意志を持った敵との血みどろの戦いが幾度となく待ち構えているであろう非常に長くて危険な旅に直面していることを認識していたのである。彼らはまた、パレスチナの砂地には黄金など待ち構えていないことも十分に知っていたのである。では、どのようにして彼らは召集されたのであろうか？

十字軍の呼びかけ

クレルモンにおいて群衆に語りかけた際、いかにウルバヌス二世が雄弁であったとしても、たった一回の演説では数千人もの騎士を聖地へと送り出すことは不可能であった。実際、クレルモンに到着するまでの四ヶ月に及ぶ行脚の中で、教皇はおもだったフランスの貴族・修道院長・司教を訪ねていた。結果的にそのほとんどが第一回十字軍において主導的な役割を果たしたことを考えると、教皇が支持者を得るために自らの訪問を活用していたと我々は確信できる。もし我々が、クレルモンでの有名な演説の間に幾人かの聴衆が衣服を引きちぎって十字架の形にして自らの胸の上に縫い付け始めたという話を信じるのであれば、彼らは事前にそうするように準備を整えていたと想定できる。騎士たちが裁縫道具なぞを常に携帯していたわけはないのだから。さらに、ある説明によると、教皇が演説を終えた時、「トゥールーズ伯レーモン〔四世・ド・サンジル、一〇五二頃～一一〇五年〕からの使者が現れ、すでに主君が十字の印を受け取った〔すなわち、十字軍士となることを誓った〕ことを伝えた」のであった（Duncalf 1969a, 234）。

しかし、支援者を集めるために教皇が事前に何を行ったとしても、クレルモンはまさに最初の一歩であった。クレルモンの演説まで、計画はまだ広く「宣伝された」わけではなかった。したがって、ドル大司教ボードリによると、クレルモンでの演説の最後にウルバヌスは司教たちの方を向き、「兄弟たちよ、同輩たる司教たちよ。同輩たる聖なる職務に就く者たちよ、キリストのもとに私と共にある者たちよ。あなた方に委ねられた教会を通じて、私がしたのと同じ演説をなすように。そして、全身全霊をもってエルサレムへの旅を呼びかけるように」と述べたのであった（Peters 1998, 28）。しかし、たとえ彼らがまったく同じように演説したとしても、おそらくその努力は不十分なものであっただろう。第一回十字軍は、教皇がクレルモンにまで来ることのできなかった者たちにもそれを喧伝するために数千ものを人々を集めることができたということによってのみ、現実のものとなったのである。いかにして彼がこのことを成し遂げたのかを理解するためには、彼がどのような類の教皇であったのか、および彼が利用することのできた教会の資源は何であったかを見ることが有益であろう。

二つの教会

多くの点において、コンスタンティヌス帝の改宗はキリスト教信仰にとって災厄であった。もし単に彼がキリスト教信仰に対して迫害を受けずにすむ法的権利を与えていたのであれば、それで十分であったのかもしれない。しかし、彼がキリスト教信仰を「皇帝の恩恵をほぼ際限なく受領する最も敬愛されたもの」にした時（Fletcher 1997, 19）、彼は聖職者の真の責務を浸食してしまったのである。屋内や人目に付かない建物の中で集っていた信者たちは、突如として荘厳な公共建築物の中に住まわされることとなった。コンスタンティヌスによってローマに建立された聖ペトロに捧げた新しい教会は、皇帝の宮殿にも用いられたバシリカ様式に倣って建造された。信者の中から選ばれ、同輩の援助にささやかながらも支えられていた聖職者は、今や帝国の公務員の一部として強大な権力・地位・富を手に入れた。司教たちは「今や最も裕福な元老院議員と肩を並べる有力者になった」（Duffy 1997, 27）。リチャード・フレッチャーの言葉にあるように、結果的に「キリスト教の聖職者に与えられた恩典や免除特権によって、多くの人が聖なる職務に殺到した」のであった（Fletcher 1997, 38）。

キリスト教の職務が帝国の高官の一形態となるや否や、そこは貴族の子息たちで満たされることとなった。「召命」に応じさえすれば、もはや道徳的に適格である必要はなくなってしまった。教会での地位を得ることは、主として影響力や交渉力の問題となり、やがては相続の問題となった。聖職売買が蔓延するようになった。司教職のような高位の職務のみならず、司祭のような低い地位の職務の売買をも含む、非常に高額の金銭の絡む聖職を巡る取引が、異常に横行した。すぐに、有力な聖職者家系が出現した。その子息たちは、父・叔父・祖父に倣って、教皇職をも含む聖なる職務に入り込んでいった（その概要については、Strak 2003 を参照）。結果として、数多くの放縦で堕落し、怠慢で不誠実な人々が、高い地位を獲得していった。例えば、二人の先代の教皇の甥であった教皇ベネディクトゥス九世（一〇一二～一〇五五年）は、聖職者として叙階されることすらなく教皇の座に就き、「ローマ中で売春婦と遊ぶこと」によってあまりにも多くの醜聞を撒き散らした挙句に、結婚して職務から去っていったのであった（Cheetham 1983, 84）。

しかし当然のことながら、信仰の生活に入った者の多くは、出世第一主義者でも放蕩者でもなかった。聖職者家系の子息や子女の中には、心底から誠実な者もいた。その結果として、現実のところとして二つの教会が併存することとなった。便宜上、これらは「権力の教会」と「敬虔の教会」とに区分されうる。権力の教会とは、コンスタンティヌスによって聖職者に与えられた強大な権力および富に呼応して発展した教会の主体である。そこには、一六世紀に対抗宗教改革が始まるまで、ほぼ教会を支配していた大多数の司祭・司教・枢機卿・教皇が含まれた。多くの点において、敬虔の教会は権力の教会への反動として持続された。もし、敬虔の教会が絶えず支配者層から非常に強い支持を得ていた修道制の中に不屈の基盤を有していたという事実がなければ、それは黙殺されたか、あるいは少なくとも脇に置かれていたのかもしれない。実に、禁欲主義的な中世の聖人の七五パーセントが貴族の子息や子女であり、そこには多くの国王の子息や子女も含まれていたのである（Stark 2004, 56）。

意外なことかもしれないが、特権階級の子息による聖職への「殺到」が始まったと同時に、修道制も急速に広まっていった。四世紀半ばまでに、数千もの修道士や修道女が存在し、そのほとんどすべてが組織化された共同体で生活していた。当然のこととして、禁欲生活を送る者たちは、実際にカトリック神学によってそう認められていたように、禁欲生活を送らない者たちに比べて自分たち自身が霊的に優れていると感じていた。しかしながら、在俗聖職者や、とりわけ教会のヒエラルキーに対する彼らの反目は、また違った論拠を有していた。それはすなわち、在俗聖職者たちは禁欲生活を実践していないのみならず、非常に多くの者たちが放埒な生活を送っているということであった。この点は、決して看過されるべき問題ではなかった。幾度となく、敬虔の教会の主導者たちは権力の教会を改革しようと試み、幾度かの重要な時期において、苦心の末に教皇権をも統制下に置いて、重要な変革を推進させたのであった。ウルバヌス二世が聖ペトロの座に登ったのは、まさに敬虔の教会がそのような統制を成し遂げた幕間のことであった。

ラゲリウスのオト（あるいはオド）は、一〇四二年に北フランスの貴族家系の家に生まれた。彼は一〇代前半で教会へと入り、すぐにランス大聖堂の助祭長へと昇進した。彼は、一〇六七年、ヨーロッパの修道組織における最大規模にして精力的な組織へと急速に成長していったクリュニー修道院に入った。ここでオトは、すぐさま大修道院長に次ぐ大管区長の職を得て、一〇七八年に教皇グレゴリウス七世（彼自身もクリュニー修道院出身であり、敬虔の教会の熱烈な一員であった）は、彼をオスティアの司教枢機卿に任命した。一〇八八年、彼は発声投票によって教皇に選出され、ウルバヌス二世の名を取った。一〇九九年七月二九日、十字軍士たちがエルサレムを占領した二週間後ではあったが、その勝利の報が西洋に届く前に、彼は死去した。

ウルバヌス二世が敬虔の教会の名高い一員であるということは重要であった。なぜならば、そのことが、中世のヨーロッパにおいてなされていたわずかながらの説教（当時、「俗人への説教はせいぜい散発的なものであった」［Cole 1991, 6］）の大部分を担っていた修道士からの信頼を、彼に与えることとなったからである。地方の教区の聖職者たちは、説教などをほとんど行わなかった。ミサの間に説教を行うことも求められなかったし、それ以前の問題としてミサへの出席率は異常なまでに低かった（Stark and Finke 2000, chap. 3）。概して効果的な説教は、教会の中ではなく市場において、修道院で生活する修道士や放浪する修道士によってなされたのであり、第一回十字軍を支援する説教を行うようにとの教皇からの要請を受け入れたのは、彼らだったのである。かくして、数百（おそらくは数千）の修道士たちが、あらゆる大小の村落や町の中で、教皇の言葉を広めたのであった。彼らの中には、例えばロベール・アルブリセル〔一〇四五頃〜一一一六年〕、ヴィタル・ド・モルテン〔聖ヴィタル・ド・サヴィニー、一〇六〇頃〜一一一九／一一二二年〕、ベルナール・ド・ティロン〔一〇四六〜一一一七年〕のような、教会内での成功を捨ててクラオンの森〔現フランス共和国マイエンヌ県内〕で禁欲主義者としての生活を行うようになった非常に素晴らしい者たちがいた。教皇からの誘いを受けて、彼らは第一回十字軍を呼びかけるために隠遁していた場所から出て来たのであるが、後に彼らは新たな修道会組織を創設するのにも成功したのである。

教皇自身もそうであったが、これらの三名が上層階級出身者であったのと同じように、ほとんどの修道士も上層階級出身であり、このことによって彼らは直接に貴族階層の関係者に十字軍のための訴えをなすことができたのであった。当時、修道士は通例、幼少の男子（またかなり頻度は少なかったが女子）のために、その両親が相当な額の入会金を支払うという形の「奉納（あるいは献金）」を通じて、修道会組織に入会した。往々にして、この慣習は家督を相続できない「余分な」子息たちを処分するための方法である、という誤った解釈がなされている（Duby 1994; Lawrence 2000）。しかし実際には、大抵の場合において入会金は、本来彼らが相続すべき額と同額であった（Bull 1993, 117）。ともかくも、奉納はあまりにも一般的に実践されたので、概して貴族には、緊密な関係を維持しつつも近隣の修道院で生活している叔父・息子・兄弟・甥がいた。このような状況が、敬虔の教会と貴族との間の強固な関係を支えたのであり、特権階級の敬虔さに多大なる影響を及ぼしたのであった。

しかしながら、教皇はただ単に十字軍説教の作業を委託しただけではなかった。彼は、クレルモンから再び行脚に出て、九ヶ月を費やしてフランス内を三二〇〇キロ以上も移動し、「国王や……枢機卿・大司教・司教をも伴ったその行列が郊外数マイルまでに及ぶような……国際的に重要な人物を、……その住民たちが見たこともないような地方の町にも入場した」のであった（Riley-Smith 2005, 4）。教皇は、行く先々で在地の礼拝堂・教会・大聖堂・修道院・女子修道院・墓地・在地の祭壇・聖遺物を聖化した。これらの機会のほとんどは公式の儀礼であり、大群衆（パリの人口が約二万五〇〇〇人であった当時の地方の人口においては少なくとも「大きな」群衆）が見物しに出て来た（Chandler 1987, 159）。教皇は、これらの機会のすべてを、十字軍説教のために利用した。さらに重要であったと思われるのは、教皇の訪問と彼による説教が司教を含む在地の多くの者たちに対して、教皇とその随行団が立ち去った後にも長らく十字軍を喧伝し続けるように鼓舞したということであった（Bull 1993）。さらに、教皇が「フランスを行脚している間にも、教皇の書簡や特使が、イングランド・ノルマンディー・フランドル・ジェノヴァ・ボローニャへと迅速に向かい、〔各地の人々に十字軍に参加するように〕奨励し、命じ、そして説得した。……同年〔一〇九六年〕の末に教皇は、十字軍説教によってその強力な海軍力を戦いへと導くために、オランジュ司教とグルノーブル司教をジェノヴァに派遣した」のであった（Porges 1946, 4）。

概して、そのような十字軍説教は大成功を収めた。それは、数千もの戦士のみならず、軍事力を持たない相当数の男女をも参加へと誘った。すぐさま、数千もの人々（その多くは農民から成っていた）は、隠者ピエールの指揮のもとに東方へと移動し始めたのであるが、後述するように、彼らは道中で多くの害悪を働き、その後に不毛な死を被ったのであった。

贖罪のための戦い

懐疑的な者の多くは、巡礼を行ったとしても、概してそれがその後の巡礼遂行者の行為を改善するには至らなかった、と指摘している。ただし、ここで目を向けたいのは、四度の巡礼から帰ってきては同じ罪を犯すことを熱望したフルク三世のような巡礼者たちではない。そこで問題とされているのは、真の巡礼とは巡礼者の性格や人格を根本から変えてしまうものでなくてはならない、あるいは少なくとも、巡礼者を非常に平和的で寛大な人物に変えてしまうものでなくてはならない、という期待であるように思われる。しかし、それは必ずしも典型的に見られるような結果ではなかった。逆に、巡礼を行った戦士の多くは、以前と変わらずに獰猛さや戦う心構えを持ち続けていた。例えば、『モンテ・カッシーノ年代記』（一〇五〇年代頃作成）によると、「巡礼者の衣服に身を包んだ四〇人のノルマン人が、エルサレムからの帰路、サレルノにて乗船した。彼らは非常に体格が良く、印象深い面持であり、相当に戦闘経験の豊富な男たちであった。彼らは、その町〔サレルノ〕がサラセン人によって包囲されているのを目の当たりにした。彼らの魂は、神への呼びかけで燃え上がった。彼らは、サレルノ侯グアイマーリオ〔三世、九八三頃～一〇二七頃年〕に武器や馬を要求し、それらを得て、獰猛にも敵陣へと身を投じた。彼らは敵の多くを殺害し、あるいは捕え、そして残りの者たちを敗走せしめ、神の助力により奇跡的な勝利を収めた。彼らは、神への愛とキリスト教信仰への愛のためだけにこれらのことを行ったのだと断言した。彼らは報酬を拒み、サレルノに逗留することも拒絶したのであった」（史料は Peters 1998, 11-12 にあり）。

非常に信仰深い騎士でさえ平和主義というものを理解できなかったということは、現代人としての感覚を持つ者にとっては理解し難いかもしれないが、その前提となるのは教皇ウルバヌスによる十字軍の呼びかけの根本原理であった。上級騎士家系出身であった教皇は、騎士の持つ暴力への偏向を当然のものと見なしていた。また彼は、騎士とは幼少期より戦いを最重要の職務と見なすよう育てられるものであり、「生涯を通じて、騎士はほとんどの時間を武器の訓練や実戦に費やしており、平和という退屈な時には馬の背に跨って猪のような野生動物を駆ることに没頭していた」ということを熟知していた（Painter 1969a, 15）。教皇は、ヨーロッパの騎士に神の平和を遵守させることができなかったのではあるが、少なくとも騎士を神の軍勢に仕えるように召集し、彼らの獰猛なまでの勇敢さを聖化された目標へと向けることはできたのであった。そしてこのことを遂行するために、ウルバヌスは完全に新奇なる教え、すなわち十字軍への参加は修道会組織の中で仕えるのと同等の倫理的価値を持ち、その中で参加者は特別な聖性と魂の救済の確信を得るであろう、ということを提示したのであった。

ギベール・ド・ノジャン〔一〇五五頃〜一一二四年〕は、クレルモンでのウルバヌスの言葉を次のように回顧している。「神は我々の時代に聖なる戦いを設けてくださった。よって、……これまでに互いに殺し合ってきた……騎士身分の者たちは、魂の救済を獲得することができるだろう。そして彼らは、これまでの習わしがそうであったように、修道士としての生活もしくは宗教的な職務を選択することによって世俗の事柄を完全に捨て去ることを強いられるのではなく、これまでの自由や衣服を保持しながらも、彼ら自身の職務〔戦うこと〕に従事しつつ、ある程度の神の恩恵を得ることができるのだ」と（史料は Peters 1998, 12-13 にあり）。このようにしてウルバヌスは、騎士であることのみならずその戦士としての状態に対して、現実的な見方をしたのであった。たとえ数万人の平和主義者がいたとしても、聖地を解放するためには何もなすことができないであろう。救済の約束によって心動かされはするが性格まで変えられることのない好戦的な騎士から成る軍勢こそが必要なのであった。かくして、贖罪のための戦いが創り出されたのであった。

近年の歴史家の多くは、カール・エルトマン〔一八九八～一九四五年〕に従って、教皇ウルバヌスによる十字軍の呼びかけは何ら新奇なものではなく、すでによく知られていた理念や実践、すなわち聖戦・巡礼・贖罪といったものの寄せ集めであったと論じている（Erdmann [1935] 1977）。加えて、騎士たちは主として物欲のために東方に向かったのであるから、宗教的な動機は彼らにとって小さな重要性しか持たなかったとも主張している。このような見解を持つ歴史家たちはまた、教皇ウルバヌスは聖地の解放よりもビザンツ人たちへの援軍の派遣、およびおそらくはそれによって東方教会を下に置くような権威を得ることに大きな関心を持っていた、というエルトマンの主張に従っているのである。

しかし、こういった主張は何ら史料的証拠に基づくものではなく、エルトマンは、「ウルバヌスの心にあったのがエルサレムの解放ではなく、キリスト教会の統合というグレゴリウス七世の計画を完遂することであったという自身の説を補強するために、……（クレルモンにおける教皇の）説教についての様々な史料を、文脈を考慮に入れてそこから（文言を）切り取って拾い上げつつ、詳細に分析した」（Cole 1991, 3）。しかしその彼によって提示されたことでさえ、何ら史料的根拠を持たないのである。

ウルバヌスのクレルモン演説として現存するすべての版は、事後に思い起こされて書き記されたものである。その中には、教皇が実際に何を説教したのかについて、事実として幾分かは認められるものがあるのかもしれない。しかし、教皇が主催したクレルモン教会会議における演説の直前に発布された次の文言については、何ら曖昧なところはない。それは、「栄誉や金銭を得るためではなく、献身のみからエルサレムにある神の教会を解放するために旅に出るものは皆、その旅をもってしてすべての罪の赦しに置き換えることができる」というものである（史料はPeters 1998, 37にあり）。ここでは、ビザンツ帝国を救うことには何ら言及されていない。

加えて、徴兵のための遊説中に教皇は書簡を送っているのであるが、その内の幾つかは現存しており、いずれもエルサレムを当時組織されつつあった十字軍にとっての格別な目的地としているのである。例えば、ボローニャ宛書簡では次のように記されている。「我々は、あなた方の中にエルサレム行きの願望を心に抱いている者がいる、ということを耳にしているが、あなた方はそれが我々にとっての喜びであることを知っていることだろう。そして、あなた方はまた次のことも知るべきである。もし、あなた方の中で魂の徳および教会の解放のためだけに旅をなす者があれば、その者たちはあらゆる罪に対する贖罪行為から解き放たれるであろう」と（史料はPeters 1998, 44にあり）。

贖罪のための戦いという教皇の考えは何ら新しいものではないという主張に関しては、確かにウルバヌスは神学的な空白地帯の中でそのことを提示したわけではない。贖罪と巡礼は、何世紀にもわたって互いに結び付いていた。「正戦」という考えもまた、何ら新しいわけではなかった。それは、数多くの神学者の中でもとりわけ聖アウグスティヌス（三五四〜四三〇年）によって、長い年月をかけて査定されたものであった。しかし、これらの考えを一つにまとめ上げたことが独創的だったのである。そしてこれまでに見てきたように、再三にわたってウルバヌスは、神学的な理屈や修飾語句による装飾のない最も直接的な方法で、正しい精神の中で十字軍に参加する者は誰であろうともその罪が赦されると説いたのであった。それがあまりにも新奇なものであったがゆえに、戦いは常に罪深いものであるということに固執していた従来型のキリスト教教義とは矛盾するものとして、当時の神学者の多くがそれに反対したのであった。実際に、「贖罪のための戦いという考えは革新的であった……なぜならば、その考えが戦闘行為を、祈りや慈悲の行いや断食と、等価値の俎上に載せることとなったからである」（Riley-Smith 2005, 9）。

最後に、たとえエルトマンが正論を述べており、教皇がエルサレムの解放に主たる力点を置いていなかったとしても、それ以上に重要な事実は、多くの現存する史料が語っているように、十字軍士たちはエルサレムの解放こそ自分たちの使命であると信じていたということである。ゴドフロワ・ド・ブイヨンと彼の弟のボードゥアン・ド・ブーローニュは、万が一にでも彼らが「エルサレムでの神のための戦い」から帰還しなければ所領の経営をしてほしいと母親に処理を委ねた文書を発給していた（Riley-Smith 1997, 63）。レーモン・ド・サンジルは、自身が「これ以上聖なる都市エルサレムが囚われの身となり、主イエスの聖なる墓が汚されないようにするために、異邦人たちと戦い、蛮族を打ち負かすための巡礼に」出かけようとしている、と主張したのであった（Riley-Smith 1997, 62）。

そして、それらはまさに有言実行された。騎士たちは、ムスリム軍に対して幾度かの決定的な勝利を勝ち取り、そして彼らをコンスタンティノープルからほど遠くまで追いやることだけに満足したわけではなかった。そう、満足しなかったのである。飢えに苦しみ、蔓延する疫病にやられ、自分たちの馬のほとんどを食料とし、軍勢のほとんどを失いながらも、彼らはエルサレムへと邁進し、予想に反して勝利へのあらゆる障害を乗り越えたのであった。

十字軍参加志願者のネットワーク

例えば進軍ルート・耐え抜いた苦難・戦闘などといった十字軍に関する一次史料は、幾世紀にもわたってよく知られている。しかし歴史家たちが、十字軍士自身について利用できる膨大な量の情報、すなわち誰が旅をし、彼らがいかにして旅費を工面したのかについての情報を認識したのは、ごく最近になってからである。最初にジャイルズ・コンスタブルによって示されたように（Constable 1953）、これらの情報は「寄付や売却、もしくは抵当による財産の移動を記した法的文書の中に含まれており、その多くは……十字軍に参加した領主階級の者たちによってなされた寄進やその他の金銭面での取り決め、彼ら自身のために作成された遺言書や、彼らの相続人や家族が巻き込まれていた係争について記録している」のである（Riley-Smith 1997, 2）。こういった貴重な史料は、ジョナサン・ライリー＝スミスがそれらをコンピューターのデータベース化した時に、重要性を増すこととなった（Riley-Smith 1997）。彼がそのような作業を行ったのは、事件史から人物史へと焦点を移すことで、同輩の多くが十字軍士にならなかった中で、なぜある者たちは十字軍士になることを決意したのか、ということを明らかにしたいと考えたからであった。

データによって導かれたライリー＝スミスの最も重要な見解は、十字軍運動は非常に少数の緊密な関係にある家系によって占められていた、ということであった。教皇の召集に応じたのは個々人の単位ではなく、家系単位だったようなのである。ライリー＝スミス自身にとっては図らずも、その見解は、政治キャンペーンや新興宗教といった社会運動への人々の動員に関する、大規模社会における科学的研究成果とまったく一致する。人々は、友人や親族、あるいはその他の親密な同僚などの多くがすでに行っているという事実に呼応する形で、社会運動の中で活動的になる。言い換えると、集団的な社会活動は、個々人によってなされた数多くの独立した選択の総体ではなく、むしろ社会的ネットワークの所産なのである。したがって、例えば仏教からモルモン教へといった、新たな宗教への改宗における初期段階を再構成してみると、宗教の問題は家族の問題として始まっていたということがわかる（Stark 2007; 2005）。そして、それは十字軍運動についても当てはまっていたのである。

ブルゴーニュのギヨーム不屈伯〔一世、一〇二〇～一〇八七年〕を家長とする親族について考えてみよう。彼には五人の息子がいた。その内の三人は第一回十字軍に参加し、四男は聖職者となり、後に彼は教皇カリクストゥス二世（一一一九～一一二四年）として、一一二二年にダマスクスを攻撃するために十字軍の増援に着手した。伯ギヨームにはまた、四人の娘がいた。その内の三人は、義兄弟と共に第一回十字軍に参加することとなった者たちに嫁ぎ、四女の息子も第一回十字軍に参加した。第二回十字軍について見てみると、一一四七年にこの家系は一〇人の十字軍士を送り出している。同様の例は多々ある。ヘントのボードゥアンも、兄弟・叔父・二人の義兄弟と共に、第一回十字軍に参加した。モンテリ家の四人の姉妹について言うと、彼女たちには、十字軍および十字軍国家の維持に関与した配偶者・子供・その他の近親者が非常に多くいたので、ライリー＝スミスは彼らのすべてを追跡調査するためにまるごと一章を割いているくらいである（Riley-Smith 1997, chap. 4）。またライリー＝スミスは、家族の中で直系に位置する十字軍士たちに加えて、さらに彼らの他の家族構成員が婚姻や親族関係によって互いに非常に密接に結び付いていたこと、そしてその結び付きは第一回十字軍における二つの主要な民族集団、すなわちフランク人とノルマン人との間を横断するものでさえあった、ということを発見したのである。一例を挙げると、ギヨーム不屈伯の孫のフロリーヌは、デンマークのスヴェン〔デンマーク王スヴェン二世の息子〕と結婚し、彼に付き添って第一回十字軍に参加したのである。

ネットワークが社会運動に参加する基盤を形成するという事実に加えて、親族というものが十字軍士の輩出という点で非常に際立っていたのには、もう一つの理由がある。それは、親族は十字軍運動に身を投じた騎士の能力に不可避的に振り回されたということである。旅費を賄うためには相当な額の金銭が捻出されねばならず、十字軍士が旅先で死亡した場合のために所領や相続人について取り決めが事前になされる必要があった。実のところ、この点こそが、ライリー＝スミスが十字軍士に関する非常に精緻な情報群を収集することができた理由である。なぜならこのような取り決めが公的な文書として書き留められたからである。なお、多くの場合、これらの史料は大判の抵当証書・約束手形・借用同意書という形態を取っていた。

旅費の財源

十字軍運動は、多額の経費を要する事業であった。騎士は、鎧や武器、そして少なくとも一頭（できれば二〜三頭）の軍馬、乗馬用の馬、荷馬もしくはラバなどの駄獣を必要とし、しかもいずれも相当に高額なアイテムであった。例えば、ギー・ド・ティエールは一頭の軍馬を購入するのに一〇ポンドを支払ったが、それは船長の給料の二年分以上に相当した（Munro 1911, 497）。また騎士には、従者（馬を世話するために一人か二人）、衣服・テント・蹄鉄といった備品の整備するための、そして略奪などにより現地調達が可能な備品以外の様々な物資を道中で購入するための、相当額の現金が必要であった。また、彼には様々な廷臣たちに金銭を支払う必要もあった。当時のお金はすべて貨幣であったが、それは非常に重かったので、騎士たちの一団は財を積んだ荷車をしばしば共有したのであった（Riley-Smith 1997, 110）。

また十字軍士たちの多くは、東方へと離れている留守中、その家族や所領を維持するための資金を必要とした。典型的な十字軍士は出発する前に少なくとも年収の四〜五倍の資金を用意しておく必要があったと見積もることが妥当であろう（Riley-Smith 1986, 43）。このことは、概して十字軍士は所領を持たない次男や三男であったという主張が不条理であることを明らかにしている。というのは、そのような子息たちを家に囲って、彼らに十分な額の相続を配分するほうが、家族にとってはより安上がりに済んだからである。

教皇ウルバヌスは、より裕福な十字軍士たちに対して、十分な資金を有さない十字軍士たちを援助するように要請したが、これに呼応して、給与を支払うという形で相当数の騎士を抱え込んだ大貴族もいた。それでもなお、とりわけ下級貴族層の大多数は、まだまだ資金不足の状態にあった。若干の者たちは財産を売却することで参加費に充て、中にはそれが大規模な売却に至る場合もあった。十字軍遠征の資金を捻出するために、ゴドフロワ・ド・ブイヨンは全ヴェルダン伯領をフランス国王フィリップ〔一世、在位一〇六〇～一一〇八年〕に売却した。ブールジュの副伯は、ブールジュの町およびブールジュ伯領全体を売却したが、この時の購入者も国王フィリップであった（Lloyd 1995, 55）。同様にして、「シャロン伯領の一部とクーヴァン城」は、所有者が変わった（Riley-Smith 1986, 117）。そして、より小規模なものとしては、葡萄畑・製粉場・森林や、そのような地に付属する新たな権利としての農民の売却をも含む、多くの記録が現存しているのである。

しかし、中世期の家族は、いかなる財産であっても決して他人に譲渡しないということに非常に重きを置いていたので、十字軍参加を希望した者の多くは売却よりも借入を好んだ。幾人かの者たちは、親族や友人に貸出を頼んだ。もちろん、十字軍運動は極度に特定の家系内に集中していたために、往々にして近親者からの資金集めは限界に達するか、押しなべて貸出側も自分たち自身で資金調達をせねばならなくなった。その結果として、親族から資金を得ることのできた十字軍士は、わずか約一〇パーセントにしか届かなかった（Riley-Smith 1997, 129）。そのような者の一人が、ノルマンディー公ロベール〔二世、位一〇八七～一一〇五年〕であった。一〇九六年、彼は、一万マルク〔銀貨〕を調達するために、弟のイングランド国王ウィリアム二世〔位一〇八七～一一〇〇年〕に「全ノルマンディー公領を担保とした」（Lloyd 1995, 55）。なお、その額は、二五〇〇人の船長に支払う賃金の一年間分に相当した（算定は Munro 1911 による）。そのような額を調達するために、イングランド国王は、猛反発にもかかわらず新たな税を国民に課さざるをえなかったのである（Runciman 1969b, 276）。また、ヴェルダン伯領を売却してもなお、ゴドフロワ・ド・ブイヨンは不足分の一五〇〇マルクを調達するため、ブイヨン伯領をリエージュ司教に質入れしたのだった（Duncalf 1969b, 267）。

まだ銀行というものがなかったため、当時のヨーロッパでは修道院が主たる出資者として機能し（Stark 2005）、ほとんどの十字軍参加希望者が目を向けたのも修道院であった。当時の教会は、高利貸しの禁止ということを理由として利払いには断固たる反対の立場を取っていたので、その取引はまったくもって独創的なものであった。今日では、借用者は農場や工場といったものを貸与者に抵当として入れて、元金の使用料として支払われるべき利子を加えて返済する。同時に、借り手は抵当に入った財産を手元に置きつつ、そこからの収益を受領する。しかし、一一世紀では、領主はウィファーゲ（vifage）と言われる形態で金銭を借り入れた。ウィファーゲとは、所領の管理権やそこから産出される収益のすべてもしくは一部が元金の完済まで貸し手に譲渡される取り決めのことである。当然のことながら、貸し手がその所領から得た収益は利子の代替となったが、教会はそれを利子とは見なさず、それゆえにそれは高利の罪には当たらなかった。したがって、例えば、第一回十字軍に出立するにあたって、ギヨーム・ル・ヴァスは三マルク銀貨を調達するために自領をフエカン〔現フランス共和国セーヌ＝マリティーム県内〕の修道院に抵当に入れた。それに対し、修道院はギヨームが完済するまですべての地代を徴収したのである（返済は地代からは賄われない）。また、ベルナール・モレルは、その農地を抵当にしてマルシニー〔現フランス共和国ソーヌ＝エ＝ロワール県内〕の修道女たちから借入を行った際、より良い条件で契約を行うことができた。彼のウィファーゲ契約は、彼自身もしくはその相続人たちが完済するまで、修道女たちが農地から全収益の半分のみを受領する、というものであった（Riley-Smith 1997, 116）。

当然のことながら、現在の抵当と同様に、未返済の結果は差し押さえであった。そして、第一回十字軍に参加した騎士や貴族たちは、かなりの割合で病気や飢餓で死去したか戦死したので、差し押さえは広く見られることとなった。したがって、エカール・ド・モンメルルがクリュニーの修道士たちと交わした抵当同意書によると、「私自身を除いては誰も、（この抵当を）質請けすることはできない。よって、もし私が死去した場合、……抵当物は……永遠に正当なる相続権を有する形でクリュニー修道院の所有物となるであろう」という条件付きで、彼は二〇〇〇ソリドゥスを受領することと引き換えに所領を抵当に入れたのである。なお、エカールはエルサレム近郊で戦死した（France 1994, 86）。

しかし、十字の印を受け取った騎士たちを修道院との交渉へと導いたのは、十字軍参加に必要な資金調達のためだけではなかった。彼らは、可能な限りにおいて、自らのおよび家族の命運の保証が欲しかったのでもあった。したがって、ブロワ伯エティエンヌ〔二世、位一〇八九～一一〇二年〕は、「聖マルタンとその修道士たちの執り成しによって、神が私のこれまでに犯してきた悪行をお赦しになり、私を故郷からの旅へとお導きになり、健康かつ安全に私を故郷へお戻しになり、妻アデルと子供たちを見守り下さるために」、マルムティエ〔現フランス共和国アンドル＝エ＝ロワール県内〕の修道院に森林を寄進したのであった（Riley-Smith 1997, 118）。ロベール・ブルグンディオー・ド・サブレも、「神が行きも帰りも私を健康かつ安全なままにして下さるために」、同修道院に葡萄畑と農地を寄進した（Riley-Smith 1997, 119）。他の多くの者たちも、自身の魂と成功のための祈りと引き替えに、修道院に相当な財産を寄進したのであった。

最後に、フランク人の騎士の中でも約八五～九〇パーセントが、教皇による十字軍の呼びかけに応じなかった、ということを心に留めておかなくてはならない（Riley-Smith 2005, 23）。このことは、実際に参加した者たちは主として敬虔なる理想主義に動機づけられていたという主張のさらなる証左となる。もし「乳と蜜」の地を略奪することから大いなる報酬を得ることができると広く信じられていたのであれば、参加者は遥かに多くなったはずだからである。

失敗の始まり

教皇は、十字軍運動を戦士や彼らに必要な支援を行う人々に制限しようと、再三にわたって努力していた。クレルモンにて、彼は次のように言った。「我々は、老人や弱者、もしくは武器を携帯するのにそぐわない者たちに旅をするように……勧めているわけではない。また女性たちも、夫や兄弟もしくは法に適った守護者に随伴するのでなければ、出立すべきではない。というのも、そのような者たちは、助力ではなくて障害となってしまい、利点ではなく重荷になってしまうからである」と（ロベール・ド・ランスの記述によるウルバヌスの演説、Peters 1998, 29）。彼はまた、その上級者による許可が得られない場合は、聖職者の参加も禁じた。

そうであってさえ通例の大規模な非戦闘従軍者や売春婦に加えて、修道士・聖職者・老いて戦うことのできない者たち・妻・非武装の貧者などといった相当数の非戦闘者が含まれていたものの、貴族によって組織された集団の中には、教皇の忠告は少なくともある程度は浸透していた（Brundage 1985; Porges 1946）。しかし不運なことに、第一回十字軍のために東方に向かった最大規模の諸集団は、教皇の賢明な制限にほとんど耳を貸さなかった。実のところ、それらは主として、多くの女性や子供をも含む農民・村民から成っていた。その中にはごく少数の騎士しかおらず、また騎士以外の男たちはある程度の武具を身に付けていたものの、それを使いこなす訓練は受けてはいなかった（事の成り行きが示しているように、それは致命的な欠点であった）。これらの集団は、隠者ピエールによって刺激されて率いられた「民衆十字軍」として知られている。

隠者ピエールは非常に身長が低かったので、仲間たちは彼を「小さなピエール」と呼んだ。彼は、「浅黒くて細長い面持ちで、彼がいつも乗っており、彼自身とほとんど同じくらいに尊敬されているロバに恐ろしいほど似ていた。彼は裸足で往来し、その衣服はひどく汚かった。彼はパンも肉も食さず、魚を食し、ワインを飲んでいた」（Runciman 1951, 1: 113）。アンナ・コムネナによると、ピエールはアミアン近郊の生まれであり、明らかに一〇九六年より前にエルサレムに巡礼を行おうと試みたが、トルコ人によって酷い拷問を受けた挙げ句に引き返さざるをえなくなってしまったのであった（Comnena [c. 1148] 1969, 309）。彼がクレルモンで教皇の演説を聴いたかどうかは定かではないが、十字軍の呼びかけに素早く反応し、驚くべき効果をあげた伝道的支援運動を始めた。ギヨーム・ド・ティールによると、「彼は素晴らしい才覚の持ち主であり、その眼差しは輝きに満ちて魅惑的であり、その話は安らぎを与えると共に力強いものであった」(史料は Peters 1998, 108-9 にあり)。ほとんどの人々がそのような印象深い説教をかつて聞いたこともないような時代では、あらゆる場所でピエールのカリスマ的な大演説は民衆の熱狂を掻き立てた。実際に彼に会ったことのあるギベール・ド・ノジャンによると、ピエールは、「私の記憶の限りにおいて、そこまで高い栄誉の中で迎えられた者は他に誰もいないほどに、あまりにも多くの群衆に囲まれ、あまりにも莫大な贈り物を受け取り、そして彼の聖性はあまりにも高く讃えられた」のであった(史料は Peters 1998, 103 にあり)。実際、町から町へと移動するたびに、ピエールはあまりにも多くの人々に故郷を離れて自分に付いて来るようにと鼓舞したので、彼がケルンに到着するまでにその追随者は老若男女あわせて一万五〇〇〇人に上っていたと考えられている(Runciman 1951, 1: 114)。その数は当時のロンドンの人口に匹敵し、パリの人口を少し下回るくらいであった(Chandler 1987, 15)。

ピエールは、さらに軍勢を大きくするためにドイツ人たちにも説教を行って、ケルンで小休止するように提案した。しかし、フランス人追随者の多く、とりわけ騎士たちは、立ち止まっていられるような気分ではなかった。一〇九六年の四月初旬(教皇ウルバヌスによって定められた出発日である八月一五日のほぼ五ヶ月前)、ゴーティエ・サンザヴォワールの指揮のもと、数千人がハンガリーに向かって進軍した。ブルゴーニュ出身のフランク人騎士であるアーヘンのアルベルトによると、「有名な戦士」であったということ以外には、ゴーティエについてはほとんど何もわかっていない

（史料はPeters 1998, 104-7にあり）。本名はゴーティエ・サンザヴォワールであったが、彼は貧しくはなかった〔フランス語のSans-Avoirは「文無し」を意味するため、しばしば「ゴーティエ無産公」と誤解・誤訳される。実際には、その名はゴーティエが領主であったボワシー・サンザヴォワール（Boissy-sans-Avoir）という地名に由来する〕。アーヘンのアルベルトによると、彼の随行団には、ピエールおよび「フランク人歩兵の大部隊」に加わった複数名の騎士が含まれており、彼らはヨーロッパを通過するのに必要な資金を十分に持っていた（史料はPeters 1998, 104-7にあり）。しかし、ゴーティエの先走りはピエールに性急な出発という抗いがたい圧力を与えることとなってしまい、ピエールとおそらくは二万人にまで膨れあがっていた大群衆は、約一〇日後に東に向かって進軍を再開した。彼らが想定外に早くコンスタンティノープルに到着したということは、ビザンツ皇帝の予定表を狂わせてしまい、十字軍士たちとビザンツ人たちとの関係を損ねることとなってしまったのである。

小括

ヨーロッパの騎士たちは胸の上に十字の印を縫い付け、主として二つの理由に基づいて東方に向かって進軍した。一つは一般的な理由であり、もう一つは十字軍運動に特有の理由であった。一般的な理由とは、彼らが自認していたところの贖罪の必要であった。特有の理由とは、聖地を解放することであった。

今日と同様、中世期の教会は暴力、とりわけ殺人に対して数多くの厳しい制限を加えていた。このことが、騎士たちや彼らの告白に耳を傾ける司祭の間に、深刻な懸念を引き起こした。というのも、戦争は中世の貴族たちの間で慢性的に起こるものであり、長生きした騎士とは他人を殺す才に長けていたということを示しているに他ならないからである。たとえ犠牲者が救いようのない悪人であったとしても、その者を殺害することは罪に値すると理解され（Riley-Smith 1997, 49）、多くの場合、殺害者は犠牲者以上の倫理的優越性を享受できないのは明らかであった（概して、逆に劣っているとされた）。暴力に加えて、中世の騎士の生き様は、七つの大罪を称揚する類のものであり、姦通や窃盗、そして他人の妻を欲しがることを禁ずる戒めを恒常的に破っていた（Brundage 1985）。結果として、騎士たちは常に贖罪を要望し、聴罪師たちは彼らにありとあらゆる贖罪の手段を課したのであり、時にその手段として要求されたのが聖地への旅であった。

したがって、十字軍の呼びかけは何ら新しいものではなかった。多くの騎士たちは、巡礼というものが長らく頭の中にあったからである（そして実際に、若干名はすでに巡礼を行っていた）。そして今や、教皇自身が、十字軍への参加は彼らのあらゆる罪を浄化し、同時にキリストの墓をも含む聖地を神の敵の手によるさらなる損害や冒瀆から救うことができると彼らに保証したのであった。十字軍への参加は高貴にして聖なる職務であり、騎士たちは実際にそのように捉えていた。例えばブルゴーニュ人のエティエンヌ一世・ド・ヌブランの場合は、次のようである。「私の罪、および我らの主イエス・キリストの愛・寛大さ・慈悲深さがいかに大きいかということについて考えてみると、彼は満ち足りた思いをもって我々のために貧しくなっていったので、私はその価値に決して値しないのではあるが、彼が私に喜んで与えてくれたすべてのものに対して、何らかの形で報いることを心に決めた。だから私は、神が人として姿を現して人々と会話を交わしたエルサレムへ、彼の歩いた場所を崇めるために行くことを決心したのである」と（Riley-Smith 1997, 72より引用）。

もしも十字軍士たちが、信仰にではなく土地や戦利品によって心動かされていたならば、ヨーロッパの騎士たちは、教皇アレクサンデル二世がスペインから異教徒のムスリムを駆逐するための十字軍を提唱した一〇六三年という、もっと早い時期に行動を起こしていたであろう。聖地とは異なり、ムーア人支配下のスペインは非常に豊かであり、肥沃な土地を豊富に有しており、手の届きやすい所に位置していたからである。しかし、ほとんど誰も教皇の召集には応じなかった。一方で、そのわずか三〇年後には、数万もの十字軍士たちが、遠く離れたところにある乾ききって水も枯れたパレスチナへと出立した。その違いは何であったのか。スペインはパレスチナではなかったからだ。キリストはトレドの通りを歩くことはなかったし、セヴィーリャで磔にされることもなかったのである。

第六章　東に向けて

鎖帷子を身にまとった騎士たちは、先頭を切る司教たちと共に聖地を目指した。おそらくは6万人以上の十字軍士たちが出立したが、エルサレムにまで到達したのは約1万5000人に過ぎず、多くの者は道中で死去するか殺されるかした。

第一回十字軍の間にどれくらい多くの人々が東方に向かったのか、本当のところは誰にもわからない。フーシェ・ド・シャルトルは、六〇〇万人の戦士たちが東方に向かい、その内の六〇万人がニケーア〔またはニカイア、現トルコ共和国イズニク〕に到達したと主張している（Fulcher of Chartres [c. 1127] 1969, 81）。しかし、これはありえない。というのも、多くの十字軍士が出発することとなったフランスの全人口は、一〇八六年の段階では五〇〇万人にも満たなかったからである（Russell 1958）。アンナ・コムネナは、隠者ピエールの軍勢だけで「八万人の歩兵と一〇万人の騎兵」から成っていたと記録している（Comnena [c. 1148] 1969, 311）。実際のところ、すべての女性や子供を含めてピエールに追随した者たちの総数は、わずか約二万人であった（Runciman 1951, 1: 123; Tyerman 2006, 99）。その他の一次史料も、同様に大袈裟な数値を挙げているのである（Runciman 1951, 1: 336）。

現在において最も信憑性の高いと考えられている概算は、およそ一三万人が聖地へと向かって出発し、その内のおよそ一万三〇〇〇人が貴族や騎士たちであり（Riley-Smith 1991, 28）、彼らは約五万人の訓練を施された歩兵、および聖職者・従者・非戦闘従軍者を含む二万人の非戦闘員を随伴した、というものである（Brundage 1985）。残りは、熱狂の渦に巻き込まれた農民・村人であった。これらの数字は、道中での大損失に苦しみつつも、一〇九七年六月に約四万人の西方のキリスト教徒たちがニケーアの町を包囲し、一〇九九年に一万五〇〇〇人がエルサレムに到着した、という見積もりとも整合性を持つ（Runciman 1951, 1: 339-40）。

その数はともあれ、第一回十字軍は主として三つの要素から成っていた。一つは、ゴーティエ・サンザヴォワールに率いられた先発隊を含む、隠者ピエールによって導かれた「民衆十字軍」である。もう一つは、幾つかの後発隊であり、彼らも民衆十字軍に合流したが、それらはより厳密には「ドイツ十字軍」として分けて扱われる。これら後発集団の一つは、フォルクマールという名前の司祭によって率いられたが、別の集団は、ピエールの弟子であったゴットシャルクという名前の修道士によって率いられた。そして三つ目の集団は、ラインラントの小貴族エミーコ・フォン・ライジンゲン（もしくはライニンゲン）によって召集されたものであるが、おそらくこの集団はピエールの遠征軍とは合流しなかった。これらの集団に含まれていたのがフランク人ではなく主としてドイツ人であったという事実はさておき、これら三つの集団を民衆十字軍とは切り離して検討すべきである主たる理由は、彼らが東方に向かう準備段階において、ライン川沿岸で一連のユダヤ人虐殺を行ったということである。またこれら三つの集団は、逆に、ハンガリーを強引に通過しようとした際に全滅させせられた。それから間もなく、どうにかしてコンスタンティノープルに辿り着いた民衆十字軍の主力集団は、トルコ人の領域へと渡った後に殺されてしまったのである。

第一回十字軍の成功は、民衆十字軍もしくはドイツ十字軍に加わった集団から数ヶ月後に出発した、しっかりと装備されて訓練の施された軍団によって成し遂げられた。これらの軍隊は、諸侯たちが組織して率いたので、しばしば「諸侯十字軍」と称される。五つの主力部隊の内の三つの統率者は、国王たちの息子であった。

教皇は、東に向かう進路沿いで収穫物が集められるようにするために、一〇九六年八月一五日を出発日と定めた。このことは重要である。なぜなら、十分な食糧物資をかなりの遠隔地にまで運ぶことは不可能であったため、中世の軍隊は食糧の現地調達を必定としていたからである。民衆十字軍を含めて旅立った集団のすべては、供給物の支払いに必要な金銭を準備していたが、現地人が非協力的な場合、軍隊には必要物資を力ずくで手に入れる他に選択肢はなく、それは容易にかつ往々にして略奪かそれ以上のものとなった（France 1994）。さらに、物資を入手するために、十字軍士たちの軍勢は、特定地域で食糧を調達し過ぎないようにするために、複数の異なる経路を取ったのであった。

すべての十字軍士たちの集団は、ビザンツ軍と合流した上で、その全軍をビザンツ皇帝アレクシオス・コムネノスが指揮することを期待して、コンスタンティノープルで落ち合うように計画していた。しかし結論から言うと、コムネノスは指揮も執らなかったし、ビザンツ軍の主力部隊も提供せず、西方からやって来た者たちは自力で事を遂行せねばならなかったのである。

民衆十字軍

民衆十字軍にまつわる神話は数多くある。アウラハ〔現ドイツ連邦共和国バイエルン州内〕のエッケハルトの記述に基づいて、現代の歴史家の多くは、当時のヨーロッパの経済状況は酷いものであったので（その概要については、Duncalf 1921, 452を参照）、ピエールはいとも簡単に一般の人々を十字軍へと誘うことができたと主張し、概してその議論は、なぜ貴族の次男や三男が同様に十字軍に参加したがったのかという説明にまで拡張する（Mayer 1972）。しかし、そうではなかった。十字軍は、当時が経済的苦境の時期ではなく、むしろ急速な経済成長という景気づいた時期であったからこそ可能だったのであり（Duncalf 1969b, 256; Duncalf 1921, 452; France 1994, 86; Gillingham 1999, 59）、このことこそが民衆十字軍でさえ、参加者自身によってのみならず、賛同した援助提供者によっても比較的十分な資金を調達できたということの説明となるのである。ゴーティエ「無産公」として知られているにもかかわらず、彼およびその追随者たちは、コンスタンティノープルに至る道中にて必要物資への支払いを行うことができた。ピエール軍による略奪のエピソードを生み出したのは、貧困ではなく統制力の欠如であった。彼は十分な財産を積んだ荷車を伴って出立したのであり、多くの、おそらくはほとんどの追随者たちも、自分自身のための資金を所持していたのであった（Duncalf 1921）。

そしてそのことが、我々を第二の神話へと導く。すなわち、ピエールの追随者たちの圧倒的大多数は無一文であり救いようのないくらいに見放された「ずたぼろの群衆」であり（Asbridge 2004, 82）、その多くは「最下層から湧き出てきた」ような社会の鼻つまみ者から成っていた（Mayer 1972, 40）、という神話である。そのような神話が生まれた責任は、初期の年代記作者にまで遡る。エッケハルトはピエールの追随者たちを「屑」として片付け、ギベール・ド・ノジャンも同様である（Duncalf 1921, 441より引用）。アーヘンのアルベルトによると、ピエールの軍勢は「高潔な者だけではなく、罪深き者・姦通者・殺人者・窃盗者・偽証者・強盗といったような、あらゆる一般人をも」含むものであった（史料はPeters 1998, 104にあり）。しかし現実には、このような見方は単に当時の上流階級者気取りを反映していたに過ぎない。民衆十字軍の参加者について最大限に悪く言えたとしても、それは彼らが一般人であったということ、およびおそらく彼らが参加費を捻出するために全財産を売却していた、ということくらいなのである。

ゴーティエ・サンザヴォワール

ゴーティエの集団は、北側の経路として知られる進路を取った。ケルンを出発した後、彼らはシュヴァーベン・バイエルン・オーストリアを経由し、ハンガリーを通過してブルガリアにてビザンツ帝国領へと入った。そして、ニシュ〔現セルビア共和国内の町〕を通過してソフィアへと向かい、コンスタンティノープルに至った。その道のりは、まったく平穏だったというわけではなかった。彼らがブルガリアに入った時、ゴーティエ軍に属する一六人の者たちが、武器を購入するためにベオグラードの西にあるゼムンの町に居残った。アーヘンのアルベルトによると、「ゴーティエとその軍勢がいないことを知ると、現地人たちはその一六人を捕らえ、彼らから武器（・武具）・衣服・金銀を奪い、丸裸にして彼らを追い出してしまった」のであった（史料はKrey 1921, 49にあり）。挑発に乗ることを避けたゴーティエは、そのままベオグラードに向かったが、そこで新たな危機が生じた。十字軍士たちが自領内の道を進んでいることを知った現地のビザンツ役人は、ニシュにいた上役に至急指示を下すように求めた。その間、浅はかにもその役人は、ゴーティエ軍に食糧を売却することを拒否してしまった。餓死するよりはまだましだというわけで十字軍士たちは食糧徴発のために現地人たちを集めたのだが、このことがブルガリア人たちを動揺させてしまい、その結果、彼らが徴発隊の一つを教会へと追い込み、火を放って約六〇人の十字軍士を殺害するという事態にまで至ってしまった。報復はより酷い飢餓状態へと繋がるばかりでなく、時間もかかり被害も大きくなるということを悟っていたゴーティエは、森を通ってニシュの町まで自軍を行進させた。ニシュは〔テマ〕管区の中心都市であり、そこで彼らは丁重に受け入れられ、再び供給を受けることができたのであった。その後、彼らはまっすぐに進んで七月二〇日にコンスタンティノープルに到着したが、それは一〇二日間の道のりであった。目的地に着くと、ゴーティエとその軍勢は皇帝によってもてなされ、ピエールを待つために城壁の外に野営した。

ピエールの行進

八月一九日、隠者ピエールは群衆を率いてケルンを出発し、ゴーティエ軍の取った進路を追った。ハンガリーとの境界地域までの行進は、平穏無事なものであった。ハンガリー国王カールマーン〔一世文人王、位一〇九五～一一一六年〕は、ピエール軍が「略奪を行わず、必要な物資はいかなる物であっても争い事なく公正価格で購入する」という条件で、ハンガリー領内の通行許可を与えた（Duncalf 1921, 444-45）。ピエールの仲間たちは、ハンガリー領内ではこれらの取り決めを遵守した。しかし、ブルガリアは別問題であった。ゴーティエと同様にゼムンで、ピエールも災禍に見舞われた。

ゼムンに向かっている際、ピエールは、ブルガリア人が彼の軍勢を襲撃して財産を奪おうとしているとの報告を得た。ピエールはそれを単なる噂として切り捨てたが、町に近づくとピエール軍は、ゴーティエ隊の一六人の残留者から奪い取られた武具が城壁にぶら下げられているのを目にした。この光景は前衛隊の多くの者を激怒させ、ピエールは、彼らが町を攻撃して多くの住民を殺害するのを抑えるのに十分な統制力を失ってしまった。アーヘンのアルベルトは、ピエールとその軍勢は町に五日間留まり、整然と町およびその周辺を略奪して、「穀物・羊・牛・十分な量のブドウ酒・数え切れない数の馬を獲得した」と記述している（史料は Krey 1921, 51 にあり）。進軍を再開した十字軍士たちは、川を渡ろうとした際に深刻な損害を被った。八日後に彼らはニシュに到着し、ピエールは食糧を購入する許可を求めた。その申し出は受け入れられたが、翌日に町に残っていた幾人かのドイツ人が揉め事を起こし、町の近くにあった複数の製粉場に火を放ってしまった。ピエールは事を収めようとして町に急ぎ戻ったが、自軍の中の数千人の者たちがブルガリア人との戦争へと身を投じていくのを防ぐにはもはや遅すぎた。ピエール軍の三分の一もの者たちが殺されてしまった。（Tyerman 2006, 98）、ピエールの財産を積んだものを含む荷車の多くが、ブルガリア人の手に落ちてしまった。

事の顛末のすべてに関する報告がコンスタンティノープルに届いた時、皇帝アレクシオスは、ピエールと落ち合ってその後の旅を監視するために、多くの贈り物と共に役人を派遣した。三ヶ月以上の旅の後の八月一日（教皇によって定められた出発日の一四日前）、ピエール軍はコンスタンティノープルに到達した。すぐにピエールは皇帝に謁見し、皇帝は彼に相当量の金貨を与え、ピエール軍がマルマラ海を渡った先にある小さな町、ヘレノポリスの地に野営することで両者は合意した。ピエールは、そこでゴーティエ・サンザヴォワールとその仲間の騎士たちに合流した。

当初の計画は、ピエールとゴーティエの合同軍が他の十字軍士たちの集団を待ち、それから聖地に向かう、というものであった。ピエール軍の人々には十分な物資があり、ヘレノポリスは、彼らがトルコ人領域に足を踏み入れない限りにおいては、安全な場所であった（小アジアにおけるセルジューク朝の首都であるニケーアは、わずか四〇キロ先にあった）。おそらくは、このほとんど訓練を受けていない集団に、後からやって来る諸侯十字軍の中では当然のことと見なされていたような職務をしばしの間心に留めておくように期待することは、あまりにも大きなものであり過ぎた。二ヶ月後、退屈さがニケーア方面における略奪行為を導いてしまったのである。最初の略奪の成功が「戦闘への熱狂」を煽ることとなり、ピエールが不在の間にすべての戦士たちはトルコ人を攻撃しに進軍してしまい、そこで彼らは虐殺されたのである。アーヘンのアルベルトは、ゴーティエ・サンザヴォワールも幾本もの矢が刺さって死んでしまったと記している。ビザンツ人の援軍が、沿岸に打ち捨てられた城の中に避難していた数名の生存者をやっとのことで救い出した。救出されたのは騎士たちであったようであるが、明らかに、女性や子供を含むすべての非戦闘者たちは、殺害されるか奴隷にされるかしたのであった。

多くの歴史家たちは、その失敗の原因は皇帝が民衆十字軍をヘレノポリスに配置したためであると主張している。しかしヘレノポリスは、そこに留まっている限り、ヨーロッパ人にとって安全な場所であった。この大惨事のおおよその原因は、単にピエール軍の人々があまりにも早くに到着してしまい、敵の強さや能力についての認識ができていなかったということである。しかし、根本的な原因は、権威の欠如であった。

ドイツ十字軍とユダヤ人の虐殺

概して歴史家たちは、ピエールの追随者の主力部隊がコンスタンティノープルに至る道中でユダヤ人を攻撃した、と主張している（Tyerman 2006）。しかし、これは軽率な見解である。フレデリック・ダンカーフ（一八八二〜一九六三年）が指摘しているように、ピエールの追随者たちは、「彼らの出発後にライン川沿いで広まったユダヤ人迫害という罪を、犯していなかったようである」（Duncalf 1969b, 260）。虐殺の内の幾つかは、ピエールの遠征の初期段階でその仲間に加わった二つの集団によってなされたものであったが、そのほとんどはピエールとは無関係と思しきドイツ人騎士たちの仕業であった。

エミーコ・フォン・ライジンゲンは、ラインラントにあった小規模な伯領の伯であり、教皇による十字軍への呼びかけに対してドイツ人騎士たちから成る小隊を召集することで応じた。その後の一〇九六年五月三日、すなわちピエールの集団が聖地に向けて出発した二週間後に、エミーコは自軍を率いてシュパイエルに居住するユダヤ人への攻撃を行った（Baron 1957; Chazan 2006; Chazan 1996; Chazan 1986; Chazan 1980; Graetz 1894; Grosser and Halpern 1983; Poliakov 1965; Runciman 1951, vol. 1; Stark 2001）。歴史家たちの中には、ユダヤ人に対するエミーコの攻撃は利己的なものであり、主として貪欲によって誘発されたと信じている者がいる一方で、エミーコがあらゆる「キリストの敵」は改宗するか殺害されるかしなければならないと心から信じていた、ということを受け入れている者もいる。ともかくも、エミーコの接近とその目的について警告を得たシュパイエル司教は、在地のユダヤ人たちを自分の保護下に置いた。その結果、エミーコ軍が捕らえることができたのは、何らかの理由で司教の注意喚起を心に留めておくことのできなかった一二人のユダヤ人のみであった。その一二人は全員殺害された。その後、エミーコは軍勢を率いてウォルムスへと向かった。ここでも、司教は在地のユダヤ人たちを保護するために自身の館に匿った。しかしこの時は、エミーコはそのままでは済まさなかった。彼の軍勢は司教の館の門を破り、約五〇〇人のユダヤ人を殺害したのであった。同じ事は、翌週にマインツにて繰り返された。ここでも、司教はユダヤ人を守ろうとしたが、攻撃を受けて自分自身の命を守るために逃亡することを余儀なくされた。同じことはまたケルンでも起こり、またメッツ〔現メス〕でも起こった。反セム主義〔反ユダヤ主義〕に関する著名な歴史家であるレオン・ポリアコフ（一九一〇〜一九九七年）は、次のように要約している。「ほとんどすべての場所で……司教たちが、時には自身の命を危険に晒してでもユダヤ人を守ろうとした、ということに注目することは重要である」と（Poliakov 1965, 45）。メッツにて、エミーコ軍の一部は本隊から離れ、モーゼル川沿い一帯のユダヤ人を掃討するために出立した。司教が居住していない町だけを攻撃するように注意を払いながら、彼らは巧みに数千人ものユダヤ人を殺害したのであった。

その間、集団から逸れてしまった者たちを待つために後衛に留まっていた隠者ピエールの追随者の内の二人も、ユダヤ人への攻撃を行った。フォルクマールは在地の司教の反対を押し切り、プラハでユダヤ人虐殺を行った。ゴットシャルクはレーゲンスブルクのユダヤ人に対する残虐な攻撃を率いた。教皇は、これらの攻撃のすべてを「激しく非難したが、それに対してほとんど何もできなかった」（Madden 1999, 20）。しかし、結果的にではあるが、ハンガリー人の騎士たちにはできることが多くあった。フォルクマールとその軍勢は、ハンガリーに到達して略奪を開始した時、ハンガリー人騎士たちによって一掃された。同じ命運はゴットシャルクの上にも落ちた。そして、エミーコとその軍勢がハンガリーに到着した時、彼らは領内の通過を拒否された。彼らが強引に歩を進めようとした際、彼らもまたハンガリー人騎士たちによって掃討されてしまったのである。

崇敬に値する十字軍の歴史家スティーヴン・ランシマン（一九〇三～二〇〇〇年）によると、これらの敗北は、「ユダヤ人虐殺に対する天から与えられた罰」として「最も良きキリスト教徒たち」の心に突き刺さったのであった（Runciman 1951, 1: 141）。このような見方は、在地の司教たちがユダヤ人を守ろうとした努力や、第一回十字軍のために集まった他の軍勢はユダヤ人を攻撃することがなかったという事実と矛盾しない。ただし、エルサレムの町が十字軍士たちの手中に落ちた後に起こった虐殺の中で、数百人のユダヤ人が命を落としたかもしれないということを除いてではあるが。

諸侯によって率いられた集団であったばかりでなく、そこに加わっていた他の者たちも同様に高位者であったことからそう呼ばれるにふさわしい諸侯十字軍は、五つの主要な集団で構成された。各集団は、それぞれに異なった時に出発し、異なった進路を取ったが、すべてがコンスタンティノープルに到達した（表6―1）。

ユーグ・ド・ヴェルマンドワ

フランス国王フィリップ一世は、離婚が成立していない状態で他人の妻と結婚したがために、さらには教会の指示に従わずにその結婚を諦めなかったがために破門されていたので、十字軍に参加する資格を失っていた。しかし彼は、遠征資金を調達しようとした貴族たちから広大な伯領を購入することで十字軍事業を支えたのであった。また彼は、弟のユーグに参加するよう促した。

ヴェルマンドワ伯ユーグ（一〇五三～一一〇一年）は、フランス国王アンリ一世〔カペー朝第三代国王、位一〇三一～一〇六〇年〕とスカンディナヴィア人の公女〔キエフ大公ヤロスラウ一世の娘〕アンナ・ヤロスラヴナとの間に生まれた子であった。東方に旅立った時、彼は四〇歳前後であったが、後に見るように、当時においてでさえ非常に横柄な人物であった。ギヨーム・ド・ティールがそのように記述したがために、彼は長らく大ユーグ（Hugues Magnus）という呼び名で人々の記憶に

表6―1　第1回十字軍の構成要素

十字軍	統率者	出発日	コンスタンティノープル到着日
民衆	ゴーティエ・サンザヴォワール	1096年4月3日	1096年7月20日
	隠者ピエール	1096年4月19日	1096年8月1日
ドイツ	フォルクマール	1096年4月	到着せず。おそらくはハンガリー人騎士により殺害。
	ゴットシャルク	1096年5月	到着せず。ハンガリー人騎士により殺害。
	エミーコ・フォン・ライジンゲン	1096年6月3日	到着せず。ハンガリーでの敗北後に帰郷。
諸侯	ユーグ・ド・ヴェルマンドワ	1096年8月	1096年12月
	ゴドフロワ・ド・ブイヨン	1096年8月	1096年12月23日
	ボエモンド・デル・ターラント	1096年10月	1097年4月9日
	レーモン4世・ド・サンジル	1096年10月	1097年4月21日
	ノルマンディー公ロベール	1096年10月	1097年5月

刻まれていた。しかし後に、これは写本作成者が「若輩者」を意味するMinusをMagnusと誤記していた、ということが判明した（Runciman 1951, 1: 142）。そして、この訂正は現実と一致する。というのも、その自慢げな態度や気取った態度にもかかわらず、ユーグは無力な指揮官であったからである。しかし、国王との関係ゆえに、彼はパリ近郊の高貴なる騎士たちから成る選り抜きの集団を集めることができたのである。また、出立直前には、ハンガリーでの敗戦から生き延びて帰還したエミーコ軍の騎士たちが、その仲間に加わった。ユーグ軍は、教皇の計画通りに八月に出発した。

ユーグは、南イタリアのノルマン王国の港バーリから一部海路を取る進路を選択した。イタリア半島への旅ではこれといった事件もなく、一〇月にバーリに到着した。そこで彼は、ノルマン人のボエモンド公が十字軍士の軍団を組織しているのを目の当たりにした。しかしユーグは、その時期が航海には不向きであるという警告があったにもかかわらず、ノルマン人たちを待とうとは思わなかった。アンナ・コムネナによると、航海に出る前にユーグは次のような通達を皇帝アレクシオスに行った。「皇帝よ、余が王の中の王であり、この地上で最も偉大な者であることを知れ。到着の時には余を出迎え、高貴なる生まれの余に対して当然なされるべき華麗なる行列と式典でもって受け入れよ」と（Comnena [c. 1148] 1969, 313-14）。

皇帝がこの知らせから好ましい印象を抱くことはなかった。またネプチューン〔海の神〕も同様であったようだ。前もって忠告されていた通り冬の嵐が生じ、ユーグの船団の多くはビザンツ帝国の港であるデュラッキウム〔現アルバニア共和国のドゥラス〕沖で沈没してしまった。その軍勢の多くは溺死したが、辛うじてユーグは岸へと辿り着き、そこでビザンツ帝国の役人は「ずぶ濡れで途方に暮れた」ユーグを見つけたのであった（Runciman 1951, 1: 144）。ギリシア人たちは、生き残った騎士たちには再装備を施し、ユーグにはお世辞などを言ったが、彼を軟禁状態に置いた。コンスタンティノープルへと連行された彼は、アレクシオス・コムネノスに出迎えられたが、皇帝に対して忠誠の誓いをなすまで彼には自由が与えられなかった。

一〇九八年に十字軍士たちがアンティオキアの町を占領した後、ユーグはフランスに戻った。そこで彼には、エルサレムに行くという誓いを守ることができなかったがために恥辱が与えられることとなり、新たに教皇となったパスカリス二世〔位一〇九九～一一一八年〕がそのことに対して彼に破門の脅威を与えさえしたために、一一〇一年、彼は再びパレスチナへと赴き、そこで戦闘中に負った傷が元で死去した。

ゴドフロワ・ド・ブイヨン

ゴドフロワ・ド・ブイヨン（一〇六〇頃～一一〇〇年）は、ドイツの神聖ローマ帝国の一部である下ロレーヌの公であり、（母親の血筋を通じて）シャルルマーニュの直系の子孫であった。彼は背が高くて屈強で、美しい金髪をしており、素晴らしい物腰ゆえに敬服されていた。ゴドフロワは、クリュニーの修道士たちから大きな影響を受けており、十字軍に対して非常に献身的であったので、旅費を捻出するためにとても大きな財政的犠牲を払った。彼は、二ヶ所の主要な所領を売却し、自身の城を抵当に入れてリエージュ司教から借金をした。これによって、彼は大規模な軍勢の装備をなし、それを支える物資を準備できたのであった。その旅には二人の兄弟、ウスターシュ三世とボードゥアン・ド・ブーローニュも加わった。

ウスターシュは十字軍に参加することを望んではいなかったが、聖地に到着すると非常に首尾よく事を運んだ。ボードゥアンは元々教会に入ることが決まっていたが、瞑想や純潔という点で資質を欠いていた。彼はゴドフロワよりもさらに背が高く、兄とは異なってその髪は真っ黒であった。十字軍に出立した際に、ボードゥアンは、ノルマン人の妻であるゴドヒルド・ド・トエニと幼い子供たちを連れ立った。彼はヨーロッパに戻るつもりはなかったようである。ともかくも、彼は十字軍国家において華々しい経歴を積み、最終的には兄のゴドフロワを継いでエルサレム国王になった（ゴドフロワは、自分自身が戴冠されることを決して許さなかったのではあるが）。

ゴドフロワは、北方の進路を経由して聖地へと旅することに決めた。八月末にロレーヌを出立し、ライン川沿いを進軍し、ハンガリーまではドナウ川沿いを進んだ。ハンガリー国王カールマーンは、民衆十字軍との間に起こった事に対して、いまだに憤慨していた。したがって、ゴドフロワが先立って通行許可を求める使節を派遣した際、カールマーンは直接にゴドフロワと面会するように手配した。この会談により、カールマーンは（相当額の金銭と引き換えにではあるが）十字軍士たちの通行を認めたが、ボードゥアンとその妻や子供たちが軍隊の行動を保証するための人質として差し出された場合においてのみという条件が付された。このような負担を家族にかけることには気が進まなかったが、最終的にボードゥアンは合意し、そこでゴドフロワは自軍のすべての者たちに、ハンガリー人もしくは彼らの財産に対する侵害行為は死をもって罰せられることを告知するための使者を派遣した。暴力的な行為が報告されることはなく、ゴドフロワ軍がブルガリアに到達した時、ボードゥアンとその家族は解放された。

ブルガリアに入ったゴドフロワ軍は、五ヶ月前のピエール軍による略奪のためにいまだ打ち捨てられた廃墟という有様であったベオグラードを通過してニシュへと向かったが、その道半ばの地点にて、十字軍士たちに物資を供給する手筈を整えていた皇帝アレクシオスの代理人と落ち合った。それからゴドフロワは、自軍を平穏無事にマルマラ海沿岸の町であるセリムブリア〔現トルコ共和国のシリウリ。なお原文では Selymbria を Sleymbria と誤記〕へと導いた。そこで、その理由はまったく知られていないが、ゴドフロワは自軍に統制を利かせることができなくなり、彼らは八日間にわたって町の近隣で略奪行為を行った。ユーグ・ド・ヴェルマンドワが捕虜にされていたということを耳にして、彼らが激怒したからだという者もいる。少なくとも、皇帝によって派遣されたビザンツ帝国の代表団と会談した際に、ゴドフロワはそのことを言い訳として用いた（Runciman 1951, 1: 149）。ともかくも、秩序は回復され、一〇九六年一二月二三日にゴドフロワ軍はコンスタンティノープルに到着した。

この大規模にして完全武装された、しかしコンスタンティノープルの入り口で繰り広げられたような、訓練を施された戦士たちから成る規律の乱れた軍勢の到着は、皇帝アレクシオスを大いに不安にした。そこで彼は、ゴドフロワに忠誠を誓わせることで自分自身を安心させようとし、できるだけ早くに彼とその軍勢をコンスタンティノープルから離れた所へ追いやろうとした。まず始めに彼は、ユーグ・ド・ヴェルマンドワを通じてゴドフロワに対して、自分に謁見して忠誠の宣誓をなしに来るように招いた。しかし、ゴドフロワは拒否した。最終的に、アレクシオスは大規模なビザンツ軍を率いてゴドフロワの陣営に進軍する、という威嚇行為に打って出た。圧倒的大多数の軍勢を目の当たりにしたゴドフロワは、誓いをなした上で自軍をボスポラス海峡の対岸にあるペレカヌム〔またはペレカノン〕に陣を敷くように移動させることに同意した。

ゴドフロワ軍のすぐ後ろには、「おそらくはイタリアを経由して」、そこから海路を取る「旅を選択したゴドフロワの家臣たちから成る」(Runciman 1951, 1: 152) 幾つかの小規模集団がやって来ていた。彼らは好戦的な輩であり、皇帝に忠誠を誓うことも拒んだ。最終的に、ゴドフロワの仲介を経た後にやっと彼らは誓いをなした。その後に、彼らも素早くボスポラス海峡の対岸へと移動させられた。皇帝が、十字軍士たちはエルサレムに行くのではなく実際には帝国を制圧するつもりなのだと確信していたからであった。そして、次にやって来たのは、帝国を築こうとする野望を一番抱いているかのような一団であった。それは、アレクシオスに率いられたギリシア軍をすでに繰り返し打ち破り、南イタリアにあったかつてのビザンツ帝国の植民地を支配下に置いていたノルマン人たちであった。

ボエモンド・デル・ターラント

一〇九七年四月九日、ターラント侯ボエモンド(一〇五八頃~一一一一年)が、歴戦のノルマン騎士たちから成る大軍を率いて、コンスタンティノープルに到着した。ボエモンドは、ビザンツ帝国から防衛のために派遣された正規軍を繰り返し打ち破ることでシチリアや南イタリアをノルマン人の支配下に導いたロベルト・ギスカルドの息子であったので、彼のコンスタンティノープル到着はとりわけ注目すべき出来事であった。さらに悪いことに、ロベルトとボエモンドの父子は、皇帝アレクシオス・コムネノス自身によって率いられたビザンツ軍に対する数多くの戦いにおいて、何度も勝利していたのである。

十字軍士の主要な軍勢の一つがイタリアで集められ、ボエモンドによって率いられたノルマン人から成っていることを知った時にアレクシオスが非常に恐れたことは驚くべきでない。当時一四歳であり、ボエモンドにも会ったことのある皇帝の娘のアンナは、後年に記した『アレクシアード』の中で、その男について注目すべき描写を行っている。「その外見は驚異の念を抱かせ、その名前は恐怖の念を抱かせる。……その身長は、背の高い人々よりもさらにおよそ一二インチ〔約三〇センチ〕も抜きん出るほどであった」と。実際、彼の本当の名前はマルコであったが、子供としては異常に大きかったために、彼の父親が神話に登場する巨人の名に因んでボエモンドという渾名を付けたのであった。アンナは次のように続ける。「彼は細身であり、……完璧なまでに均整が取れていた。……その肌は……大変に白かった。……その毛髪は明るめの茶色をしており、他の野蛮人たちほどには長くなかった（すなわち、肩にかからない程度）。……彼にはなにがしかの魅力があったが、その魅力は彼の全人格が醸し出している警告によって霞んでしまっていた。私が思うに、背の高さと眼光の鋭さのために、その容貌の中には険しく残虐な雰囲気が漂っていた。そのために、その笑い声でさえ、他人には威嚇のように聞こえたのであった。……その傲慢さは、あらゆる面で明らかであった。また、彼は狡猾でもあった」と（Comnena [c. 1114 8] 1969, 422）。

皇帝は、ボエモンドが十字軍士たちの中において間違いなく最も経験豊富にして才能があり、政策という点においても賢明な指導者であることを苦い経験から十分に悟っていた。遡って一〇八一年、ロベルト・ギスカルドと息子のボエモンドは、イタリアとシチリアに跨る新たなノルマン王国を確固たる統制下に置いた後、ノルマン軍を率いてアドリア海を渡り、元々はビザンツ領内にあった沿岸都市コルフ〔ケルキラ〕とドゥラッツォ〔ドゥラス〕を奪った。皇帝アレクシオス・コムネノスは、ノルマン人を駆逐するために北に向かって進軍したが、デュラッキウム〔ドゥラス〕の戦いで大敗北を喫するのみであった。続いてノルマン人は、ギリシア北部のほとんどすべてを征服した。ノルマン人が帝国全土を征服するのを妨げることは難しいと考えたアレクシオスは、神聖ローマ皇帝ハインリヒ四世に巨額の金銭（金貨三六万枚とも言われている）を支払って、イタリアにおけるノルマン人の同盟者である教皇を攻撃するように要請した。ロベルト・ギスカルドは、ボエモンドにギリシアの指揮を任せて、この脅威に対峙するためにイタリアへと至急引き返した。まだ二〇代前半であったが、ボエモンドは、自らがとりわけ敵の戦略を察知して逆襲するという点に長けた優秀な統率者であることを証明し、そして二度の戦いでアレクシオスを敗北せしめた結果として、マケドニアとテッサリア〔ギリシア中部〕のほぼ全域をノルマン人の支配下に置いた。この時点でようやくアレクシオスは、セルジューク朝のトルコ人たちに、ノルマン人が彼らにとっても脅威であると理解させることに成功し、そして数千人のトルコ人を含む新たな軍勢を伴ったアレクシオスは、ラリサ〔テッサリアの中心都市〕にてノルマン人を辛うじて打ち破ることができたのであった。この時、ボエモンドは自身の軍勢に支払う給金のための資金不足に陥っていたため、コルフやアドリア海沿岸の重要な地域は依然としてノルマン人の手中にあったものの、ノルマン軍の大部分はイタリアへと戻ってしまっていた。これらをも奪い返すために、アレクシオスはヴェネツィア人に金銭を支払い、彼らは海上からの攻撃に成功して、これらの地域を皇帝のために回復したのであった。

今や、一五の年を重ねて四〇歳近くになったボエモンドは、十字軍に行くための大軍勢を支えるのに十分な資金を蓄えていた。第一回十字軍に関する最も重要な目撃証言である『フランク人業績録』を著した名前不詳の作者を伴い、彼はバーリの港で軍勢を乗船させ、ブルガリア〔第一次ブルガリア帝国〕の沿岸へと漕ぎ出し、そこからコンスタンティノープルへと進路を取った。彼と皇帝アレクシオスとの面会は緊張感に満ちていた。ボエモンドは、アレクシオスと同じくらいにその状況を嫌っていた。ギリシア人が宮廷内での毒殺を好むことを知っていたので、彼は宮廷で出された一切の物を食するのを拒んだ。しかし、彼には十分な政治的洞察力が備わっており、アレクシオスに忠誠の宣誓をすることにはあっさり同意した。それから、彼は軍勢を率いてボスポラス海峡を渡り、ペレカヌムにてゴドフロワ軍と合流したのである。

レーモン四世・ド・トゥールーズ

十字軍士の第四の集団は、レーモン・ド・サンジルという名でも知られるトゥールーズ伯レーモン四世（一〇四一頃～一一〇五年）によって率いられた。彼は非常に敬虔であったが、教会法では近親者とされる女性と結婚したため、二度も破門されていた。十字軍運動におけるネットワークという点と合致するように、レーモンの三人の妻のうち、二番目の妻はボエモンドの姪であった。

レーモンは、聖地で埋葬されたいと以前から心に決めており、したがって教皇が十字軍の喧伝を開始した最初期において、いち早く応じた者の一人であった。彼の代理人たちは、クレルモンでのウルバヌスの演説の後に、レーモンがすでに十字の印を受け取っていると全聴衆に伝えた。五五歳のレーモンは、確かに十字軍指導者の中でも年老いてはいたが、同時におそらくは最も裕福な者でもあった。一〇九六年一〇月、彼は、三番目の妻（カスティーリャ国王アルフォンソ六世の娘）と彼らの間に生まれた幼子（道中で死去）を伴って、騎士の大軍の先頭に立って出発した。

アルプス山脈を越えたレーモン軍であったが、季節の問題のためレーモンはアドリア海を船で渡ることを好まなかったので、東部の海岸地帯に至るまでは陸路を進んだ。しかし、後に明らかとなったように、それは賢明な選択ではなかった。道路の状況は非常に悪かった。時は真冬であり、天候は荒れた。そして、進路上に立ち塞がったのは概して野育ちのスラブ人たちであり、彼らは、レーモン軍に必要物資を売ることを拒否した挙句に、攻撃を仕掛けてきて、レーモン軍の後衛から所持品を盗み、さらには脱落者を殺害した。飢えと惨めさの中で、軍は二月初旬にデュラッキウムに到着した。そこで彼らはビザンツ帝国の役人たちに出迎えられ、在地の軍勢に先導された。このことが、すでに憤慨していたレーモン指揮下の騎士たちの中に、さらなる反発を招いたようである。幾度もの小競り合いが案内人たちとの間に生じたものの、トラキアのロウサ〔現ギリシア共和国内の町でブルガリア共和国との国境近く〕に到着するまでは深刻な事態には至らなかった。しかし、レーモンが一足先にコンスタンティノープルに向かうと、軍の統制は消え去ってしまった。レーモン軍の者たちは、ロウサにはもはや売ってもらえる食糧もないということを知ると（二週間前にボエモンド軍がすべてを買い尽くしていた）、町の城壁に梯子をかけて、すべての家を荒らして回った。その後も彼らは略奪行為を続けたので、ビザンツ帝国の主力部隊に攻撃されて大敗北を喫することとなった。

その間、レーモンは皇帝アレクシオスとの交渉を行っていた。皇帝は、ボエモンドには決して皇帝の代理としての指揮権を与えるつもりはないと告げてレーモンを安堵させることで、ボエモンドが十字軍全体の統率者になるのではないかというレーモンの危惧につけ込もうとした。それでもレーモンは、アレクシオスに忠誠の誓いをなすのではなく、アレクシオス自身が十字軍を率いた場合にのみ皇帝を支援することを自分自身に誓ったのであった。その後、ビザンツ軍との戦闘の後に再集結したレーモンとその軍勢は、ボスポラス海峡の対岸へと運ばれた。

ノルマンディー公ロベール

ウィリアム征服王（イングランド国王ウィリアム一世、位一〇六六～一〇八七年）の長男ノルマンディー公ロベールは、フランス国王と結託して父親に謀反を企てたとして、イングランド国王位の継承権を剥奪された。広大なノルマンディー公領を所有してはいたものの、その財産は非常に乏しく、十字軍に参加するための軍事費を捻出するためには、ノルマンディーの地を弟のイングランド国王ウィリアム二世に抵当に入れねばならなかった。彼の軍勢には、ノルマンディーに加えてイングランドやスコットランド出身のノルマン人騎士たちが含まれていた。その中には特筆すべき者も多く、彼の従兄弟のフランドル伯ロベール二世、義兄弟のブロワ伯エティエンヌ、そして全事業についての長大な歴史叙述を著した聖職者のフーシェ・ド・シャルトルなどがいた。

ロベール軍は、アルプス山脈を越え、イタリア半島を南下して進み、ノルマン王国に至った。年の瀬も迫っていたことから、ロベールはカラーブリアにて自軍に越冬させた。急ぐ必要もないと思っていたロベールは、最終的には四月にブリンディシに向かい、そこから船に乗った。先陣を切った船は、ほとんど進むことなく突如として真っ二つに壊れ、およそ四〇〇人が溺死してしまった。弱気になった者たちがこの時点で離脱してしまったが、軍勢の大部分はデュラッキウムへと無事に運ばれた。そこから陸路を取り、五月初めにコンスタンティノープルに到着した。彼らは皇帝から真心をもって受け入れられ、ロベールはアレクシオスに対して要求された通りに忠誠を誓い、その後に彼とその軍勢はボスポラス海峡の対岸へと運ばれた。

ついに、十字軍のすべての登場人物が集結したのであった。

ビザンツ帝国に見捨てられて

アレクシオスは自分の呼びかけた対トルコ人戦のための援軍要請に、ヨーロッパで高位に位置する数千人もの貴族や騎士たちが応じるということを、明らかにまったく期待していなかった。彼は、せいぜい傭兵軍が送り込まれるくらいであろうと想定していた。上流階級のビザンツ人たちはほとんど軍事活動に従事せず、数世紀にわたって帝国軍は、概して宦官の指揮下で、傭兵隊や時には奴隷によって構成されていたからである（France 1994, 116）。今やアレクシオスは、一つの理想に身を捧げつつ自らの意志でやって来てはいるものの、扱いにくいことをすでに示している数千人もの者たちと対面することになった。アレクシオスとその宮廷人たちは、彼らが危険な野蛮人であると見なした。逆に、十字軍士たちは、アレクシオスとその宮廷人たちは堕落した群れであり、狡猾な陰謀者であると見なした。『フランク人業績録』では概して、アレクシオスに言及する際に、例えば「不快な皇帝」といったような悪意を込めた形容詞が付けられているのである（Anonymous [c. 1102] 1962, 6, 10）。

両者とも正しかった。危険な野蛮人たちは予想に反して連戦連勝を重ねた。たとえ彼らが狡猾な陰謀によって見捨てられたとしても。というのも、トルコ人を攻撃するまさにその時においてアレクシオスが軍事指揮を執ることはなかったからである。それどころか、彼は自軍を十字軍士たちに合流させることもしなかった。その代わりに、小隊を十字軍士たちに従軍させるために小アジアにまでは派遣したが、それは近年に失われたビザンツ帝国領を回復するのに必要な程度のものに過ぎなかった。彼は、十字軍統率者たちが彼になした誓いを、彼らが奪回したすべての町や地域に対する完全無比の権利を彼に返還するという誓いとして解釈していたのである。ひとたび西洋の騎士たちがそれを達成すると、アレクシオスは、小隊ですらもそれ以上先には進ませるつもりはなかったようである。彼の立ち位置は、もし十字軍士たちが聖地へと押し進むことを望むのであれば、それは彼ら自身の問題であり、「エルサレムは皇帝にとって戦略上重要ではない」というものだった（France 1994, 118）。そこから先、「野蛮人たち」は、たとえ非常に困難な戦局が目の前に立ちはだかっていたとしても、自力で進まねばならなかったのである。結果として皇帝に騙されたと感じた十字軍統率者の多くは、彼が約束を守らなかったということを理由に、アレクシオスの領土返還要求、および彼に対する忠誠の誓いを破棄した。このようにして、最終的には第四回十字軍の最中の一二〇四年に生じたコンスタンティノープル略奪という結果にまで至るような、東方と西方との間の敵対心が生じたのであった。

小括

十字軍に関する記述において非常に欲求不満を感じさせる特徴は、信頼できる数値が欠如しているということである。実際にどれくらいの人々が第一回十字軍に参加したのかを知ることは極度に困難であるばかりでなく、道中でどれくらいの人々がいなくなってしまったのかを算定するためになされた試みにも、信憑性のあるものはほとんどない。我々に知ることができるのは、民衆十字軍の相当数がブルガリアでの諸々の戦闘中に殺害された、ということのみである。しかし、それを上回る多くの者たちが当時の人々を恒常的に襲った自然要因によって死亡した、ということは確かであろう。例えば、アメリカ南北戦争の間でさえ、連合軍〔北部軍〕は戦闘での死者数の三倍を病気で失っていたのである（France 1994, 135）。したがって、ピエール軍のどれくらいの者たちがトルコ人による殺戮まで生き延びていたのかを算定することは、困難を極める。同様に、バーリから出発したユーグ・ド・ヴェルマンドワ軍の多く、おそらくは大部分は溺死したのであるが、それがどれくらいの人々であったのか、ましてやどれくらいの人々が途中で脱落したのかということを算定するのは不可能である。

私に言えるのは、一〇九六年に第一回十字軍に出立したのはおそらく一三万人であり、その内の九万人が一〇九七年六月のニケーア攻囲戦には加わっていなかったと見積もることができるということだけである。その数値は、大まかに見て一・五キロごとに三五人が死亡したかあるいは離脱したという損失率を示している。そして、エルサレム占領までに、おそらくは元々の十字軍士の内の一一万五〇〇〇人（つまり八八パーセント）もの者たちが消えてしまっていた。もしこの数値が大袈裟だと思えるのであれば、『フランク人業績録』の中で名前が挙げられるような主要なボエモンド軍のノルマン騎士の内、三分の一が一〇九九年より前に死亡し、その残りの内の四分の一が行方不明となったということを考えてみてほしい（Jamison [1939] 1969, 208）。加えて、以上のような損失についての算定には、第一回十字軍の進行の過程で、海路でやって来た数千人に及ぶ騎士から成る追加派兵は含まれていない。以上を総合すると、死亡もしくは離脱した者の総数はおそらくは約一二万人に上り、しかもその内のほとんどが死亡したということになるであろう。

第一回十字軍中に生じたのと匹敵するくらいに、主導的な役割を果たす世代の損失にヨーロッパ世界が苦しんだ出来事は、第一次世界大戦中にヨーロッパの上流層の子弟たちが塹壕の中で殺されるまで起こらなかった。東方に進軍した者たちは、当時においては最も秀でた者たちであった。彼らが死去した際、多数に上る大所領の運営や多くの懸案事項の処理に対する責任は、未亡人や幼子たち、そして責務を果たし損ねた者たちの上にのしかかったのであるが、同じようなことは、一九二〇年代のイングランド、フランス、ドイツにおいても生じたのであった。だが、たとえそのようなものであったとしても、第一回十字軍に関与した家系がその後の幾世代にもわたって聖地を防衛するために十字軍士を送り出し続けたように、十字軍運動に参加することは長年にわたって高尚なものであり続けた。実際に、ヨーロッパ世界が十字軍運動に対する嫌悪感を示し始めた時、十字軍に対して失望していたのは、多くの十字軍士を輩出した家系ではなかったようである。むしろ、十字軍士を輩出したことのない家系こそが、十字軍国家を支えるために要求される税の支払いに反対したのであった。

第七章　血みどろの勝利

あらゆる予測に反してエルサレムを占領した後、十字軍士たちは南方へと進軍し、アスカロン〔現イスラエル国アシュケロン〕にて強大なエジプト軍を打ち破った。この絵の中には、ゴドフロワ・ド・ブイヨンがエジプト陣営を襲撃した際の勝利軍を指揮している模様が描かれている。

第一回十字軍の真の戦局は、諸侯十字軍の合同軍が「攻城兵器を備えたビザンツ人の技術者たちから成る小分隊」（Runciman 1969c, 289）を伴い、ボスポラス海峡沿岸の野営地を出発して、南方四〇キロに位置し聖地への道中における最初のムスリムの拠点であるニケーアへと進軍した時に始まった。激しい戦闘と甚大な損害を経て一年以上かけてもなお自分たちがアンティオキアにいるであろう、などということを彼らは予想だにしていなかった。そして、一〇九九年六月七日に彼らがエルサレムの門に到着するには、さらに一年を要したのであった（地図7―1）。

ニケーア

ニケーアは、クルチ・アルスラーン（一世、ルーム・セルジューク朝第二代スルタン、位一〇九二～一一〇七年）によって統治されるルーム・セルジューク朝の首都であった。「ルーム」とはトルコ語で「ローマ」を表し、このスルタン国家は、トルコ人が、自分たちの国家を依然として「ローマ帝国」と呼ぶビザンツ人から奪ったアナトリア半島の大部分を占めていた。ニケーアを攻撃するには絶好の時期であった。というのも、スルタンは、隠者ピエールの軍勢をたやすく敗北せしめて以降は十字軍士たちを過小評価していたので、「フランジ（フランク）」の軍勢が近くに集結している

地図 7-1　第１回十字軍のルート

のを無視して、自身の政敵に対峙するために軍勢を率いて東方に向かっていたからである。実際に彼は、十字軍士をまったく気に留めることがなかったので、妻・子供・財産をニケーアの町に放置したままであった。

ニケーア攻囲戦は、一〇九七年五月一四日に始まった。十字軍士たちがニケーアを包囲し、町から出撃した軍勢を容易に退けたとの報告を受け取った時、アルスラーンは急いで軍を率いて引き返した。彼は到着するや否や、町の南門への通路を遮断していたレーモン・ド・トゥールーズの軍勢に攻撃を仕掛けた。ロベール・ド・フランドルは、自軍の幾分かをレーモン軍への援助に送り出した。アルスラーン軍との戦闘は一日中続いた。アルスラーンは、「平原での一対一では、トルコ人は重装備された西洋人に敵わない」ということを悟って呆然とした（Runciman 1951, 1: 179）。『フランク人業績録』が記しているように、トルコ人は「上機嫌で出陣したが、……出て来た者は皆、我々の軍勢に首を刎ねられた。トルコ軍の中により大きな恐怖を引き起こすために、我々の軍勢はその首を投石機で町中へと投げ込んだ」（Anonymous [c. 1102] 1962, 15）。夜が明けて、スルタン軍は撤退してニケーアの町を運命に委ねたのであった。

しかし、勝利者たちもまた、酷く苦しんでいた。再び『フランク人業績録』を引用すると、「我々の軍勢の多くはそこで殉教し、喜びと満ち足りた思いの中でその祝福されし魂を神に委ねた」のであった（Anonymous [c. 1102] 1962, 17）。このような犠牲を払ったにもかかわらずニケーアの町は依然としてトルコ人の手中にあった。そこで十字軍士たちは、総攻撃に打って出ることにした。

彼らに察知されないように、皇帝アレクシオスはまったく異なる計画を企てていた。彼は秘密交渉を行うために幾人かの密使を派遣した。そして彼らは、トルコ人に町を明け渡すよう説得することに成功した。したがって、朝になって日が昇り、予定通りニケーアの町に対する攻撃を始めようとしたその時、十字軍士たちはニケーアの防衛塔の上にビザンツ帝国旗がはためいており、夜の間に密かに城内に入り込んでいたビザンツ軍が城壁を監視しているのを目にした。十字軍士たちには、一度に六集団以下という条件下でのみ城内に入ることが許可された。

この出来事は、とりわけギリシア人の軍勢が戦闘時にまったく援助してくれなかったという理由から、西洋の統率者たちに、アレクシオスとその宮廷は信頼できないというさらなる確信をもたらし、その結果として皇帝に対する敵対心はさらに増幅した。さらに、トルコ人の指揮官たちやスルタンの家族が、保釈金を支払う形を取らずに、アレクサンドリアにおいて皇帝に謁見するという理由のために連れ出された時、アレクシオスに対する懐疑はかなり激しいものとなった。「悪漢にして愚者の皇帝」は、トルコ人たちを特別な客人としてもてなし、それから彼らを安全かつ華々しく故郷へと送り返し、『フランク人業績録』を引用すると、彼らに対して「フランク人を傷つけ、その軍勢を妨害する準備」をさせるがままにしたのであった（Anonymous [c. 1102] 1962, 17）。当然のことながら、ボエモンドは仲間たちに、かつてアレクシオスが彼に対峙するためにトルコ人の軍勢を利用したことを念を押して伝えたのであった。

おそらくは十字軍の騎士たちを宥めるために、アレクシオスはわずかばかりのビザンツ軍を十字軍に随行させることを決定した。しかし、コンスタンティノープル周辺に駐屯するビザンツ軍の数が十字軍士たちの数を圧倒的に上回っていたにもかかわらず、アレクシオスが派兵したのは、トルコ人奴隷の息子であるタティキオスという名の将軍が指揮する、約二〇〇〇人の戦士から成る驚くほどに小規模な分隊のみであったので、このことは十字軍陣営の誰の心も動かすことはなかった（France 1994, 122）。

ドリュラエウム

ニケーア占領から一週間後、十字軍士たちは進軍を再開した。彼らが向かったのは廃墟と化したドリュラエウム〔現トルコ共和国エスキシェヒル近郊〕だったと、長らく歴史家たちは信じていた。次の大規模な戦闘がその名に因んで伝えられてきたからである。しかし現在では、彼らが取ったのはより西側の進路であり、戦闘はドリュラエウムの西およそ六五キロの地点で起こったということが一般的に受け入れられている（France 1994, 170-75）。その間にトルコ人たちはクルチ・アルスラーンのもとに再集結し、ペルシア人やアルバニア人の傭兵のみならず他のトルコ人諸侯も加わることで、その軍勢は大幅に増強されていた。三日間の移動の後、十字軍士たちの斥候隊は、トルコ人の主力部隊が近づきつつあること、そして戦闘がすぐさま生じるであろうことを、本隊に警告した。七月一日の夜明け、トルコ人の大軍が、ボエモンド軍から構成される十字軍士たちの前衛に攻撃し、ノルマン人たちが陣形を整えている間に甚大な損害を与えた。ボエモンドは、自陣の中央部にあった泉の周辺に非戦闘員たちを集め、彼らに対して軍隊に水を補給するように指示した。十字軍に参加していた女性たちは、往々にしてこのような重大な役割を勇敢かつ効果的に果たしていた。ボエモンドは、騎士たちに馬から降りるように命じ、頑強な防衛線を形成するために彼らを歩兵隊の所に配備した。全体として弓や剣を装備した軽装騎兵から成っていたトルコ軍は（Fulcher of Chatres [c. 1127] 1969, 84）、弓での攻撃によって歩兵隊に幾分かの損害を与えることができたものの、その戦列を崩すことはできなかった。トルコ人たちは、ボエモンド軍を十字軍士の全部隊と勘違いし、十字軍騎士たちの主力部隊が重装騎兵による突撃をトルコ軍の側面あるいは後衛から仕掛けた時、まったく心構えができていなかったようである。

両軍とも甚大な被害に苦しんだが、トルコ軍の被害のほうがかなり激しかった。『フランク人業績録』によると、「我々の騎士たちが突撃するや否や、トルコ人、アラブ人、サラセン人、ハガル人〔「サラセン人」と同様に中世ヨーロッパにおけるムスリムの呼称、アブラハムの妻サラの女奴隷ハガルの子孫の意〕やその他全ての野蛮人たちは、踵を返して逃げていった。……どれくらい多くの者たちが逃げたかについては、神のみぞ知る。彼らは、瞬時に自陣へと逃げ帰ったが、そこに長く留まっていることも能わず、逃げ続けるより他はなかったのである。一日中、我々は彼らを追いかけては殺し、多くの戦利品を手に入れた。……もし、神がこの戦いの中で我々と共におられず、迅速に敵の追加軍を我々のもとに送られていたならば、我々の誰もが逃れることはできなかったであろう」という状況であった（Anonymous [c. 1102] 1962, 20）。その敗北があまりにも短時間で決し、また完膚無きものであったので、アルスラーンは、ニケーアで失った財産を穴埋めするためにようやくかき集めた全財産を、またもや失ってしまった（Runciman 1951, 1: 186）。それにもかかわらず、自軍を山岳地帯へと撤退させる前に、アルスラーンは「（十字軍士たちが）進軍する際に食糧を調達できなくする」ために、軍に命じて周辺地域を略奪させたのであった（Runciman 1951, 1: 187）。

戦いが終わって二日間の休息を取った後、十字軍士たちは、アンティオキアに向けて進路を取るべくアナトリア高原を縦断する旅に出た。しかしそれは恐ろしい進軍であった。夏の暑さは尋常ではなく、水もなかった。（雨水を貯めておくために作られた）井戸や貯水槽が、トルコ人によってことごとく破壊されていたのである。『フランク人業績録』が記しているように、彼らは「枯れ果てて水もなく、とても人の住むことのできない地」を進軍したのであり、「我々は命からがらそこからようやく抜け出したのであった。というのも、飢えと渇きに大いに苦しみ、棘だらけの植物以外の食べ物を見つけることができなかったからである。……そのような食糧でも、我々が惨めながらも生き延びるのには十分であったが、多くの馬を失ってしまった」のであった（Anonymous [c. 1102] 1962, 23）。

十字軍士たちは重い足取りで歩き続けたが、ついに小川や果樹園に満ちた肥沃な渓谷に位置するイコニウム〔現トルコ共和国コンヤ〕に到着した。町へと続く山道を登り、十字軍士たちはそこで二～三日間の休息をとり、それからやはり肥沃な渓谷に位置するヘラクレア〔・キビストラ、現トルコ共和国エレーリ近郊〕に向けて進軍した。そこで彼らは、自分たちが姿を見せるだけで十字軍士たちは進路を変えるであろうと思っていた二人のアミール率いる、相当数から成るトルコ軍を目の当たりにした。しかし、それと同時に十字軍士たちは攻撃を開始し、すぐさまトルコ人たちは全速力で逃げ出した。十字軍士たちには馬が不足していたため、トルコ人たちは殺されずに済んだのであった。

ヘラクレアにおいて、十字軍士たちにはアンティオキアに向かうべき進路について二つの選択肢があった。一つは直行路ではあるが非常に山がちな道であり、もう一つは、すでにトルコ人によって放棄された町であることを彼らが知っていたカエサレア・マザカ〔現トルコ共和国カイセリ。なお、原文ではCaesaraと誤記〕を経由する迂回路であった。十字軍士たちは、コクソン〔現トルコ共和国ギョクスン〕にて再び集結した。そこで彼らは十分な物資を手に入れ、大勢のキリスト教徒住民たちから心からの出迎えを受けた。三日間の休息の後に彼らは進軍を再開したが、コクソンからアンティオキアまでの旅は「十字軍士たちが直面してきた中でも最難関」であることがわかった（Runciman 1951, 1: 192）。『フランク人業績録』は、次のように記録している。「我々は出立して、忌々しい山道に差しかかったが、それはあまりにも険しくて急斜面であったので、その山道では皆あえて他の者を追い越そうなどとはしなかった。何頭かの馬は崖から転落し、一頭の駄獣が倒れては他の駄獣を巻き添えにした。騎士たちはと言えば、……中には武器を投げ捨て進み続ける者もいた」（Anonymous [c. 1102] 1962, 27）。駄獣が不足したので、運ぶにはあまりにも重すぎる武具が、打ち捨てられてしまったのである。

山道を通り過ぎると、十字軍士たちはマラシュ〔現トルコ共和国カフラマンマラシュ〕にて隊を整え直した。ここで、ボードゥアン・ド・ブーローニュと約一〇〇人の重装騎兵たちは、歴史叙述家のフーシェ・ド・シャルトルを伴って、十字軍本隊から離れて東へと進路を取ったが、そこでボードゥアンは、エデッサの町を支配下に置くアルメニア人トロスによって養子として迎え入れられた（しばらくの間、秘密裏の交渉が続いた結果として）。トロスには跡継ぎがいなかったのである。その直後、トロスは暴徒と化したエデッサ市民たちに殺害され、ボードゥアンが初代のエデッサ伯となり〔位一〇九八～一一〇〇年〕、エデッサ伯国は最初の十字軍国家となったのである。

その間、十字軍本隊は、当時のシリア地域の中心都市であったアンティオキアに向かって進軍していた。

アンティオキア

アンティオキアは、山岳地帯から流れ出るオロンテス川〔現アシ川〕沿い、地中海からおよそ四〇キロ内陸に入ったところに位置する。キリスト教時代の幕開け期には、ローマとアレクサンドリアに次いで、ローマ帝国の中では三番目に大きな町であった（Chandler 1987）。しかし、ムスリムの支配の下で、アンティオキアの町は人口と商業の両面でかなりの衰退に苦しんだ。一〇世紀、わずかな期間ではあるがビザンツ帝国によって奪回された時、町は幾分か重要性を回復したものの、トルコ人の手中に落ちた時には再び衰退していった。それにもかかわらず、一〇九八年の段階においても、アンティオキアは相当に頑強な防備を施された大きな町であった。

町の一部は山腹に面しており、その巨大な城壁は急斜面を登って川を跨る形で築かれており、城壁の中には町の主要部が海抜三〇〇メートル以上に位置するような形で城塞が築かれていた。四〇〇もの塔が、「弓矢の届く範囲ごとに間隔を空ける形で」城壁を区切っていた（Runciman 1951, 1: 216）。このように防御が非常に強固であったので、過去におけるアンティオキアの征服は、常に裏切り行為によって達成されたのであった。この時、ボエモンドの心中にもまったく同じものがあった。しかし、他の統率者たちの視線が軍事的な状況ばかりに向いていたので、ボエモンドはこのことを秘密のままにしていた。その間の町中の状況はさほど良好なものではなかった。一つに、駐屯軍の規模があまりにも小さかったので、城壁に十分な人員を配備することができなかった。また、少し前にキリスト教徒住民（彼らは大多数を占めていた）を虐待し、彼らの聖堂を馬小屋に変えてしまったことによって、アミールは相当数の潜在的な反逆者を生み出してしまっていたのである（Runciman 1951, 1: 214-15）。

十字軍士たちが戦略を練っている間、アミールは軍事援助を得るために四方八方へと使節を派遣していた。ある程度は成功したものの、安心できるほどの軍勢がやって来るにはしばらくの時間を要した。その間の一〇九七年一〇月に、十字軍士たちは町の攻囲に着手し始めた。不運なことに、ムスリムの指揮官が城壁に配備するのに十分な軍勢を有していなかったのとまったく同じように、十字軍士たちも町を包囲するのに十分な人員を有していなかった。それゆえに彼らは、アンティオキアへの物資の流入を防ぐことができなかったのである。しかし一一月になり、十字軍士たちは重要な増援を得ることとなった。一三隻のジェノヴァのガレー船や輸送船が沿岸部に到着し、より多くの十字軍士や必要物資を運んできてくれたのである。それにもかかわらず、十字軍士たちの軍勢は、飼葉を含むすべての物資をすぐに消費してしまったのであった。

冬に入ると、攻囲する者たちは、包囲されている者たち以上に飢えや病気に苦しんだ。なぜなら後者には物資が供給され続けていたからである。実際に、十字軍士たちに随行していた貧しい非戦闘員の多くが飢死した。明らかに、アレクシオスは海路を通じて十分な物資を送ることができた。しかし彼はそうしなかった。それどころか、二月に彼はタティキオスとその指揮下のビザンツ軍に撤退を命じ、彼らは支援物資を送るためにではなく撤退する兵を乗せるために派遣された船に乗り込んで去って行ってしまった。タティキオスが、自分は撤退するのではなく十分な物資を十字軍士たちに持って来るために一時帰還する、という素振りを見せたために、状況はさらに悪化した。しかし、十字軍士たちは知っていた。『フランク人業績録』は次のように述べている。「彼は嘘つきであり、これからも常に嘘をつき続けるであろう。このようにして、我々は緊急事態に追い込まれたのである」と（Anonymous [c. 1102] 1962, 35）。十字軍士たちの陣営の状況もすぐに相当悪化したので、隠者ピエールと大工のギヨーム（エミーコによるユダヤ人虐殺に参加していた〔ムラン副伯〕）は、逃亡してコンスタンティノープルへと向かった。ボエモンドの甥タンクレディが彼らを追いかけ、彼らを恥辱の中へと引き摺り戻した。公衆の面前で長時間にわたって彼らに辱めを与えた後、ボエモンドは彼らを生かしておくことにした。しかし、そのすぐ後にギヨームは再び逃亡し、おそらくはアレクシオスのもとに駆け込んだのであった（France 1994, 301）。

大規模なムスリム解放軍がアンティオキアへとやって来たのは、まさにその時であった。一〇九八年二月九日の懺悔の火曜日に、戦闘が勃発した。圧倒的に数を下回っていたにもかかわらず、十字軍士たちは圧倒的な勝利を収めた。馬がほとんどいなかったので、ほぼすべての騎士たちが重装歩兵の隊列に加わり、ムスリム騎兵はそれに攻撃を仕掛けるごとに甚大な被害に苦しんだ。時宜に適って、残り約三〇〇の騎士から成る重装騎兵を率いたボエモンドが、突如としてムスリム陣営の側面に現れた。同時に、十字軍の歩兵隊も突撃した。ムスリム軍の完敗であった。驚くべき勝利の末に、十字軍士たちは渇望していた必要物資も敵陣から奪い取った。『フランク人業績録』は、次のように要約している。「このようにして、神の意志により、その日に我々は敵に打ち勝った。我々の軍勢は、喉から手が出るほどに欲しかった馬やその他の物資を十二分に分捕った。また彼らは、一〇〇にも及ぶ打ち取ったトルコ人の首を、町の門前に持って帰ってきたのであった」と（Anonymous [c. 1102] 1962, 37）。一ヶ月後、イングランドからやって来たノルマン人の小艦隊が沿岸部に到着し、追加物資とさらなる十字軍士たちを運んできた。

しかし、たとえそのような状況であっても、アンティオキアの町に攻撃を仕掛けるには厳しいものがあった。その結果、徐々に離脱者が出始めた。エティエンヌ・ド・ブロワと北方のフランク人たちの大集団が警告を無視して逃亡した時、離脱者の数は雪だるま式に膨らんでいった。後に見るように、彼らはあと一日いればというところで去ってしまったのである。このような離脱は、単に十字軍士の軍勢を減少させた以上に、遥かに大きな悪影響をもたらした。というのは、この段階で、何があろうとも十字軍士たちがアンティオキアの町を制圧するであろうと見込んでいたアレクシオスは、その勝利に立ち会ってアンティオキアの所有権を主張するために、大規模なビザンツ軍を率いて足早に南方へと移動していたからである。エティエンヌ・ド・ブロワと他の離脱した貴族たちは、アンティオキアの北方わずか約六五キロに位置するアレクサンドレッタ〔現トルコ共和国イスケンデルン〕にてアレクシオスに面会した。そこで彼らは、アレクシオスにアンティオキアの状況が絶望的だと告げた。アレクシオスは、そのような状況を打開するために迅速な行動を起こすのではなく、さらなる情報を待って動かずにいることに決めてしまったのであった。

　その間、ボエモンドは、流血の避けられない非常に冒険的な、城壁に対する攻撃を回避するために、アンティオキアの町中にいる誰かを唆《そそのか》して城門を開放させようと試みていた。ボエモンドによる陽動作戦の努力は、アンティオキアの町中にはトルコ人支配者を嫌っていたため町の多くの情報をボエモンドに提供していたキリスト教徒が多かったという事実によって、実現可能なものとなった。ただし、ボエモンドがようやく見つけた背信者は、キリスト教徒ではなかった。彼は、塔、裏門および南東側の一区画の城壁の指揮に当たっていたイスラーム改宗者だった。エティエンヌが離脱した翌日の六月二日から三日にかけての夜間、ボエモンドは少数のノルマン人を率いて鍵のかけられていない門から侵入し、一〇基の塔およびそれに付随する城壁を制圧した。その直後、町中に侵入したキリスト教徒集団がムスリム軍に攻撃を仕掛けると同時に、城外からも十字軍士たちが町中へとなだれ込んだ。すぐにムスリム軍は掃討された。指揮官を含むほとんどの者が、町から逃げ去ったのである。

　アンティオキアは再びキリスト教の町となった。しかし、それは虚しい勝利のようなものであった。というのも、しばらく前から、多数のスルタンやアミールたちの援軍を得たトルコ人スルタン〔実際にはモスルのアタベク（摂政）〕ケルボガの統率下に、相当に大規模で他を威圧するようなムスリム軍が集結しつつあったからである。このような情勢の変化を恐れて、さらに多くの者たちが逃亡したが、その中にはボエモンドの義弟であるギヨーム・ド・グランメニルも含まれていた。離脱者たちがアレクサンドレッタのビザンツ陣営に到着したのは、アンティオキア占領の報を受けたアレクシオスが、領有権を要求するために南に向けて進軍を再開しようとしているまさにその時であった。呆れたことに、エティエンヌ・ド・ブロワもアンティオキアに戻る準備をしていた。しかし、強力なケルボガ軍がアンティオキアに接近しているとの情報が事を決した。十字軍を救援するには時すでに遅しということで皆は合意し、アレクシオスたちは進路を変えて北に向かったのである。エティエンヌ・ド・ブロワは、帰郷した時に皆から、そして妻からさえ臆病者の烙印を押された。彼の妻はそのような恥辱を許すことができず、一一〇一年、エティエンヌは新たな軍勢を集めて聖地へと戻り、ラムラの戦いにおけるエジプト軍への浅はかな突撃の中で殺されたことは記すに値するであろう。また、その撤退によってアレクシオスは、わずかながらも十字軍士たちとの間に築いていた信頼関係を完全に壊してしまったということも記されるべきである。十字軍士たちが彼の援助を本当に必要とした時に、彼は彼らを運命のなすがままに放置したのであった。

一〇九八年六月九日、ケルボガの率いる十分に訓練された大軍勢が、アンティオキアの城門に到着した。状況は絶望的に見えた。この時までに、十字軍士たちの所有する軍馬は二〇〇頭にも満たなかった（France 1994, 286）。必然的に十字軍士たちは人員を城壁に配備して防衛に当たるだろうから攻城戦は必至である、とケルボガは判断した。そしてそれは、降伏を除く唯一の戦略として、十字軍統率者の多くが考えていたことでもあった。

かくして、数日間にわたって、ケルボガの攻撃軍と城壁に構える十字軍士の防衛軍との間で激しい戦闘が展開され、両軍とも甚大な被害を被った。その時、宗教というものが間に入ってくることとなった。六月一一日、ある司祭が、夜間にキリストが彼のもとに姿を現し、五日以内に十字軍士たちに神の助けを与えることを約束したと報告した。これに応えて、統率者たちは皆、自分たちの使命を放棄しないことを誓った。その後の六月一四日、今度は伯〔一般的には、修道士にして兵士とされる〕のピエール・バルテルミーが、聖アンデレが幻の中で彼のもとに現れて彼に聖槍《せいそう》のある場所を示したと報告した。聖槍とは、ローマ兵が磔刑に処されるイエスの脇腹を貫いた時に用いた槍のことである。聖職者の多くは彼の話を疑ったが、数名の貴族たちは彼の話を信じ、バルテルミーが指示された場所を掘るのを手伝った。彼らは鉄の欠片を掘り出し、それを本物の槍の穂先であると喧伝した。その報は、軍中に熱狂を巻き起こした。槍を掲げた彼らは確かに無敵だった。信じられないかもしれないが、実際にそうだったのである。

一〇九八年六月二〇日、ボエモンドは、その豊富な戦闘経験を買われて、難局の中で全軍の指揮官として認められた。すぐさま彼は、神から授けられた自信ゆえのみならず、「危険な賭け」（France 1994, 279）ではあったが攻撃こそ最良の戦略であることを悟っていたので、トルコ人に突撃を仕掛けた。そして六月二八日、聖槍を掲げた歴史叙述家のレーモン・ダジールと共に残りすべての十字軍士たちがアンティオキアの橋門から出撃し、ケルボガ率いる圧倒的大多数の敵軍に対峙した。すぐさまトルコ軍は反撃してきたが、怯むこともなく、頑強に武装し、十分に訓練され、自らが神の軍隊であると確信していた重装騎兵の陣形にぶつかった後に、トルコ軍は後退した。多くの点で、それはトゥールの戦いの再現であった。ムスリム軍は、攻撃すれば命を失った。十字軍士の陣形は無敵であった。すぐさまトルコ人たちは撤退し始め、そして逃亡した。十字軍士たちは密集した陣形を保ちながら歩を進め、そのままケルボガの陣営を通過し、手の届く範囲内にいる者たちを皆殺しにした。幾分かのトルコ人が逃げおおせることのできた唯一の理由は、十字軍士たちには彼らを捕らえるのに必要な馬が少なかったということである。かくも強大な敵に対して完勝を収めたことは、事実が起こって後でさえ、多くの十字軍士たちには理解できないものだったようである。馬に乗った聖人たちの軍勢が天から降りてきて攻撃に加わったのだという話まで広まった（Anonymous [c. 1102] 1962, 69）。

以上のように、トルコ軍の主力部隊がまた一つ撃破され、今やエルサレムへの道が十字軍士たちの前に開けた。しかし、ボエモンドはそこまで進軍するつもりはなかった。その代わりに、彼はアンティオキアを拠点とする新たな国家の支配者になるための交渉を開始した。十字軍統率者たちから忠誠の誓いを受けたアレクシオスとの間の最初の合意事項では、最近までビザンツ帝国の一部であった全領域の領有権をアレクシオスが有する、ということが認められていた。そこにはアンティオキアも含まれていた。しかし、アレクシオスが彼らを見捨てた時、ボエモンドはすべての誓約や義務は無効になったと主張した。さらに、自分自身こそが門を開けるよう手筈を整え、軍勢を率いて町を占領したのであり、また町のキリスト教住民たちに非常に人気があるということを理由に、ボエモンドは自らの統治権を主張した。十字軍統率者のほとんどは、アレクシオスに請求権がないという点ではボエモンドと合意したが、彼らは彼らでアンティオキアの町をボエモンドに譲渡する心構えはできていなかった。その年の残りの月日は、ボエモンドの要求についての議論、およびそれを巡っての策略に費やされた。この遅延はエルサレムを奪回するという決定事項に対しては何ら影響を及ぼすことはないと判断されたので、南下を開始する初春までは結論を待つということで意見は一致した。十字軍士たちはこの間を利用して教皇に書簡を送り、自分たちの所にやって来て十字軍士の軍勢を指揮するように請うた。歴史家たちの中には、十字軍士たちは教皇が東方にはやって来ないことを知ってはいたものの、彼に書簡を送ることで「十字軍士たちは、アンティオキアの命運についての決着に、多少の猶予を与えることができた」と考えている者もいる（Runciman 1951, 1: 256）。

しかし、その間に軍勢は窮地に立たされることとなった。疫病が蔓延して（おそらくはチフス。Riley-Smith 1986, 67）、多くの者が死んだのである。食糧も欠乏し、生き残っていた馬を食べ始めた。やがて、多くの者たちは「葉、アザミ、革」をも食べるようになった（Riley-Smith 1986, 66）。ニケーアでの経験と同様に、またもや貧しい者の多くが餓死した。一二月に入り、幾人かの破産した騎士たち主導のもとで、貧者の一団がムスリムから略奪した大量の武器で身を固め、一つの戦闘旅団を形成した。「タフール団」として知られる彼らは、狂信と凶暴という点で際立っていた。わずかばかりの食糧すら購入する資金もなかったので、タフール団はムスリムの町マアッラト・アン＝ヌウマーン〔現シリア・アラブ共和国〕を襲った。大虐殺が行われ、そして複数の情報によると、人肉食事件まで起こったのであった（France 1994, 287; Riley-Smith 1986, 66）。

翌年の二月、ようやく十字軍士たちはエルサレムに向けて進軍を開始した。ボエモンドは、約八〇キロの地点にあるラタキア〔現シリア・アラブ共和国アル・ラーディキーヤ〕まで彼らに随行したが、そこで双方の合意に基づいて、アンティオキアの支配を完遂するために引き返した。ラタキアは港町であり、そこから十字軍士たちは沿岸部の進路を取ったが、道中では幾度となくジェノヴァやピサ、そしてイングランドの艦隊さえからも、物資の供給を受けることができた。船が到来し続けたのは、その所有者が十字軍士たちの理想に賛同していたからばかりでなく、おそらくは単に十字軍統率者たちが供給物資に対して支払うのに十分な資金を所持していたからであった。加えて、それぞれの船は、進軍のためには金に糸目を付けないような、遅ればせながらの参加となる十字軍士たちをも運んできた。当然のことながら、ビザンツ海軍が東地中海を統制下に置き、アレクシオスもヨーロッパの船にキプロス島来航を許可するのを厭わなかったからこそ、これらの船は東方へとやって来ることができたのである。しかしその裏側にあったのは、アレクシオスがカイロにあるファーティマ朝の宮廷に宛てて、エルサレムに向かう「十字軍士たちの進軍に関わるすべての者たちを退けるように」告げる書簡を送ったという事実であった（Runciman 1969d, 329）。後に十字軍士たちがこの通信の写しを奪った時、彼らはそのような裏切り行為があったことに仰天したのであった。

そして遂に、一〇九九年六月七日、十字軍士たちはエルサレムの城壁の前に辿り着いた。

エルサレム

スティーヴン・ランシマンによると、「エルサレムの町は、中世期においては最も大きな要塞の一つであった。……城壁は完璧な状態にあり、アラブ人やスーダン人の部隊から成る強力な駐屯軍（が配備されていた）」（Runciman 1951, 1: 279）。ただし、その駐屯軍がトルコ人部隊ではなかったということに注目してほしい。十字軍士たちが到着する一年前、エルサレムの町は、アンティオキアでのトルコ人の敗北を利用して打って出たエジプトの大宰相アル・アフダル指揮下のエジプトのファーティマ朝によってトルコ人から奪取されていたのであった。ファーティマ朝の手中に収まったエルサレムを安全な状態にした大宰相はカイロに帰還したが、町の統治者としてイフティカル・アッダウラを残していった。

十字軍士たちが接近しつつあることを察知すると、イフティカルは町の周辺にあるすべての井戸に毒を投げ入れるかそれを塞ぐかし、家畜をすべて追い払い、職人たちには投石機の類の防衛器具を作らせ始めた。また彼は、町中にいたすべてのキリスト教徒住民を追い払った。これは賢明な処置であった。というのも、エルサレムではキリスト教徒の数がムスリムのそれを大きく上回っており、アンティオキアにてボエモンドが証明したように、彼らはムスリムの支配体制に忠実たることを嫌っていたからである。また、キリスト教徒を追い出したことによって、エルサレム内の備品や物資の需要は、約半分にまで減じられたのである。しかし、イフティカルにとっての落とし穴は、すぐに圧倒的大多数の救援軍がやって来るという見込みの下で、それほど長くエルサレムの町を防衛する必要はないだろうと信じ込んでいたことであった。

エルサレム攻撃のために集結した十字軍士の軍勢は、わずか約一三〇〇の騎士、およびおそらくは一万の歩兵であり（Runciman 1951, 1: 339-40）、二年前のニケーア攻囲時の軍勢の約三分の二にまで減少していた。常のごとく、戦士に加えて多くの非戦闘員もそこにいた。ただし、あらゆる状況を考慮に入れると、十字軍士たちの状態は良好であり、海岸沿いの行進は十分な支援物資を受けることを可能とし、さらにそのことが十分な時間をかけることも可能にした。平均すると、彼らは一日につきわずか約一三キロしか移動せず、多くの日々は一日中休息に当てていたのである（France 1994, 327）。道中、彼らは幾つかの町で歓待を受けたが、そうでない町は通過するのみであった。しかし今や時間というものが極めて重要な要素であった。というのも、暑い時期に差しかかっており、食糧や飲料水はすぐに枯渇してしまうと予想されたからだった。そこで六月一三日、十字軍士たちは攻撃に打って出た。彼らは、外側の防御壁を撃破して突破した。第一歩としてはうまくいった。しかし、十分な数の軍勢が内側の城壁を越えるためには、必要な梯子が不足していることが明らかとなった。その結果、彼らは弾き返された。これは、非常に深刻な敗北であった。というのも、移動櫓のような攻城兵器は言うまでもなく、梯子を組み立てるための木材さえ、その地域にはなかったからである。このような危機的状況に置かれた時、二隻はジェノヴァから、四隻はイングランドからやって来た計六隻のキリスト教徒の船が、約四〇キロ離れた地点にあるヤッファに到着した。これら六隻の船すべてには食糧が積み込まれていたが、ジェノヴァの船は、攻城兵器を作るのに要する縄・釘・ボルトも積んでいた。

その間にタンクレディとロベール・ド・フランドルは、探索隊を率いて木材を探し求めており、丸太や板を手に入れて戻って来た。その多くは、道中で捕えたムスリムが運んでいたものであった。十字軍士たちは攻城梯子や、投石器を装備した二基の木製櫓の作成に取りかかったが、その時も彼らは暑さと渇きに苦しんでいた。彼らは、水を補給するため、遠くヨルダン川にまで分隊を派遣せねばならなかったのである。そこでも脱走が生じた。というのも、多くの者たちにとっては、たとえ梯子や攻城兵器があったとしても勝利する公算はないように思えたからであり、またとりわけ、彼らを攻撃するためにエジプトから大軍が向かっているということを知っていたからである。またもや、打開策は宗教に求められた。

とある司祭が、もしも十字軍士たちが口論を止めて断食した上でエルサレムの城壁の周りを裸足で歩けば勝利が約束される、という幻視を見たのであった。その幻視は本物であると受け止められ、三日間の断食が遵守された。その後の一〇九九年七月八日、行列行進が始まった。司教・聖職者・諸侯・騎士・歩兵・非戦闘員の皆が、裸足で町の周りを行進したのである。エルサレムの住民たちは、彼らを嘲るために城壁の上に群がったが、「彼らはそのような嘲笑ですら誇りに思った」（Runciman 1951, 1: 284）。行進はオリーブ山で終わったが、そこで（再び人気を博していた）隠者ピエールが熱のこもった説教を行ったのであった。

続く二日間には目立った活動は見られなかったが、その間に攻城兵器が完成し、必要な準備のすべてが整えられた。七月一三日から一四日にかけての夜間、それぞれに十分な間隔を空けた複数の地点において、櫓を城壁に向かって動かすことができるようにするために、城壁の周りにあった堀が埋められた。一四日の晩までに、レーモン・ダジールの軍勢が、南側の城壁に櫓を設置することに成功した。激しい戦闘のために、十字軍士たちはなかなか足場を築くことができなかったが、翌朝、ゴドフロワ・ド・ブイヨンの軍勢が北側の城壁にも櫓を設置することに成功した。ゴドフロワは弩を撃ち放ちながら櫓の頂点に立っていたと言われている（France 1994, 351）。彼の部隊にいる他の多くの者たちも弩を装備しており（第三章参照）、ギリシアの火のおかげもあって、正午までにはゴドフロワの軍勢が城壁の一部を確実に支配下に置いていたと想定すべきであろう。その結果、攻城梯子を抵抗なくしてかけることが可能となり、強力な十字軍士たちの軍勢が城壁を登り、すぐさま町中での戦闘を展開した。ムスリム軍は大敗北を喫し、大虐殺が始まった。一六日の朝までに、町には死体が散乱することとなった。

これは、十字軍士たちを悪し様に言うために再三にわたって用いられる恐怖譚である。ただし、幾つかの観点からそのことについて考えてみるべく、ここで立ち止まってみよう。まず第一に、よりも文明化された寛容なムスリムとは対照的に十字軍士たちは血に飢えた野蛮人であった、ということを「証明」するためにこの出来事を用いることは、不条理であるばかりでなく、時にはまったく不誠実なものである。〔聖地周辺の〕すべての町において、幾度となくムスリムによる大虐殺があったことは前章で確認したが、十字軍士たちもそのことは知っていたのである。第二に、攻城戦の際に一般的に適用されていた「戦闘の規則」によれば、もし、攻撃側が突撃による町の占領という選択肢〔それは包囲される側の軍勢にかなりの割合で死傷者が出てしまうことを避けられない〕を取る前に、包囲されている町が降伏しないのであれば、この時期以降にも多くの例が示すように、その住民たちは虐殺されることを覚悟していると判断された。すなわち、もしムスリムたちが、櫓が城壁に設置されようとしている七月一三日にエルサレムの町を明け渡していたならば、彼らには虐殺を回避するための時間的猶予が確実に与えられたであろう。

中世の戦争に関するもう一つの規則は、「勝者には略奪を」というものである。戦利品や略奪品は、とりわけあらゆる軍隊における一般兵士にとって、重要な動機であった。それゆえに、町との間に交わす降伏の合意には、大抵の場合は相当額の金銭の受け渡しが含まれ、後にそれは兵士たちの間で分配された。しかし、町が突撃によって占領された場合には、戦利品は強奪によって得られることとなった。エルサレムの町の強奪の模様については、ギベール・ド・ノジャンが次のように記している。「宮殿や他の建物は開け放たれ、金銀や絹製の衣服が略奪され、……そして家屋の中では、彼らは非常に沢山の、ありとあらゆる種類の食べ物を見つけたのである。このこと〔略奪〕は、神の軍勢にとっては当然の権利であり、いかに貧しい者であろうとも各自に割り当てられた最上の品々は、最初にそれらを手に入れたのがいかなる社会階級の者であったとしても、異議申し立てられることなく当然の権利によって彼らの物となった」（Guibert of Nogent [c. 1106] 1997, 131）。このように軍勢が略奪を開始した際に、時には物品が彼らの手中から逃れていくこともあった。このような場合には、ギベールが述べているように、「軍勢は錯乱状態になり」、殺戮《さつりく》が始まったのである。すぐにエルサレムは、「あまりにも多くの遺骸で埋め尽くされたので、フランク人たちは死体を踏むことなく動くことができなくなった」。捕虜となった者たちは、死体を集めてそれらを町の外へと運ぶ作業を強いられた。正門の前にうずたかく積まれた遺骸は、その後に燃やされた。このようにして、「神は、彼ら〔ムスリム〕の忌まわしき罪に値する当然の報いをもって……彼らに罰をお与えになった」のであった（Guibert of Nogent [c. 1106] 1997, 132）。

当時が残虐で血なまぐさい時代であったことは言うまでもないが、倫理的見識および歴史認識のいずれの点においても、ジュネーヴ条約〔一八六四年以降に数度にわたり開催されたジュネーヴ国際会議で協定された、戦時中の傷病兵・捕虜などの取り扱いに関する条約〕を時代錯誤的に当てはめることによって得られるものは何もない。さらに、史料自体が、虐殺の程度についてかなりの誇張を行っている可能性もある。史料の作者たちは、様々な戦闘に関する記述の中で、一〇〇万人に近い規模の軍勢がいるだとか、両軍の死傷者は数百万人に上ったといった、お決まりの報告をしているのである。当然、賢明な者であれば、「人々は、膝あるいは手綱の高さにまで達する血の海の中を、馬に跨って進んだ」というレーモン・ダジールの言葉（史料は Peters 1998, 256-61 にあり）を信じることはないであろう。おそらく生じたであろうことは、著名な（軍事史家の）ジョン・フランスが記しているように、「〔エルサレムの虐殺は〕抵抗する地に対して当時一般的になされていたことに比べても、大きく度を超すものではなかった」のである（France 1994, 355）。

エルサレムに居住していたユダヤ人たちが大きなシナゴーグに逃げ込んだ際、憤怒した十字軍士たちがその周辺にあった建物を焼き落としたためにユダヤ人が全滅してしまった、という主張に対しては格別の注意が必要である。これは、十字軍を非難しようとする人々にとっては恰好の話であり、反セム主義の噴出に関するかつての研究において私が繰り返し触れた話でもある（Strak 2001）。一見したところ、この話には信憑性があるように見える。本書中のこれまでの幾つかの章で記されているように、ユダヤ人は、聖地においてキリスト教徒に対抗するために、しばしばムスリムの側についていた。このような理由で、市民兵のみならずイフティカルの正規軍の中にまでユダヤ人がいた（France 1994, 343）。それゆえ、ユダヤ人が特別な扱いを受けることができたと考える理由はまったくない。シナゴーグの中にいた人々は、モスクの中にいた人々と同じくらいの危険に晒されていたのである。また、十字軍士たちの中に反セム主義に染まってしまった者が相当数いたと想定することもまったくできない。

たとえそのような者がいたにしても、ユダヤ人のほとんどが逃亡を試みたこと、そしてすべてのユダヤ人たちが生きながらにして焼かれたという話は嘘であるということを示す非常に信頼性の高い証拠が存在する。複数のキリスト教徒側の記述の中には、ユダヤ人たちは捕虜とされ、後に遺骸を町の外へと掻き出す作業を強いられたと報告しているものもあり、それに関しては、イスラエル人歴史家のモシェ・ギルも実際に起こったことだと信じている（Gil 1992, 828）。実際に、一九五二年にカイロで発見されたかの有名なゲニザ文書の一つは、エルサレムの陥落時に捕虜となったユダヤ人を解放するための資金を求めて、ユダヤ人共同体の指導者たちによってヘブライ語にて作成されている（その史料は Peters 1998, 264-68 に再録されている）。また、シナゴーグが焼き払われた時に死亡したユダヤ人も何人かはいたが、その一方、エルサレム内にいたユダヤ人のほとんどは、シナゴーグへと逃げ込んだのではなく、捕虜として捕らえられたということのほうが蓋然性が高いのである。

数年間を費やし数千人もの命を代償として払ったにもかかわらず、多くの点において、エルサレムの占領は物語の第一幕に過ぎなかった。実際に次の幕——すなわちカイロから新たにやって来たエジプト軍に対する迎撃戦の始まり——が開いたのは、それからわずか約三週間後のことであった。

アスカロン

十字軍士たちがアンティオキアに接近しているという報を最初に耳にした時、エジプトのファーティマ朝の大宰相アル・アフダルは、彼らはビザンツ人の傭兵であり、やがてはセルジューク朝のトルコ人に対抗するための優れた同盟軍になるだろうと考えた。そのような印象をさらに強めたのが皇帝アレクシオスであり、彼は十字軍士の指揮者たちにファーティマ朝との交渉に入るよう導きさえした。結局、アル・アフダルは十字軍士たちが独自の使命を持っていることを悟り、大至急強力な軍勢を集めた。当時ファーティマ朝が領有していたエルサレムを救うには遅すぎたが、それを奪回するには遅すぎたわけではなかった。

アル・アフダル軍の一部は、シナイ砂漠を通ってパレスチナへと進軍した。また別の部隊は、アル・アフダルと共に海を渡り、エルサレムの南西およそ八〇キロに位置するアスカロンに上陸した。そこで二つの部隊が合流したが、ベドウィン諸部族を含む数多くの他の部隊もそれに加わった。当然のことながら、十字軍士たちは使節や斥候を通じて事の進展を十分に熟知しており、たとえそれまでに知らなかったとしても、アル・アフダルが交渉を示す通達を送った時に、この脅威について知ったであろう。それにもかかわらず十字軍士たちは、すべての非戦闘員を小規模な駐屯軍のもとに残してアスカロンへと進軍した。隠者ピエールもまた、絶えず勝利のための祈りを行うようにとの指示を受けてエルサレムに残った。この段階で、十字軍士の軍勢は一万人を越えることはなく、かたやアル・アフダルの軍勢はおそらくは総計約二万人であった（Tyerman 2006, 160）。

八月一一日、十字軍士たちはアスカロンの北に到着し、そこで彼らは、ムスリム軍に食糧を供給するために連行されている莫大な数の群衆を発見した。これらを制圧して、彼らは夜間に休息を取った。早朝、十字軍士たちは陣形を整え、アル・アフダルの陣営に向けて進んだ。信じ難いことに、彼らは奇襲によって完全に敵を打ち負かしてしまった。またもや、傲慢なムスリムの指導者は、斥候を送り出すどころか歩哨すら立てていなかったのである。ムスリムたちは何ら抵抗を見せることもなく命からがら逃げ出したが、ほとんどの者が助からなかった。大宰相は、二〜三の役人と共にやっとのことで逃れることができ、船に乗ってエジプトへと戻って行った。

十字軍士たちが獲得した戦利品は信じられないくらいのものであり、量にして膨大であったばかりでなく、一体なぜそのような所にあるのかというような物、例えば「膨大な量の金塊や宝石」も含まれていた（Runciman 1951, 1: 297）。

小括

教皇ウルバヌスがクレルモンの平原で着手したことは、今や実現した。神の軍勢は勝利し、不信心者たちはエルサレムから駆逐された。しかし、それとほぼ同時に、大多数の十字軍士たちが帰路につき始めた。結局のところ、彼らは予想していた以上に長居してしまったのである。数ヶ月の内に、聖地に残留した十字軍士の軍勢は、おそらくはわずか三〇〇人の騎士と、その正確な数はわからないが、決して多くはない数の歩兵にまで減少した。これは非常に危険な展開である。というのも、確実にムスリム軍はまたやって来るからである。聖地は、広大なムスリムの世界に取り囲まれたままであった。不幸なことに、解放されたエルサレムを維持するための方策は、当初のところは何もなかった。というのも、ビザンツ人が主導してくれるだろうと考えられていたからである。しかし、もはや誰もそのようなことに期待しなかった。こうして、数年もの間、主導的な立場にある十字軍士たちを悩ませる問題は、「いかにして我々の奇跡的な成果が持続され得るのか？」ということになったのである。

第八章　十字軍国家

活用できるごく少数の騎士で十字軍国家を防衛するために、テンプル騎士修道会と聖ヨハネ騎士修道会は、ここに示されたクラック・デ・シュヴァリエのような、見事な城塞を建造した。

© DeA Picture Library / Art Resource, NY

十字軍士たちが東方への旅を開始した時、諸侯たちは、いったん聖地がキリスト教徒の手中に取り戻されたらその後はどうなるのかということについては気にかけていなかった。彼らは、アレクシオス・コムネノスが彼らを戦場へと率い導いてくれると思っていたように、聖地は単にビザンツ帝国の一部になると思っていたのである。しかし、当然のごとくにビザンツ皇帝は統率などしなかったし、西方からやって来た人々は今や皇帝のことを、繰り返し彼らを欺いた信用できない詐欺師であると見なしていた。またアレクシオスは、聖地の防衛などには関心を持たず、魅力的な条件が提示された場合には喜んでそれをイスラーム勢力に返還するであろうということは明らかだった。したがって、彼らの勝利が恒久的な意義を持ちうるようにするためには、たとえ戦友の多くが帰郷してその軍勢が危機的状況にまで減少したとしても、ある程度の十字軍士たちは東方に留まり続ける必要があった。その解決策は、キリスト教徒によって統治・防衛される永続的な国家を創出することであった。このようにして、一〇九九年、彼らはエルサレム王国を建国したのである。その王国はまた、フランス語で「海外」を意味する「ウトルメル（Outremer）」としても知られるようになった。

エルサレム王国領は、基本的には古のパレスチナと同じ地域を占めた（地図8－1）。それは、エルサレムの占領およびその後に同地を奪回しようとするエジプト軍を敗北へと導いたゴドフロワ・

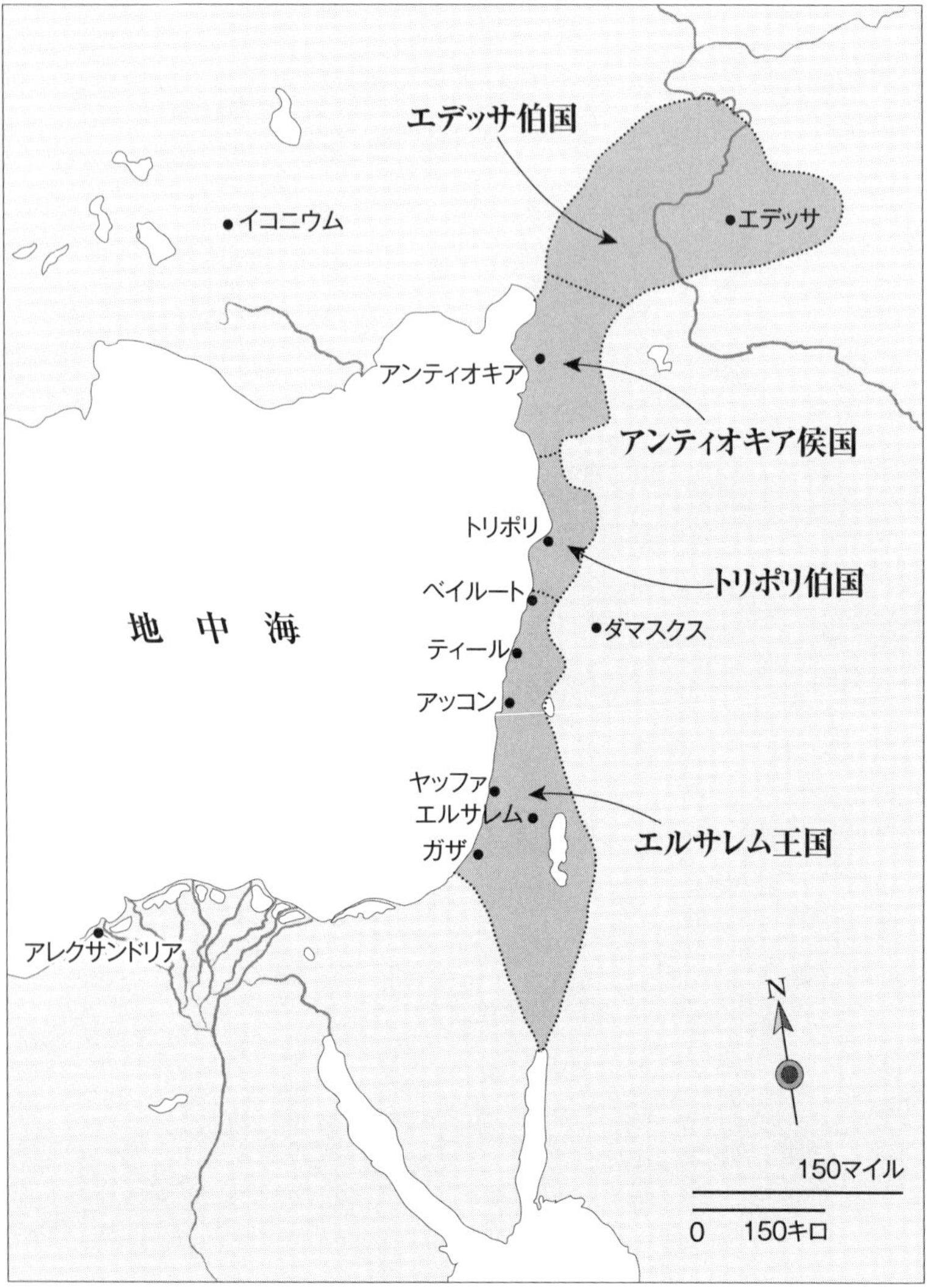

エデッサ伯国
エデッサ
イコニウム
アンティオキア
アンティオキア侯国
トリポリ
トリポリ伯国
ベイルート
地　中　海
ダマスクス
ティール
アッコン
ヤッファ
エルサレム
ガザ
エルサレム王国
アレクサンドリア
N
150マイル
0　150キロ

地図 8-1　十字軍国家

ド・ブイヨンによって創設され、また主として統治された。ゴドフロワは、キリストが「茨の冠」を頭に戴いた場所で「黄金の冠」を被ることはできないという理由で、国王として戴冠されることを拒んだ（William of Tyre [c. 1180] 1943, bk. 9, chap. 9）。その代わりに、彼は聖墳墓の守護者という称号を自ら帯びた〔位一〇九九～一一〇〇年〕。

エルサレム王国に加えて、その下位に位置する他の三つの十字軍国家があった。それは、その中心都市に因んで名付けられた（そして、唯一の内陸国家である）エデッサ伯国、現在のトルコ共和国の南部に位置するアンティオキアの町とその周辺域から成るアンティオキア侯国、そして、アンティオキアの真南に位置しレバノン沿岸にある同名の都市に因んで名付けられたトリポリ伯国である。より正しい全体像を把握するためには、いかにこれらの「都市」が小さいのか、ということを記すことが有益であろう。アンティオキアはこの地域では最大の都市であり、約四万人の人口を有していた。それに対して、エデッサは約二万四〇〇〇人、トリポリは約八〇〇〇人、エルサレムはわずか一万人であった（Russell 1972, 201-5）。

エデッサ伯国とアンティオキア侯国の創設については、すでに前章にて記したところである。ボードゥアン・ド・ブーローニュは、一〇九八年、十字軍士たちの主力部隊がアンティオキアを攻撃している間に小規模の軍勢を率いてエデッサに進軍し、そこで権力の座に就いた。一一〇〇年に兄のゴドフロワが死去した時、ボードゥアンがその後を継いでエルサレム国王となり〔位一一〇〇～一一一八年〕、エデッサ伯領はエルサレム王国の封土となった。エデッサ伯国は最初の十字軍国家であったばかりでなく、一一四四年、イスラーム勢力によって最初に奪回された国家でもあった。

ボードゥアンがエデッサにて権力を手に入れた同年、ボエモンド・デル・ターラントは、十字軍士たちが町中へと侵入して町を占領することができるように城門を解錠させるという裏切り行為の交渉を行い、続いて圧倒的に不利な状況を弾き返してアンティオキアの防衛を成功に導いた後に、アンティオキア侯になった。最終的に他の十字軍統率者たちは、「誰かが小アジア、そしてキリスト教領域に戻るための防衛線を敷かねばならず」(Riley-Smith 1983, 733)、しかも皇帝アレクシオスがその役を買って出ることを誰も信用しようとしなかったので、アンティオキアに留まるというボエモンドの決意を支持した。当初からアンティオキアは、自分たちの正当な所領であると考えるビザンツ人たちによって脅威に晒されていたが、彼らがそれを奪還することはなかった。それどころか、アンティオキア侯国は、エルサレム王国の宗主権下に入る一一一九年まで独立国家であり続けたのである。

トリポリ伯国は、四つの十字軍国家の中では最後となる一一〇二年に設立された。それは、トゥールーズ伯レーモン四世が港町であるトリポリを包囲した年である。一一〇五年にレーモンが急逝した際、彼には相続人として遺した幼子がいたが(アルフォンス・ジュルダン、位一一〇五〜一一〇九年)、伯領はエルサレム王国の宗主権を認める封建国家となった。

本書では、これら下位に位置する三つの国家については、わずかに触れるに留めるであろう。というのは、第一回十字軍に続く聖地におけるキリスト教徒の話は、主としてエルサレム王国の話となるからである。その話は、ほぼ二世紀に及ぶが、本章では、一二世紀前半の数十年の間に発展した王国の歴史・経済・社会制度については素描するに留めたい。その上で、十字軍国家はヨーロッパ植民地主義の最初の実例であり、したがって必然的に今に至るまでムスリムに怒りの感情を掻き立て続けているのだという主張にも目を向けたい。十字軍国家がいかなる形態の国家であったとしても、それらが、広大にして好戦的な、そして強力なムスリムの世界に囲まれた、苦境に立たされた飛び地であったということに異論の余地はない。実際、エルサレム王国にはムスリムの城塞都市が敵の前哨地点として留まり続けたし、そこから襲撃部隊が王国内に定住したわずかな者たちや旅行者たち、とりわけキリスト教徒巡礼者の集団を攻撃し続けるという脅威から解き放たれることは決してなかったのである。その結果として、防衛ということこそが王国の統治者たちにとっての最優先事項だった。なお本章の後半部分では、聖地の防衛に身を捧げた二つの騎士修道会の創設に関心を向けていく。

エルサレム王国

エルサレム王国は、地中海沿岸に沿うような形の領域を持っていた。東部の境界線は、平均して海からわずか約八〇キロしかなく、主要な都市のすべては港町であった。沿岸地域の平地は概して砂がちな荒野であり、耕作地はほとんどなかったが、長年にわたってキャラバンの主要な経路として機能した。沿岸部の平地から内陸部に入ると、山地が広がり、良質な耕作地のほとんどは山間の渓谷地帯にあった。いかに十字軍国家の領域が小さいかということ、そして人口の多いムスリムの諸国家が東部および南部境界線のすぐ向こうに広がっているということを考えると、四つの十字軍国家すべては「防衛国家にならざるをえなかった」のである（Fink 1969, 370）。

エルサレム王国建設の第一歩は、十字軍士たちやその追随者たちの大多数が故郷に向けて出発したことによって引き起こされた危急問題への対応という形で始まった。フーシェ・ド・シャルトルによると、エルサレム占領後すぐに、「わずか三〇〇人の騎士とほぼ同数の歩兵しか、（王国を）防衛するために残らなかった。……敵を攻撃したくとも、我々があえて騎士たちを召集しようとすることはほとんどなかった。というのも、その間に空になった我々の城塞に敵が損害を与えてしまうことを、我々は恐れていたからである」（Fulcher of Chartres [c. 1127] 1969, 150）。ここに記されている数字には、他の三つの国家において活用できる軍勢は含まれていないが、それらの国家もわずかな軍勢しか有していなかった。おそらく、このような時期において最も驚くべきことは、十字軍国家がすぐさまムスリム軍によって奪回されなかったということである。

大多数の帰郷は聖地の防衛にとって深刻な問題を引き起こしたが、歴史家たちにとっても二つの深刻な問題を提示している。誰が残留したのか、なぜ残留したのか、という問題である。

十字軍の召集はネットワークに基づく現象であったが、残留者たちもまさに同じであった。すなわち、残留した者たちはまったく関係のない個々人ではなく、その圧倒的大多数がある家系の構成員もしくは家臣、例えばゴドフロワ・ド・ブイヨンのような主導的な人物に結び付いた貴族・騎士・家臣の集団であった。ゴドフロワが残留を決意した時、その家臣たちも、ちょうど彼が十字軍に出立する際に彼に追随したように、彼と共に残留したのである。十字軍国家は植民地であるという考え方を支持する多くの者たちは、残留を選択した者たちはヨーロッパに戻ってもほとんど彼らを待っているものがないような土地を持たない者たちであった、と主張している。しかし、ジョナサン・ライリー＝スミスの行った残留者に関する入念な「国勢調査」によると、残留するか否かの決定は家長たちによってなされたのであり、残留を決意した家長たちは、「東方に留まっても何ら財政的な心配のない豊かな者たちだった」のである（Riley-Smith, 1983, 732）。なぜ彼らが留まることを選択したのかという問題についてもライリー＝スミスは、残留者のほとんどは「理想主義、もしくは（追随者たちの場合は）領主と家臣や庇護者と被庇護者といった緊密な感情的紐帯への依存から」そうしたのであったと結論づけている（Riley-Smith 1983, 734）。

このライリー＝スミスの見解は、なぜ十字軍国家の統治体制がヨーロッパの封建制に立脚していたのかを説明する際にも有効である。当然のことながら、ヨーロッパの封建制については、十字軍士たちは皆それを知っていたし受け入れていた。それゆえに、すぐにゴドフロワは様々な家臣たちに封《ほう》を配分し始めたのであるが、それによって彼らは王国の防衛のために割り当てられた数の騎士や歩兵を提供するように委託されたのである。確かに、それは封建制度の基盤であった。しかし決定的な違いがあった。ヨーロッパの封建制度は農地も基盤としていた。収入源は農地からの収益であった。しかし、十字軍国家には農地がほとんどなく、領主は、ヨーロッパのように「土地所有」に基盤を置くことができなかった。その結果として、荘園館は「十字軍国家には存在しなかった」のである（Boas 1998, 152）（ただしこのような見解は、現在においては考古学的研究成果から否定されている）。その代わりに、「圧倒的大多数（の騎士）は、単に貨幣封を受け取る戦士」であり（Prawer 1972, 73）、かつその額は少額であった。平均的な騎士の給与は、馬や必要な従者の維持費に辛うじて見合う程度のものであった。農地という基盤を持たなかったので、騎士や貴族たちは、その他の階級の者たちと同様に都市や町に居住するほうを好んだ。その当時にしては、十字軍国家は極度に都市に立脚した国家であった。エルサレム、アンティオキア、エデッサは、パリ、ヴェネツィアとほぼ同じ規模であり、ロンドン、ローマよりも遥かに大規模であったのである（Chandler 1987, 471）。アッコン、ヤッファ、シドン〔現レバノン共和国サイダ〕、ティールもまた大きな町であった。

ゴドフロワは、封建制度を確立するのには十分であった程度にしか生き長らえず、エルサレムでの勝利から一年と三日後の一一〇〇年七月一八日に死去した。彼の弟のボードゥアンがその後を継ぐためにエデッサから呼ばれ、一一〇〇年のクリスマスの日にベツレヘムにてエルサレム国王として戴冠された。彼の従兄弟のボードゥアン・ド・ブルクがその代わりにエデッサ伯となり〔位一一〇〇～一一一八年〕、後に伯領はエルサレム王国の封土となった。ボードゥアン〔一世〕は、王国の真の創設者であり、その支配領域を大幅に拡大した。新たに到来した、マグヌス三世裸足王〔ノルウェー国王、位一〇九三～一一〇三年〕によって率いられたノルウェー人十字軍士たちの軍勢という増強軍を得たボードゥアンは、アッコン、ベイルート、シドンといった主要な港町を占領した。それによって、王国はジェノヴァ、ピサ、ヴェネツィアとの交易関係を確立することができたのである。

また、到来する巡礼者たちも重要な収入源であり続け、時には一時的な守備兵としても役立った（Fink 1969, 385）。アラビア半島、エジプトからダマスクスに至る沿岸経路を長らく利用していた大規模なムスリムのキャラバンから通行税を徴収することによって、さらなる資金が調達された。有名なクラック・デ・シュヴァリエを含む幾つかの主要な城塞は、この目的のためにキャラバンの移動経路上に建造されたのである。

絶え間ない戦争が王国の歴史全体を特徴づけていたことを考えると、戦利品もまた王国の経済において重要な役割を果たし（Munro 1936）、そして一二世紀末までには、王国の港町を経由してイタリアの諸都市からやって来た商人の手に渡る香辛料の交易が、大きな利益をもたらすものとなっていた。しかし建国当初においては、王国の支配者やその家臣たちは、彼ら自身がヨーロッパ内に所持する富に大きく依存し、そしてボードゥアン一世の資金が枯渇しかかった時、「金銭・武器・物資といった莫大な財産」（Munro 1936, 86）を彼にもたらしてくれたシチリア王国の豊かな未亡人〔シチリア伯ルッジェロ一世の妻アデライド〕との結婚によって、それを埋め合わせた。最後に挙げる重要な点は、その多くが特別な「十字軍」税によって調達されたヨーロッパから送られてくる助成金によって支えられていたというように、王国はキリスト教徒によってのみ支えられていたということである（第一〇章参照）。

一一一八年、エジプト遠征の最中にエルサレム国王ボードゥアン一世が死去した後、再び貴族たちは新しい国王を求めてエデッサへと向かい、ボードゥアン・ド・ブルクがボードゥアン二世として戴冠された〔位一一一八～一一三一年〕。彼の統治は一三年続き、ティールの町を王国領に加えた。

一一四四年、イマードゥッディーン・ザンギー〔モスルおよびアレッポのアミール〕がエデッサの町を占領した時に、イスラーム勢力の巻き返しが始まったが、伯領の内のユーフラテス川以西はキリスト教徒の手中に残った。一一四六年、ザンギーが死去した時、エデッサの町はキリスト教徒の軍勢によって奪還されたが、すぐさまムスリムたちによって奪い返された。その間、一部としてはこのムスリムの侵略に呼応する形で、ヨーロッパでは第二回十字軍が呼びかけられ、フランス国王ルイ七世〔位一一三七～一一八〇年〕およびドイツ国王コンラート三世〔位一一三八～一一五二年〕によって率いられることとなる大遠征軍が集まっていたが、この話については第九章で記すとしよう。

さて、十字軍国家はごく少数の戦士たちによって維持されていた、というばかりではない。非戦闘員である彼らの親族を加えても、十字軍国家には「フランク人の上流階層の成人はわずか二～三〇〇〇人しかいなかった」(Runciman 1951, 2: 291-92)。しかも、その多くはエルサレム占領の後に巡礼者として到来した者たちであり、その他の大勢は十字軍士たちの子供や孫である「プーラーニー〔東方生まれの西方キリスト教徒の総称〕」であった(Boas 1998, 142)。時の経過と共に、元々は十字軍士であった者でさえ、その多くは自分たちを「東方人」とみなし始めた。ボードゥアン・ド・ブーローニュ付きの司祭であったフーシェ・ド・シャルトルは、一一二四年頃の状況として次のように記している。「というのも、西方人であった我々は、今や東方人になってしまったからである。ローマ人やフランク人であった者は、この地にてガリラヤ人やパレスチナ人になってしまった。ランスやシャルトル出身者は、今やティールやアンティオキアの市民になった。もはや我々は、自分たちの生まれ故郷のことを忘れてしまった。すでに、我々の多くにとって生まれ故郷は未知のものとなってしまい、あるいは何もそれについて語られることもないのである」と(Fulcher of Chartres [c. 1127] 1969, 271）。フーシェは続ける、今や彼らは皆ギリシア語を話し、多くの者はアラビア語も話し、しばしば東方キリスト教徒と結婚した、と。

ヨーロッパからの移住者を惹き付けようと多くの試みがなされたが、やって来たのはほんのわずかであり、したがって西洋文化を背景として持つ人々は、王国では常にごく少数派であった。住民の相当数は、ギリシア正教徒のみならずヤコブ派、マロン派、ネストリウス派、コプト派、アルメニア教徒も含む東方キリスト教徒であった（Boas 1998, 130）。他に住民としては多くのユダヤ教徒もいたが、大多数は、スンナ派とシーア派とに分離してはいたものの、ムスリムたちであった。ただし、当然のことながら、これら様々な集団の人口には地域差があった（Kedar [1990] 2002, 244-45）。

すでに記したように、キリスト教徒から強奪し、彼らを襲い続けるムスリムたちの飛び地もあったが、王国領内に居住するムスリムの多くは、伝えられるところによるとキリスト教徒の支配下にいることにまったく満足していた農民であった。その背景の一つには、ムスリム農民たちの耕作地や家畜を奪おうとするような土地に飢えたキリスト教徒がいなかった、ということがある。もう一つの背景としては、近隣のムスリム諸国に比べて王国領内では税が安かった、ということがある。そして非常に重要であったのは、キリスト教徒の統治者たちがムスリムの信仰に対して寛容であり、彼らを改宗させようとしなかった、ということである（Kedar 1984. したがって、十字軍士たちはキリスト教への改宗者や新たな宗教上の「市場」を探し求めて東方に行ったのだ、という主張に対する答えは、もはやこれで終わりである）。最後に、キリスト教徒たちは「公平に裁判を行った」のであった（Kedar [1990] 2002, 254）。したがって、メッカからスペインに戻る途中で王国を通過したあるムスリム巡礼者〔イブン・ジュバイル〕は、次のように記しているのである。ムスリムたちは、「フランク人の支配下で大いに満足して生活していた。アッラーよ、我々をそのような誘惑からお守り給え。……（ムスリムたちは）その家の主であり続け、望むがままに自治を行っていた。フランク人によって占領されたすべての領域では、万事このような状況であった」と（Munro 1936, 106-7より引用）。

十字軍士の植民地？

「植民地主義」とは、ある社会が他の社会を搾取することによって、より強い社会がより弱い社会に不平等な経済制度を強要し、その上でより弱い社会を犠牲にして自らを豊かにするということを意味する。より強い国家は、植民地に対して直接に政治的統制を実行することで、このことを達成する。それゆえ、植民地主義には、植民地化を進める社会の出身で植民地に居住する支配階級の人々（植民者）が含まれる（Horvath 1972を参照）。これが、十字軍国家を西洋の植民地と見なす現代の著述家の多くによって想定されている「植民地主義」の定義である。

しかしながら、紋切り型に十字軍国家を「植民地」と言い、聖地に残留したキリスト教徒を「植民者」と言う十字軍史家の多くは、これらの言葉の持つ負の政治的な意味合いを知らないようである。彼らはこれらの言葉を単に「定住」および「定住者」と同義に使用しているように思われる。実際に、ヨシュア・プラワー（一九一七〜一九九〇年）は、十字軍植民地主義テーゼの主要な提唱者と見なされているものの、彼はここに定義されているような意味で、そして現代の経済的・政治的言説の中で用いられるような意味で、十字軍国家が植民地であった、ということをどこにも示していないのである（Prawer 1972）。せいぜい「植民地主義」という言葉によってプラワーが示そうとしたと思しきことは、十字軍国家は以前の統治者や多くの住民たちとは異なる文化的背景を持つ者によって統治されたということ、すなわち統治者は西方人であった一方で、住民のほとんどが東方人もしくはムスリムであったということだけである。もし植民地を定義するにはそれで十分であるとするなら、すべての征服地は植民地だということになってしまい、十字軍士たちは単にトルコ人から植民地を奪ったにすぎない（というのも、トルコ人もまた少数から成る支配者であったからである）ということになってしまう。

ともかくも、一般的な意味において十字軍国家を植民地と定義することは、プラワー自身も明らかに認識していたように、愚かしいことである。政治的統制という点においても、十字軍国家はあらゆるヨーロッパの国家から完全に独立していた。経済的搾取という点においても、むしろヨーロッパを聖地の植民地と見なしたほうが適切であろう。というのも、非常に多くの富や資源が流れたのは、西から東へ、だったからである。

騎士修道会

ムスリムの要塞の多くが制圧されないままに存続した、ということを考えると、エルサレム王国は依然として危険な場所であり、エルサレムに辿り着くために巡礼者たちが通らなければならない路は特に危険であった。あるノルウェー人巡礼者によると、ヤッファ港からエルサレムまでの路は、「非常に危険だった。というのも、キリスト教徒に対する罠を絶えず張り巡らしているサラセン人たちが、山中の窪地、洞穴、岩場に身を潜め、昼も夜も辺りを見回し、小集団であるがゆえに襲撃可能な人々、もしくは集団から後れてしまった人々がいないかどうか、絶えず目を凝らしていたからである。……その路では、貧しき者や弱き者のみならず、富める者や強き者でさえも危険な状況下にあった」(Burman 1986, 15-16より引用)。同様にあるロシアの修道士も、この路沿いでは「サラセン人たちが突如現れては、歩み行く巡礼者たちを虐殺している」と記している(Burman 1986, 16より引用)。

それゆえに、深刻な軍人不足ということが重大かつ慢性的な問題となった。このような「その地固有の危険」(Burman 1986, 14)という状況こそが、新たな種類の修道組織、すなわち騎士修道会の登場を引き起こしたのであった。

テンプル騎士修道会

一一一九年の復活祭の日、ある巡礼者の一団が、ティールから出撃したムスリムたちによって襲撃された。三〇〇人もが殺害され、六〇人が奴隷として連れ去られた(Burman 1986, 19)。おそらくはこの虐殺が直接の起因となって、第一回十字軍に参加した二人の古参兵、すなわちフランク人騎士のユーグ・ド・パンヤンとその親族のジョフロワ・ド・サントメールが、巡礼者の保護を目的とした修道会の創設を申し出た。これが、テンプル騎士修道会がその第一歩を踏み出した経緯である。しかし、「ユーグ・ド・パンヤン」はボードゥアン二世の統治期の初めの頃に三〇人の騎士を率いてエルサレムにやって来て、三年間王国のために戦った後に聖職に就くことを誓った、という説明をする者もいる。彼およびその指揮下の騎士たちは非常に素晴らしい戦士であったので、復活祭の日の悲劇の後に、ボードゥアンは彼らが聖職に就くのを引き留めて、巡礼路の防衛を手助けするよう説得した。ボードゥアンは、その居住地としてソロモンの家（ソロモン神殿が建っていたと信じられた所にあった）として知られる自身の王宮の一翼を、加えて彼らの活動を支えるために幾つかの村落の徴税権を彼らに与えた。

確かなこととして言えるのは、ユーグ・ド・パンヤンとその騎士たち（一説によると九人から一三人）が一一一九年頃にボードゥアンに奉仕し始めたが、その段階ではまだ修道会でも騎士団でも何でもなかった、ということである。また明白であるのは、まもなくユーグ・ド・パンヤンとその騎士たちは自分たちを一つの集団と考え始め、自分たちの本拠地を「テンプル（神殿）」と呼び始めた、ということである。例えば、一一二一年にアンジュー伯フルク五世（位一一〇九～一一二九年、後のエルサレム国王フルク一世、位一一三一～一一四三年）が彼らに「補助金として年に三〇アンジュー・リーブル」を与えたように（Burman 1986, 23）、彼らはすでに資金も獲得し始めていた。しかし、彼らには会則も公的地位もなかった。当時、フルク五世の例の他にも、相当数の贈与や補助についての言及が史料中でなされていることも知られている。その後の一一二六年、ユーグ・ド・パンヤンは、新兵を召集するために、そしてより危急なこととして、戦う修道士という相矛盾するような着想を内包する集団の公的地位を得るために、エルサレムを出立してヨーロッパに戻った。

彼にとって幸運であったのは、ヨーロッパにおいて最も影響力のある人物、すなわちクレルヴォー修道院長のベルナールから支援を確保できたことである。(1) ベルナールは、急速に発展しつつあったシトー会の事実上の長であり、当時において最も敬意を払われた神学者であり、あまりにも高く崇敬されていたので、大司教・教皇・国王たちを報復を心配することなく公に叱責することができたほどの人物であった。実際に、彼は教皇の義務を詳述した長大な書物を著したのであった(Southern 1970)。

ベルナールは、貴族家系に生まれて騎士になるように育てられたが、一二歳の時に教会に入った。彼が騎士としての背景を持っていたことは、シトー会のために創出した軍事的構造に明確な形で反映されている。ベルナールはまた、早い段階から説得力を持って騎士を支持しており、伝説的なガラハッド卿〔アーサー王伝説や聖杯伝説に登場する円卓の騎士の一人〕のイメージ構築に寄与したと多くの者たちは指摘している(Daniel-Rops 1957)。おそらくは、騎士修道士から成る会を設立したいという提案に対して、ヨーロッパの中においては彼以上に好意的に対応した者はおらず、すぐさま彼は、なすべき二つの事を実施した。一つは、その組織のための会則の草案を作成することであった。彼の作成した会則は七二条(あるいは七二段落)から成り、多くの修道会の会則と同じくらい細部にまで踏み込んだ規定であった。それは、祈りや礼拝の時間を指定し、構成員に対して純潔に専心するよう指示するのみならず、「過去の性的な行為についての回想」をも禁じた(Barber

1994, 17)。それはまた、食事(肉は一週間に三回だけ)、衣服(騎士は常に白い衣服を着用すること、後に衣服の上に赤い十字架を縫い付けることが加わった)、節度(武具には金銀の装飾を施さないこと)に関する事項も扱い、また、各騎士が有することができるのを三頭の馬と一人の従者までに制限した。会則の作成に加えて、ベルナールは一一二八年にトロワにて開催された教会会議に向けての手筈を整えたが、その会議において会則は受諾され、「キリストとソロモン神殿の貧しき騎士たちの会」(それはすぐにテンプル騎士修道会として知られるようになるが)に対して、公式に教会からの認可が与えられた。

従来の修道組織とは異なり、テンプル騎士修道会は若年の新会員を受け入れなかった。熟達した資格ある騎士のみが、適任者として必要だったのである(Barber 1994, 16)。しかし、同会は貴族家系や騎士家系に属さない多くの者も受け入れ、彼らが補助的役割において役立つように訓練を施した。補助役の中で第一に置かれたのが、「従士」である。その中には騎兵もいたが、多くは歩兵としての役割を果たした。従士たちは、騎士のような白い衣服を着用することができず、騎士と同等の勇敢さを持って戦うことも期待されていなかった(Marshall 1994, 57)。従士に続く第二の位置には、「従者」がいた。彼らは騎士に個人的に仕える者たちであり、各騎士は馬や武具の手入れのために一人の従者を有していた。従者たちは、時には戦場で歩兵としても働いた。そして、従士や従者の下には「給仕」がいた。彼らは、鍛冶屋から料理人までをも含む大規模な使用人および補助員の集団であった。必然的に、騎士としての資格を有する者の割合は、あらゆる部隊において非常に小さかった。一二世紀半ばまでに、王国内における最大規模のテンプル騎士修道会の部隊は、

「四〇〇～五〇〇人の従士などを伴った、およそ五〇～六〇人の騎士から成っていた」（Prawer 1972, 261）。また、一一七八年のル・シャトレ城の戦い時サラーフッディーンによって壊滅させられたテンプル騎士修道会部隊は、八〇の騎士と七五〇の従士から構成されていた（Marshall 1994, 45）。実際のところ、幾つかの城塞には従士や従者しか配備されていなかった。

修道会の成員に加えて、テンプル騎士修道会の軍は、しばしば一時的な志願兵や傭兵によっても増強された。明らかに、テンプル騎士修道士たちの役に立つということは、多くのヨーロッパ人の戦士たちの心を魅了し、またそれは帰郷した際に彼らに名声をもたらしたので、一定数の人々が絶え間なく「一時的な会員として志願した」のであった（Marshall 1994, 57）。加えて、テンプル騎士修道会士たちは軍勢を増強するために傭兵を雇った。その弩兵の大多数が傭兵であったのみならず、彼らは騎士や従士も雇用した。そうではあっても、聖地においてテンプル騎士修道会が活用できる戦士の数は、比較的少なかった。騎士の数が三〇〇を超えることはほとんどなく、多くの小部隊に配分された従士の数も数千を超えることはほぼなかった（Prawer 1972, 261）。その数が小さいままであり続けた理由は、ヨーロッパにおいて間もなく発展していくこととなる巨大組織のための要員として、ヨーロッパ内で相当数の人員を確保しておく必要が生じたことにあった。

トロワ教会会議後すぐに、テンプル騎士修道会は「全ヨーロッパ的に急速な拡大を見た」が（Burman 1986, 33）、新会員の幾人かは、ベルナールの作成した感銘を与える書物、『新しき騎士を讃う』（一一二八年）に刺激されてのことであった。その書は、「キリストの騎士」として奉仕する者は誰であれ確実に救済されるということを強調したのであるが、それゆえに、「生きていようが死んでいようが、我々は、……主の中に生きて勝利するのであれば、主のお喜びになる勇敢な戦士である。しかし、もし死して主に共するのであれば、さらなる勝利の歓喜と栄誉があるであろう」ということになったのである（Bernard of Clairvaux, *De Laude Novae Militiae*, vol. 1）。この文言は、直接には戦士に向けられたのであるが、テンプル騎士修道会の「魔力」は、数多くの修練士〔修道士になろうとする者〕をも惹き付けるのに十分であった。最盛期における同会の在籍者の総数は不明だが、会が存続した二世紀の間に、ほぼ二万人の修道会士（騎士および従士）が戦闘中に命を落としたという確かな統計がある（*Catholic Encyclopedia*, s.v. "The Knights Templars"）。

同時に、ある程度は貴金属という形で、しかし多くは土地、森林、所領という形での、巨大な寄進の波も生じ始めた。一一五〇年までに、テンプル騎士修道会はヨーロッパ内に四〇以上もの城塞と支団領を所有していた（Barber 1994, 22）。同会は最終的には九〇〇〇ヶ所もの所領をイングランドおよびフランス内に抱えていた、と見積もられている（*Catholic Encyclopedia*, s.v. "The Knights Templars"）。このようにしてテンプル騎士修道会はすぐさま豊かにはなったが、それは、かくも広大な所領を経営維持するためにヨーロッパ内に構成員の多くを配置する必要と引き換えにしてのことであった。そして、収益の大部分を東方のエルサレム王国へ送る必要性から、同会は蓄財と財の移動における専門家となっていった。加えて同会は、高利だと非難されないように、様々な手段を用いて利子を偽装しながら、特に貴族や他の修道会に対して年利三三～五〇パーセントで金銭を貸し付けることによって収益を大きく増やすことができることに気がついた。その結果として、テンプル騎士修道会は、当時のヨーロッパには中央金融機関というものがなかったにせよ、少なくとも国際的に活動するイタリアの銀行家にとって重大な競争相手となったのである（Stark 2005）。その富と影響について、ほんの二〜三ではあるが実例を見てみよう。

ロンドンにあったテンプル騎士修道会の館は、「中世におけるイングランド銀行の先駆」であり（Baldwin 1937, 96）、一一八五年頃にはイングランド国王家の財産の維持管理に着手した。一二〇四年には、国王ジョン〔失地王、位一一九九〜一二一六年〕が、王家の宝石をロンドンの同館の貯蔵庫に預けた。イングランド国内の他の多くの者たちも、国王以外の盗人の手から守るにはそこが安全であると信用して、大量の貴金属や宝石を預けた。一二六三年、国王エドワード〔一世、位一二七二〜一三〇七年、ただしおそらくは父王ヘンリ三世（位一二一六〜一二七二年）の誤りであろう〕は、彼に反旗を翻した貴族たちによってそこに預けられていた数万リーヴルという巨額の財産を没収したのであった。

テンプル騎士修道会士たちはまた、時には国家レヴェルの問題における仲介者としても活躍した。一一五八年、イングランド国王〔ヘンリ二世、位一一五四〜一一八九年〕は、その息子とフランス国王〔ルイ七世〕の娘との婚姻を取り決めた。約束の嫁資が確実に支払われることを保証するために、フランス国王によって「幾つかの城がテンプル騎士修道士たちに与えられ」、その上で彼らが、結婚式の後に嫁資をイングランド国王に支払ったのであった（Burman 1986, 82）。

その莫大な富ゆえに、テンプル騎士修道会は、すぐさま「キリスト教世界における最大の金貸しの一つ」となった（Burman 1986, 83）。彼らは、国王や貴族に金銭を貸与したばかりでなく、その財政面での管理運営をも引き受けるようになった。この管理機能は急速に拡大し、テンプル騎士修道会は、貴族たちに代わって地代や税を徴収して預かりの受領書を発行するか、もしくは徴収したものを以前の貸付に対する返済として受領するか、といったことにまで着手するに至った。実際にテンプル騎士修道会は、財政面において「フランス国王にとって必要不可欠なものとなった。……パリのタンプル塔〔＝テンプル塔〕は、文字通りにフランスの金融行政の中心であった。そこは、金融の管理運営・税の徴収・送金・負債の管理・年金の支払いといったように、完璧な金融サービスを提供していた」（Burman 1986, 88）。エレノア・フェリスが要約しているように、「帳場という非好戦的な雰囲気の中で、テンプル騎士修道会の戦士たちは、一世紀以上にわたって西ヨーロッパの資本の多くを処理する専門的な会計士となり、確かな判断力を持つ管財人となり、やがて商業と金融の方法に革命を引き起こすことになる信用貸しとその手法の発展の先駆者となった」のである（Ferris 1902, 1）。間もなくテンプル騎士修道会が政治的側面においても極めて大きな影響力を持つようになったのは驚くべきことではない。総長は常に、ヨーロッパ（特にイングランドとフランス）においても聖地においても、国家が決定すべき懸案事項に関する助言を求められていたのである。

最も注目すべきことは、その膨大な量の義務や財務機能にもかかわらず、テンプル騎士修道会は財政面および軍事面における聖地の防衛という根本的な使命に焦点を当て続けたということである。パレスチナで城塞を建造し、それを維持するために必要とされる莫大な経費のことを考えてみてほしい。一二四〇年代、同会がサフェドの城塞を再建した際、当時は近隣の村落から得られる収益が減少していたにもかかわらず、その建造費は一一〇万サラセン・ベザント〔金貨〕にまで及んだ。一人の騎士が傭兵として雇用される場合にかかる経費は、馬と従者の維持費込みで年間一二〇ベザントであった。したがって、この城塞の再建に要した初期費用は、年間に約九一〇〇人の騎士に支払うものと同額であった。最も妥当な見積もりとしては、その城塞を維持管理するためにはさらに年に四万ベザンツ、すなわち騎士三三三人分の給与と同額の経費を要したであろうということである。当時、パレスチナにテンプル騎士修道会は七つの城塞を、聖ヨハネ騎士修道会は三つの城塞を所有していた（Riley-Smith 2005, 81）。城塞は、そこから近隣地域を統制できる確固たる拠点として活用された。騎士修道会は、常に極度の人力不足に苦しんでいたので、ごく小規模な部隊であっても敵の攻撃に耐えうるような相当に頑強な城塞を必要としていたのである。

東方における責務を支えるために、騎士修道会がヨーロッパからの莫大な収益を必要としていたことは明らかである。その使命が支持される限りにおいては、彼らがヨーロッパ内に持つ莫大な富と権力が問題にされることはなかった。しかし一二九一年、パレスチナにおけるキリスト教徒の最後の足場の陥落、およびそれに続いて起こった虐殺と同時に、テンプル騎士修道会は、もはや異論の余地なく権限が与えられるような存在ではなくなってしまい、すぐさま同会の富を手に入れようと欲し、かつ同会の権力に反感を持っていた人々からの攻撃に晒されるようになった。その最たる者がフランス国王フィリップ〔四世端麗王、位一二八五～一三一四年〕であり、一三一四年三月一八日、彼は、総長ジャック・ド・モレーおよびその他の主導的立場にあるテンプル騎士修道会士たちを、異端として火刑に処したのである。

聖ヨハネ騎士修道会

そのすべては一〇七〇年頃、傷つき病に冒された巡礼者の看護のためにエルサレムに創設された施療院と共に始まった。当初の施療院で活動していた人々は、修道服を身に着け、「ある種の修道誓願」をしていたものの、正式に認可された修道会の構成員ではなかった（Nicholson 2003, 3）。ある段階で、彼らは自分たちの施設を聖ヨハネの施療院と呼び始めたが、後になって資金調達を円滑にするための神話が入念に作り上げられたものの、その初期のことについてはほとんど何も知られていない。十字軍士によるエルサレムの占領の後に、施療院に関する信頼に値する言及が現れ始める。それは、施療院の設営があらゆる者に開かれた壮大な事業であり、その施設は約二〇〇〇人の患者を収容できた、というものである。ただし、それだけではない。その施療院は、悲惨なまでに貧しい者たちをも含む患者たちを、豊かな者たちの多くでさえ享受したことのないような快適な状態、すなわち各自にはそれぞれ羽毛ベッドと豪華な食事が与えられるという状態で迎え入れたのであった（Riley-Smith 1999, 25）。すぐにその管理者たちは、エルサレムへとうまく辿り着いたものの傷ついてしまった巡礼者たちの看護と同じくらい、巡礼者たちを沿岸部からエルサレムへと安全に護送することに関心を持つようになった。もう一つの騎士修道会の誕生であった。

しかし、いかにして組織の変質が生じたのかについては「謎のまま」である（Riley-Smith 1999, 33）。せいぜい我々が知っているのは、一一二〇年代に、彼らが城塞を獲得してそこに駐屯軍を配備し始めたこと、胸の上に白い十字架をあしらった黒い衣服を着用し始めたこと、そして他の者たちからはテンプル騎士修道会士たちの競争相手と見なされ始めた、ということのみである。当時の主要な戦闘に彼らが参加していたことも記録されており、その数はわずか約三〇〇人ほどではあるが、すぐさまテンプル騎士修道会とほぼ同数の騎士を聖地に抱えるようになったと考えられている（Nicholson 2003, 13）。正式には聖ヨハネ修道会として知られている会に所属する騎士たちは、その戦闘能力や受けることとなった被害という点でも、テンプル騎士修道会士たちに匹敵した。しかし、聖地から駆逐された時、聖ヨハネ騎士修道会はヨーロッパには戻らずにロドス島に留まり、そこでムスリムたちに対する戦いを続けた。そしてロドス島からも駆逐された時、彼らはマルタ島を獲得し、そこで度重なるムスリム勢力の攻撃を、四万人対六〇〇人という圧倒的な数的不利にもかかわらず撥ね返したのである。

またテンプル騎士修道会と同様に、聖ヨハネ騎士修道会もヨーロッパにかなりの財産を所有しており、前者ほどではないにせよ、それによって金融や金貸し業務に巻き込まれることとなった。ただし、聖ヨハネ騎士修道会がイスラーム勢力に対する武力抵抗に従事し続けたことは、テンプル騎士修道会を滅亡に導いた政治的な陰謀から彼らを守る合法的な防御壁となった。実際に、今ではマルタの騎士として知られるように、聖ヨハネ騎士修道会は依然として存在しているのである（Sire 1996 を参照）。

小括

騎士修道会の存在意義はエルサレム王国の防衛にあり、彼らはその職務において主導的な役割を果たした。その点に関する話は、王国の世俗の騎士たちやヨーロッパから断続的に到来する新たな十字軍も含めた、王国を防衛しようとするより全般的な努力の一側面として語られるのが最良であろう。

注

（1）ベルナールは、その死からわずか二一年後の一一七四年に列聖された。その後も彼の名声は消えることなく、一九五三年、その没後八〇〇年を記念して、教皇ピウス一二世〔位一九三九～一九五八年〕は、彼の美徳を知らしめる回勅を皆に向けて発した。

第九章　十字軍国家防衛のための苦闘

ヨーロッパ世界は追加の十字軍部隊を聖地へと送り続けたが、ロンドンのとあるテンプル騎士修道会士の大理石の墓に表されているように、聖地防衛の重荷は主として騎士修道会の肩にのしかかった。その大きな盾は、彼が歩兵として戦ったということを示している。

© Foto Marburg / Art Resource, NY

十字軍国家は決して平和な状態ではなかったし、そうなりえなかった。ジョナサン・ライリー＝スミスが説明しているように、「イデオロギー上の理由により、ムスリム世界との平和は実現不可能だった」のである（Riley-Smith 1978, 99）。一時的な休戦条約を締結することは可能だったが、ジハード（聖戦）の教義を念頭に置くと、降伏以外に永続的な平和は達成されえなかった。

ジハードと歩調を合わせる形で、十字軍国家内に位置するムスリムの駐屯する町からの襲撃や、外部に位置するムスリム支配者からの度重なる徹底的な攻撃が慢性的にあった。四〇年以上もの間、騎士修道会や、巡礼を目的として絶え間なくやってくる騎士たち（その多くは戦うために一時的に、場合によっては数年間に及んで聖地に滞留した）の助力のおかげで、これらの脅威は首尾よく退けられた。しかし、このような埋め合わせは永続的なものではなかった。

一一四四年の秋、エデッサ伯ジョスラン二世（位一一三一～一一五九年）は、アルトゥク朝トルコ〔セルジューク朝系アタベク政権の半独立王朝〕と同盟を結んだ上で、イマードゥッディーン・ザンギーによって率いられたセルジューク朝トルコ勢力に対する軍事遠征を行うために、自軍を東方へと率いた。しかし、ザンギーは裏を掻き、防備の薄くなったエデッサの町を攻撃した。クリスマス・イブの日に、ザンギーの軍勢は町へとなだれ込み、殺害を逃れた住民たちは奴隷として売られた。この惨事の直後、伯ジョスランはトゥルベッセル〔現トルコ共和国ティルベシャル〕へと逃れ、そこから彼は主としてユーフラテス川の西側に広がる自領域を保持することができた。一一五〇年、アンティオキアに向かう道中で、随行団から切り離されたジョスランはムスリムの手中に落ちた。ザンギーはジョスランの両眼を刳り抜かせた上で、土牢に幽閉した。彼はそこで、九年後に死去した。

第二回十字軍

エデッサ陥落の報は、ヨーロッパに帰郷した巡礼者を通じて一一四五年初頭には西方に達し、ヨーロッパのキリスト教徒たちに「恐るべき衝撃として」届いた。「彼らは初めて、東方では事がうまく運んでいない、ということを認識した」のであった〔Runciman 1951, 2: 238〕。その結果、教皇エウゲニウス三世〔在位一一四五～一一五三年〕は、勅令「先人たちはいかに多くのことを（*Quantum praedecessores*」を発布して新たな十字軍を呼びかけた。教皇の通達はほとんど関心を引き起こさなかった。しかし、賢明にも教皇は、すぐさまクレルヴォー修道院長ベルナールを自身の目的を遂行するための渦中に導き入れ、そのヨーロッパ随一の力強く、説得力があり、また尊敬された男が第二回十字軍のための説教を始めた時、事が動き始めたのである。

まず第一にベルナールが行ったのは、フランスの貴族たち一同を、ブルゴーニュにあるヴェズレーの町に招集したことであった。「聖ベルナールが説教しにやって来るという情報は、フランス全土から来訪者をもたらした。……すぐさま、聴衆たちはベルナールに魅了された。男たちは〔自らの胸の上に縫い付けた）十字架のために叫び始めた」のであった（Runciman 1951, 2: 253）。これに対して、ベルナールは事前の準備をしており、羊毛でできた十字の印を数多く持って来ていた。十字の印を受け取るという決心は、無意識から生じたものではなかった。というのも、人々は「なぜ自分たちがそこにいるのかを知っていた」からである（Tyerman 2006, 279）。それでもベルナールの用意した十字の印は足りなくなり、さらに多くの十字の印を作るために自身の外套を引き裂かねばならなかった。

その日に参加表明を行った者の中には、フランス国王ルイ七世もいた。彼は、長年エルサレム巡礼を行おうと考えていたが、ベルナールは彼こそが十字軍士たちを率いるべきであると説得した。その結果、ルイは、妻のアリエノール・ダキテーヌ〔アキテーヌ公女、後にイングランド国王ヘンリ二世の妻となる〕、および厳選した諸侯や貴族たちと共にベルナールの足下に平伏し、十字の印を受け取った。当時ルイは二五歳であり、クリストファー・タイアマンがうまく表現しているように、その「無駄なことを精力的に行う長い経歴」のほんの入り口に立ったところであった（Tyerman 2006, 275）。

次に、ベルナールはドイツに向かい、そこで国王コンラート三世とその甥のフリードリヒ・バルバロッサ〔後のドイツ国王フリードリヒ一世赤髭王、位一一五二～一一九〇年、一一五五年に皇帝戴冠〕に十字の印を受け取るよう説得した。ルイとは異なり、コンラートは五〇代の頭にあり、軍事的な経験を相当に積んでいた。実際に彼は、すでに二度も聖地への軍事遠征を行っていた。フランスと同様に、ドイツでも貴族たちがベルナールの説教を聞きに殺到し、すでに参加を決めていた者たちへの十字の印の授与という見世物が、またもや行われたのであった。

第一回十字軍の参加者たちが緊密な家系的結び付きから引き出されていたのとまったく同様に、それは、このたび十字の印を受け取った者たち、とりわけフランス人たちにも当てはまる。参加志願者のほとんどが、他の多くの志願者たちと親族関係にあったのみならず、第一回十字軍に参加した者たちとも濃密な家系的結び付きを有していた。すなわち、東方へと旅立った貴族の大多数は、「十字軍士の祖先」を有していたのである（Phillips 2007, 99-101）。

しかし不運なことに、新たな十字軍に対する熱狂がドイツ地域に広まった時、第一回十字軍の初期段階で見られたラインラントのユダヤ人に対する多くの攻撃を引き起こしたのと同じような反セム主義が再燃した。第六章で指摘したように、ユダヤ人に対する攻撃は少数の者たちの仕業であったが、信仰の統一に対する関心が高まっていく文脈の中で、ユダヤ教徒にイエスを否定することを許容し続けてよいのかという問題に直接の関心を向けることによって、彼らはある種の雛形を作り出してしまっていたのである。若干名ではあるが、教会人でさえこのような誘惑に屈した。フランス人のクリュニー修道院長の尊者ピエール〔一〇九五頃～一一五六年〕は、次のように述べている。「我々が、ムハンマド教徒〔ムスリム〕の千倍以上もの多くの罪をキリストに対して犯している異教徒〔ユダヤ教徒〕を、我々の中〔キリスト教世界〕に存在することを許している状況下で、多くの人や金銭の犠牲を払ってまでサラセン人と戦うために世界の最果て〔聖地〕に向かうことの一体何が良いのであろうか」と（Poliakov 1965, 48）。

しかしながら、ユダヤ人の虐殺が起こったのは、フランスにおいてではなく、またもやケルン、マインツ、メッツ、ウォルムス、シュパイアーといったライン河沿いにおいてのみであった（Strak 2001, chap. 3）。今回の場合は、ラドルフという名のとある修道士が、反セム主義の噴出を扇動した。もしクレルヴォー修道院長ベルナールの介入がなければ、死亡率はかなり高くなっていたことであろう。ユダヤ人に対する攻撃の報を耳にした時、ベルナールは馬に跨って全速力でライン河へと向かい、殺害をやめるように命じた。そして実際に、彼らはやめたのであった。彼の介入の模様は、ユダヤ人年代記作者のボンのエフライム〔一一三二～一二〇〇年〕によって、次のように記されている。

その時、主は我々の溜め息を耳にされた。……主は、悪なる修道士の後に、立派な修道士にして偉大なる人物を遣わされた。……その名はクレルヴォーという町からやって来たベルナール修道院長であった。……彼は、彼ら〔虐殺を行っている者たち〕に次のように言った。「ムスリムに対して戦うことこそがあなた方にはふさわしい。しかし、ユダヤ人を攻撃して殺害しようとする者は、たとえそれがいかなる者であったとしても、イエス自身を攻撃しているのと同じである。ユダヤ人を滅ぼすように唆した私の教え子であるラドルフは、正しいことを言っているわけではない。というのも、詩編の中にはユダヤ人について『わが民の忘れることのないために、彼らを殺さないでください』〔詩編第五九編一一節、訳は日本聖書協会『聖書』一九七八年に従った〕と記されているからである」と。皆はこの修道士を聖人の一人と見なしていた。……この修道士を遣わして下さった我らの創造主の御慈悲がなければ……ユダヤ人で生き残る

者は誰もいなかったであろう。（Chazen 1980, 107-8）

概して歴史家たちは、第二回十字軍について端折りたがる（Berry 1969, 463）。二〇〇七年に刊行されたジョナサン・フィリップスの著書が、一八六六年に出版されたベルンハルト・クーグラーの専門書以降では初めて、それについて「完全に扱った」ものである（Moore 2008, 28）。しかしこのような軽視は、何も新しいことではない。

第二回十字軍で全滅したドイツの主力部隊を統率していた著名な歴史叙述家オットー・フォン・フライジング〔フライジング司教オットー、神聖ローマ皇帝フリードリヒ一世の叔父〕は、「我々の罪ゆえに生じた遠征の結果については皆が知っているので、我々は……このことについてはどこかの他の者たちによって述べられているものに委ねる」と記している（Phillips 2007, xxiii-xxiv）。結果として、一般的な十字軍史家たちは皆、一〇九七年のドリュラエウムの戦いに相当の紙幅を割いている一方で、一一四七年に起こった第二回ドリュラエウムの戦いには、そこでより多くの血が流され、より決定的な合戦であったにもかかわらず、数行しか割り当てていないのである。

しかし、第二回十字軍を軽視することは誤りである。というのも、それが二つの非常に重要な結果を伴ったからだ。まず第一に、それは西方における十字軍運動に、ヨーロッパ人たちの自信と熱意の両方を蝕むような重大かつ長期にわたる打撃を与えたのである。第二に、それはムスリム側の自信を回復させた。数十年間におよぶ敗北、しかも往々にして非常に小規模なキリスト教徒軍勢に対する敗北の後に、今やムスリムは自分たちには力があるということを確信したのであった。

また、第二回十字軍については至極簡単な説明しかなされないということに加えて、スラブ人に対する軍事遠征やリスボンの占領を含む様々な「副次的な出来事」も忘れ去られてしまっている。ベルナールの効果的な努力の結果として、ヨーロッパ世界において最も強力な君主の二人が聖地への大軍勢を統率し、一一四七年の復活祭の頃に出立するということが合意された。ただし、予測された通りに出発は遅れ、ドイツ人たちは五月に、それに続いてフランス人たちは六月に出発した。その一方で予測とは異なり、二人の君主は、ハンガリーとブルガリアを経由してコンスタンティノープルへと至るという同じ進路を取ることを選択した。先陣を切ったドイツ人たちは、九月一〇日にビザンツ帝国の首都に到着した。その到着日からは、軍隊にとって随行団や「軍事遠征についていくことで防衛されるという利点を得た非武装の巡礼者たちから成る多くの小隊」があまりにも負担であったために、一日に一六キロも進めなかった（第一回十字軍の軍勢よりもかなり遅いペースである）、ということがわかる（Tyerman 2006, 318）。

コンスタンティノープルに到着した時、ドイツ人たちは自分たちがさほど歓迎されていないということを悟った。また、もしビザンツ人がしっかりしていたら第二回十字軍など必要なかった、ということも悟っていた。しかし実際の所、ヨーロッパから十字軍士たちが出発する直前に、ビザンツ皇帝マヌエル〔一世〕・コムネノス〔位一一四三〜一一八〇年〕は、すぐにでも十字軍士たちとの戦闘を行うことができるように体制を整えようとしていたコンヤ（イコニウム）の〔ルーム・〕セルジューク朝のスルタンと、一二年間の休戦条約を締結したばかりであった。ヨーロッパ人たちはこの条約のことを知ると、すでに心奥にあった「裏切り者のギリシア人」に対する疑念と嫌悪を増加させた〔Procter [1856] 2007, 220〕。しかしマヌエルの側からすると、彼は、そのように大規模で潜在的に規則に従わない軍勢を首都近くに陣営させることに、大きく悩まされた。そこで、皇帝アレクシオスが圧力をかけて第一回十字軍参加者たちを対岸の小アジアに渡らせたのとまさに同じように、皇帝マヌエルもまたドイツ人たちに圧力をかけてボスポラス海峡を渡らせた。そしてこのことも、ヨーロッパ人がビザンツ人に感じていた不信と嫌悪を相当に増加させたのである。海峡を渡ったコンラートは、フランス人たちを待つのではなく、エデッサの回復に突き進むという選択を行った。

彼の軍勢の規模〔おそらくは三万もの数の武装兵であった〔Phillips 2007, 169〕〕を考えると、これは軽率な選択ではなかった。さらに、おそらくコンラートは、一度町の周辺域を欲しいままに略奪すれば、厳しい食糧・飼料不足を幾分かは解消だろうと見込んでいた。というのも、皇帝マヌエルは物資の供給を約束してはいたものの、それをドイツ人たちに届けることができなかったからである。そこでコンラートは、自軍および非戦闘員の大軍を率いてニケーアへと進軍した。そこで彼は軍勢を分割し、非戦闘員の多くをフライジング司教オットー指揮下に託した。オットー軍は、フィラデルフィア〔現トルコ共和国アラシェヒル〕からアダリア港〔現トルコ共和国アンタリヤ〕に至る西側の進路を取り、アダリアで乗船してティールに向かった。非戦闘員の群れ〔その多くは年老いており、ほとんどは貧しかった〕は常に、十字軍士たちにとってストレスの種であり、足手まといであった。彼らには付いて来ないように懸命に説得したが、大多数の者たちはずっと付きまとったので、彼らに食事も与えねばならなかったし、彼らを保護しなければならなかったし、また進軍の速度も上がらなかったのである（Siberry 1985, 25）。

その間、第一回十字軍と同じ進路を取って移動していたコンラートの軍勢は、ドリュラエウムに至る路上を進軍していた（二〇八頁の地図7―1参照）。皇帝は物資こそ送りはしなかったが、コンラートに経験豊富なビザンツ人案内人の一団を提供していた。しかし彼らの目的は十字軍士たちを破滅へと導くことであったのかもしれない。現代の歴史家たちの中には、案内人に欺かれたという十字軍士たちの主張を疑う者もいるが、ムスリム軍がドイツ軍に奇襲攻撃をかける直前の夜間にビザンツ人案内人たちが姿を消してしまったのはなぜかを説明できる者は誰もいないのである。

絶望的なまでの食糧への渇望、とりわけ水不足の中で、ドイツ人十字軍士たちは、一〇月二五日、ドリュラエウム近くを流れるバティス川に到達した。疲れ果て、渇ききった軍勢は戦列を崩して川の水を飲むために散らばり、騎士たちが馬を降りたがために馬は川に流されてしまった。その瞬間、「〔ルーム・〕セルジューク朝の全軍が彼らに襲いかかった。……それは戦いというよりはむしろ殺戮であった」（Runciman 1951, 2: 268）。ドイツ人十字軍士たちのほとんどは殺害され、コンラートも深手を負った。国王は、やっとのことで約二〇〇〇の生存兵を再結集してニケーアへと引き返したが、そこでギリシア人たちは「法外な値段の食費」でもって彼らを出迎えたのであった（Phillips 2007, 180）。その時にフランス人たちが到着し、コンラートはわずかとなってしまった自軍をそこに合流させたが、すぐに彼は病に伏し、コンスタンティノープルに退避させられた。

フランス人たちは、ドイツ人たちに対するものをさらに上回るような敵意に満ちた対応でビザンツ人に出迎えられた。それがあまりにも度を超していたため、フランス人たちの頭にはコンスタンティノープルへの攻撃という考えが、わずかながらであるもののよぎりさえした。ドイツ人たちの敗北に一役買うこととなった、危険に満ちた南方進路を回避したルイは、ビザンツ帝国領内に留まり続けることによって現地の協力を得て、皇帝マヌエルからは海上より支援物資を受け取ることができるとの見込みのもとで、エフェソス港〔現トルコ共和国エフェス〕に向かって西方へと自軍を率いた。しかし、現地の人々は非協力的であり、物資も届かなかった。当然のごとく、軍隊の秩序は徐々に乱れていった。進軍の規律を回復するため、ルイは五〇人から成る各隊の指揮官に、テンプル騎士修道会士を一人ずつ割り当てた。その後、十字軍士たちがビザンツ帝国領内にいたにもかかわらず皇帝との取り決めを無視して〔ルーム・〕セルジューク朝のトルコ人たちがエフェソスを出立したばかりの十字軍士たちを攻撃した際に、ルイのこの対処は大きな実を結ぶこととなった。歴史家の中には、皇帝がトルコ人たちと共謀したとする者もいる（Phillips 2007, 206）。ともかくも、フランス人たちはムスリム軍に圧勝したのであった。

この時ルイは自軍を東方へと向かわせ、十字軍士たちをアンティオキアのすぐ西に上陸させるために、彼らを運搬してくれるビザンツ帝国の輸送船が待ち構えているとの約束が交わされていたアダリア港を目指した。当然のごとく、皇帝によって遣わされた船はあまりにも小さく、軍勢のほんの一部しか乗船できなかった。近年の幾人かの歴史家たちは、この出来事をマヌエルが「十字軍を壊滅しようと陰謀を企てていた」ことのさらなる証拠と見なしている（Riley-Smith 2005, 128）。

可能な限りの準備を行った後、ルイは、自分自身や宮廷役人たち、および可能な限り多くの軍勢を船に詰め込んだ上で、軍勢の残り大部分を陸路にてアンティオキアに向かわせた。陸路の進軍は絶望的なものだった。進軍し始めるや否や、数百頭の馬は死に、人はみな飢餓状態に直面した。ムスリムたちは道中で彼らを急襲し、落伍者や探索者は全員殺された。ほんの一握りの者しかアンティオキアに到達できなかった。

アンティオキアへの航海を無事に終えたルイは、巡礼宣誓を完遂するためにエルサレムに向かった。傷病から回復していたコンラートは、新たに西方からやって来た軍勢の指導者たちと共にすでに聖地に到着していた。アッコンで作戦会議が開かれ、その中で来訪したヨーロッパ人たちとエルサレム国王ボードゥアン三世〔位一一四三〜一一六三年〕は、ダマスクスを攻撃することで合意した（なお、アンティオキア侯国、エデッサ伯国、トリポリ伯国の代表者はそこに列席していなかった）。その計画は、戦略的には優れていたが、戦術的には拙いものであった。無駄に試みられる町の包囲と相当の損失に苦しんだ後に、キリスト教徒の軍勢は計画を断念したのだった。

第二回十字軍は終わった。シチリアからやって来たノルマン人が提供した船に乗り、フランス国王と廷臣たちは故郷に向かった。しかしその結果は、ビザンツ帝国の艦隊から攻撃を受けて辛うじて逃げる、という辛酸をなめるのみであった（当時、ノルマン人とビザンツ人たちは南イタリアの領有を巡って争い続けていた）。この出来事がビザンツ人に対する西方人の敵意にさらなる火を付けたことは言うまでもない。

第二回十字軍と第三回十字軍の幕間

第二回十字軍の後、十字軍国家では城塞の建設ラッシュが起こったが、建造費および建造の監督のほとんどは騎士修道会によって負担された。一一六六年には、少なくとも五〇の大規模な城塞や要塞（市壁内の防備化）がエルサレム王国内に散在し（Nicolle 2004b, 50）、十字軍士の建造した中小規模の城塞および防衛のための塔が数百あったが、それらについては現代の考古学者たちによって地図上に記されているところである（Pringle 1991）。これらの建造物は、ビザンツ様式ではなく、ヨーロッパ様式に基づいて非常に頑強に造られた。測量器具が存在していなかったにもかかわらず、各城塞は驚くほどうまく配置され、ごく低い高台でさえ周辺を見晴らすために利用された。その多くは、他の城塞から見える範囲内にあり、城塞間の距離は合図が届く程度のものとして想定されていた。ただし、合図を送るための装置などについての痕跡はほとんどない（Riley-Smith 1991, 56）。また、城塞や塔は、防衛「線」として配置されたわけでもなかった。それらには長城が備わっていないのである（Smail 1951）。その代わり、城塞は、野戦において敵に打って出る、もしくは敵の軍勢があまりにも多い時には、敵を攻撃するための援軍が到着するまで城壁内で安全に待機するような軍団を配備するために用いられたのであった。

エデッサを回復しようとした第二回十字軍の失敗、および徒労に終わったダマスクスの包囲は、その夫のジョスランが捕虜となったすぐ後の一一五〇年、エデッサ伯国の生存者であった女伯ベアトリスに大きな負担を強いることとなった。ムスリムの攻撃からトゥルベッセルの城塞を防衛することに成功したものの、やがて来るであろう攻撃にはもはや耐えられないことを認識していた彼女は、ビザンツ皇帝マヌエルからある通達を受け取った。彼は、彼女を防衛するために進軍はしないが、彼女に残された支配領域を自分が購入すると提案したのだ。他の十字軍国家の統治者たちとの協議の結果、ベアトリス自身や他の者たちは「憎むべきギリシア人に所領を譲渡することを嫌った」が、彼女はその提案を受け入れた（Runciman 1951, 2: 329）。マヌエルは女伯に金の入った袋を山のように送り、彼女はビザンツ軍に城塞を明け渡した。しかし一年後、その領域のすべてはムスリムの手中に落ちることとなった。

ただし、北方における損失は、エルサレム王国の軍事力の脆弱さを示すものではない。したがって、一一五三年一月、エルサレム国王ボードゥアン三世は、強力な軍勢を南方へと率いて、エジプト〔ファーティマ朝〕の拠点であったアスカロンを攻撃した。「シリアの花嫁」として知られるその町は、長らくの間、巡礼者やキリスト教徒の村落を餌食にするムスリム略奪者たちの巣窟となっていた。アスカロンに向かって進軍したボードゥアンは、テンプルおよび聖ヨハネの両騎士修道会総長、そして彼らの配下にある精鋭の騎士や従士たちを伴っていた。町の包囲は長期に及んだ。その後の六月、テンプル騎士修道会士たちが、城壁に突破口を切り開いた。往々にしてそうであったように、テンプル騎士修道会士たちは、無鉄砲にではなく勇猛果敢にではあるが、一線を越えてしまった。わずか四〇人の騎士であったにもかかわらず、増強部隊を待つことを拒絶して町中に突入したのである。ムスリム防衛軍は、自分たちを攻撃しているテンプル騎士修道会士たちが非常に少ないことを悟ると、彼らに襲いかかって皆殺しにし、突破口を塞いだ上で、市壁からテンプル騎士修道会士たちの遺骸をぶら下げたのであった。

しかし、八月半ばまでには、ムスリムたちはもはや町を保持できないことを悟った。町の全住民に対して全財産と共に安全に立ち去ることを許可するという条件で〔そして彼らは実際にそうしたのである〕、降伏の合意に達した。町の所有権はボードゥアンの弟であるヤッファ伯に与えられ、町の中にあった大モスクは聖パウロ教会として聖祓された。一一六二年、ボードゥアン三世は三三歳で死去した。おそらくは誤った言い伝えだが、彼はシリア人医師によって毒殺されたと広く信じられている。弟であるヤッファ＝アスカロン伯アモーリーが後継者となった〔アモーリー一世、位一一六三〜一一七四年〕。

その間のエジプトでは、凋落傾向を見せていたファーティマ朝のカリフ国家が、分裂状態に陥っていた。宰相アッバスの息子のナスルがカリフ〔第一二代カリフのザーフィル、位一一四九〜一一五四年〕を殺害し、そしてアッバスはカリフの兄弟たちを殺害し、五歳の少年をカリフ位に据えた〔ザーフィルの息子で第一三代カリフのファーイズ、位一一五四〜一一六〇年〕。しかし、軍隊が彼らに反旗を翻したためにアッバス父子は北方への逃亡を余儀なくされたが、その際にテンプル騎士修道会士たちと遭遇し、父子および随行者たちの一行は壊滅した〔その合戦の中で、アッバスは殺害され、ナスルも捕えられた〕。テンプル騎士修道会士たちは、六万ディナールという巨額の金銭と引き換えに、ナスルをカイロにあるカリフの宮殿へと送還し、そこで「亡きカリフ〔ザーフィル〕の四人の寡婦たちは、自らの手で彼の体を切り刻んだ」のであった（Runciman 1951, 2: 366）。その上で、彼の遺骸は町の正門の上から吊り下げられ、二年間そこにぶら下げられていた。一一六〇年、少年のカリフは死去し、九歳の従兄弟がその後を継いだが〔第一四代カリフのアーディド、位一一六〇〜一一七一年〕、宮殿内での陰謀は絶え間なく続いた。

このような混乱を、南方の安定化の好機と捉えたアモーリーは、一一六三年に軍勢を率いてエジプトに向かった。彼は、カイロとアレクサンドリアを獲得したものの、最終的には北方で生じた問題、特にトリポリに対する脅威を不安に感じ、エジプト人たちが彼に毎年金貨一〇万枚を貢納するという条約に署名するに留めた。一一六七年、アモーリーは自軍を率いてエジプトに戻り、アレクサンドリアを包囲した。再びエジプト人たちは、交渉の結果として巨額の貢納で合意し、アモーリーはエルサレムに戻った。しかし翌年、聖ヨハネ騎士修道会の支援のもと、彼はまたもやエジプトを攻撃した。しかし、テンプル騎士修道会士たちは、アモーリーの目的は自分たちの使命とは無関係であるとして、彼と共に進軍することを拒否した。一〇月、アモーリー軍はカイロのすぐ北にあるベルベースを占領し、住民たちを殺害するか奴隷にするかした。この時も、エジプト人たちは、彼を立ち去らせるために金貨二〇〇万枚を支払った。一一六九年、またもやアモーリーが、ビザンツ艦隊の援軍を受けてやって来て、ナイル河口にあるダミエッタ〔現エジプト共和国ディムヤート〕の町を包囲した。攻囲陣はアモーリーとビザンツ人との衝突によって根崩しにされ、その結果として、新たなエジプトのスルタンとなったサラーフッディーン〔ヨーロッパではサラディンとして知られる〕〔初代アイユーブ朝スルタン、位一一六九〜一一九三年〕とキリスト教徒の軍勢との間で、休戦条約が締結されることとなった。

サラーフッディーンとエルサレムの陥落

サラーフッディーンはクルド人であり、ファーティマ朝の援軍要請を受けたシリアの統治者であるヌールッディーン〔ザンギーの息子〕のために一一六九年にエジプトを占領したシールクーフの甥であった。また、ヌールッディーンは、幾度となく十字軍国家との戦闘を繰り広げていた。返報として、シールクーフはエジプトの宰相に任命されたが、在職わずか二ヵ月後に死去したため、サラーフッディーンがその後を継いだ。サラーフッディーンがいまだ三〇歳に満たなかったこともあり、経験豊かな年長者の多くは彼の昇進を快く思わなかった。しかし、彼は不満を抱く者たちを宥めて、あくまでも自分自身はヌールッディーンの配下にあるとして注意深く彼らの顔を立てていた。しかし一方で、彼はあからさまに我が道を進み、すぐにエジプトの真の統治者となった。例えば、一一七一年、彼はファーティマ朝の人々を抑え込んで、エジプトをアッバース朝のカリフの宗主下に統合した。加えて、サラーフッディーンは、いずれも失敗する結果に終わることとなったヌールッディーンによる二度のエルサレム王国への侵入（一一七一年および一一七三年）に参加することを拒んだ。最終的に、ヌールッディーンは、自分の敵がエジプトにいると判断し、一一七四年にサラーフッディーンに対して進軍すべく軍勢を集めた。しかし彼は、膿瘍が悪化して五九歳で死去した。ヌールッディーンの息子が合法的な後継者と見なされたが、サラーフッディーンは、四五歳であったヌールッディーンの寡婦とすぐさまに結婚して（Lane-Poole［1898］2002, 372）、その地位を手に入れた。このことにより、シリアとエジプトが一人の支配下に置かれることとなったのである。

より大規模なムスリム軍に対する十字軍士たちの軍勢による度重なる成功は際立っていたが、それは、ある程度ムスリムの不統一によるものでもあり、キリスト教徒たちが勝利することのできる見込みに限界があるのは明らかであった。もし統一した敵によって囲まれるのであれば、十字軍国家は遥かに大規模な侵入軍に対面するばかりでなく、陸上においては一度に三方向からの脅威に晒されることになるであろう。サラーフッディーンがエジプトのスルタンに登位した時、最終的にはそのことこそが彼の戦略となったのである。

サラーフッディーンの成功の見込みは、皇帝マヌエルの無能なまでの指導力によって大きく高まることとなった。一一七六年、マヌエルは、〔ルーム・セルジューク朝の〕スルタンであるクルチ・アルスラーン〔二世、位一一五六〜一一九二年〕の座する首都イコニウム〔コンヤ〕に対する遠征を行ったが、ビザンツ軍を大敗北に導いたのみであった。敵軍のトルコ人たちを追って、山道を進んでミュリュオケファロン〔現トルコ共和国ベイシェヒル湖近辺〕に至った皇帝は、狭い道で自軍を一列に並べてしまった。通路の上方に大軍を潜ませていたトルコ人たちは、崖を下って急襲した。その時にマヌエルの心は折れ、逃亡してしまった。彼の軍勢も戦列を乱して逃げようとした時、全軍は壊滅した。「それ〔ビザンツ軍〕を立て直すには、長年を要するであろう。いや、実際には決して立て直されなかったのである。境界域を防衛するのに十分な軍勢は残された。……しかし、二度と皇帝はシリアに進軍することができなかった。……また、彼の威信も完全に消え失せてしまった」

（Runciman 1951, 2: 414）。その結果、十字軍国家の北方に位置するムスリムたちには、もはや後方のコンスタンティノープルからの脅威を心配する必要がなくなった。さらに悪いことに、後述のごとく、ビザンツ人たちは十字軍国家に対抗するためにサラーフッディーンとの共謀を模索し始めたのである。

その間、一一七四年に三八歳でアモーリーが死去した後、当時一三歳であった彼の息子がエルサレム国王ボードゥアン四世〔位一一七四～一一八五年〕として戴冠された。二年後に成人した彼は、自身で国政を担うようになった。少年時よりハンセン病に苦しみ、やがて手助けなしには馬に乗ることもできなくなり、すぐさま目も見えなくなってしまった。それにもかかわらず、ボードゥアンは予期された以上に長生きし、一一七七年にはモンジザール〔現イスラエル国ラムラ近郊〕の戦いで自軍を率い、初めてキリスト教徒勢力に対する戦いを仕掛けてきたサラーフッディーンの率いる大規模な軍勢に対して、多くの流血を伴いながらも圧倒的に少数の軍勢で輝かしい勝利を導いた。ボードゥアン四世の存命中（彼は一一八五年に死去した）、エルサレム王国に対するサラーフッディーンの試み（彼は一一八三年および一一八四年にも進軍してきた）は、ことごとく失敗に終わったのである（Hamilton 2000）。

初めのうち、サラーフッディーンは近隣のムスリム勢力に関しては、より多くの幸運を享受した。エジプトで権力を獲得したすぐ後に、彼はシリアの支配権を得て、一一七四年にはダマスクスを手に入れた。その後、一一八三年にはアレッポを占領することで旧エデッサ伯領を制圧し、一一八五年にはマヤッファリキン〔現トルコ共和国シルヴァン〕をおさえた。今やキリスト教徒国家は、地中海を背にする形で三方を囲まれた。この状況については、ティール大司教ギヨームが、サラーフッディーンによる十字軍国家への攻撃開始の前に著した『海のかなたでなされた行いについての歴史』の中で、多くの頁を割いて次のように記している。「以前、ほとんどすべての（ムスリムの）町には、……互いに独立して……キリスト教徒以上に同盟者に恐怖し、共通の危険を撃退するために、すなわち我々を壊滅に追い込もうとして武装するために快く互いに結び付くこともできなかったし、そうしようともしなかったような、それぞれの統治者がいた。しかし今や……我々に隣接するあらゆる勢力は、一人の男のもとに統合されたのである」と（William of Tyre [c. 1180] 1943, 2: 407）。

また、一一八五年にはビザンツ皇帝（イサキオス二世・アンゲロス、位一一八五～一一九五、一二〇三年）がサラーフッディーンとの交渉を開始し、数年間に及ぶ協議と莫大な贈答品の応酬の後に、聖地にいる西方キリスト教徒および新たにやって来るであろう十字軍に対して、彼らは合同軍を形成する協定を締結したのであった。

それでも、キリスト教徒たちは極度の難局に陥ったわけではなかった。依然として彼らは、テンプル騎士修道会士および聖ヨハネ騎士修道会士を含めて、十分に訓練され武装された相当数の野戦部隊を有しており、その総数は約一万二〇〇〇人の騎士と二万人の歩兵に上った。質的な違いも考慮に入れると、一一八七年にサラーフッディーンが彼らに対峙するためにシリアに約三万人の軍勢を集めた時であっても、彼らは特に脅威を覚える必要はなかったのである。

キリスト教徒たちを不利な状態での戦いに駆り立てようとして、サラーフッディーンは幾分かの部隊をティベリア攻撃のために派遣した。予測通りに、住民の大多数は市内の要塞内に逃げ込み、援助を要請する使者を送り出した。当初、一堂に会したキリスト教徒の有力者たちは、協議の結果、ティベリア解放のための進軍は行わないことを決議した。しかし幾人かの者たちは、その後にエルサレム国王ギー〔・ド・リュジニャン、アモーリー一世の娘にしてボードゥアン四世の姉のシビーユとの婚姻によりエルサレム国王になった。位一一八六〜一一九二年〕のもとを訪ねて、先の決定を覆すよう彼を説得した。そして翌朝、キリスト教徒軍は、側面および後衛に対する絶え間ない激しい攻撃に身を晒しながら進軍を開始した。そこは乾燥した地であり、軍勢そして特に馬は、すぐさま渇きに苦しめられた。翌朝までにその苦しみは頂点に達し、軍勢は最寄りの水源地であるハッティン〔現イスラエル国ヒッティーン〕に向かった。サラーフッディーンの主力部隊は彼らとティベリア湖の間に陣取っており、そこからムスリム側は十分な水を得ていたのである。

そして、日が昇って追い風になった時、サラーフッディーンの軍勢が集めておいた大量の枯れ木に火を放った。煙のために、キリスト教徒たちは部隊間の距離を適度に保つことが難しくなった。すぐに、歩兵たちは陣形を崩し始めて、騎兵を残したままで水の方へと向かった。この好機に、サラーフッディーンの軍勢は無秩序となったキリスト教徒たちに突進し、容赦ない攻撃が続いた。幾度かのキリスト教徒の騎士たちによる激しい突進が流れを変えかけたが、結局は大混乱に陥り、虐殺が始まった。数千人が戦闘中に命を落とし、捕らえられたテンプル・聖ヨハネ騎士修道会士たちは皆、首を刎ねられた。他の捕虜たちは奴隷にされた。

十字軍士たちの野戦部隊の崩壊と共に、十字軍国家はサラーフッディーンのなすがままになり、あっという間に侵略されてしまった。ほとんど守備兵のいなかった町や要塞の多くは、戦うことなく屈服した。ヤッファはどうにか持ちこたえたが、攻撃の末に占領されることを回避することはできず、生き残った住民はすべて奴隷として売り払われる結果となった。二ヶ月の内に、キリスト教徒の手に残されたのはティール、アンティオキア、トリポリ、そして「二、三の孤立した城塞および聖なる都市エルサレム」だけとなってしまった（Runciman 1951, 2: 462）。

すでにエルサレムは、ムスリムの手中に落ちた他の町からの避難民でごった返していた。「というのも、当地の男性には一人につき五〇人の女子供がいたからである」（Runciman 1951, 2: 464）。エルサレム内には、わずか二名の騎士しかいなかった。そこで、すべての健常な男たちに武器が分配された。多くの者は、ほとんどもしくはまったくその使用方法を知らなかったのであるが。九月末、サラーフッディーン軍がエルサレムに到着し、町を包囲した。数日間を準備に費やした後、ムスリムたちは城壁を攻撃したが、少数の未熟な守備兵たちからの激しい抵抗を受けた。繰り返し攻撃するも繰り返し失敗したが、五日後、城壁に一つの裂け目が生じた。キリスト教徒の戦士たちの中には、その裂け目から突撃して討ち死にを望む者もいた。しかし、屈服によってしか彼らはすべての女子供が奴隷になることを防ぐことができないという冷静な考えが支配的となった。その結果、彼らはサラーフッディーンに降伏の条件を尋ねた。サラーフッディーンは、助命金として男一人につき金貨一〇枚を要求した（なお、女性二人で男一人分、子供一〇人で男一人分と換算された）。貧しい者に関しては、サラーフッディーンは、三万ベザントと引き替えに七〇〇〇人を解放する、ということで合意した（Lane-Poole [1898] 2002, 229）。しかし、このことによって数千人もの人々が希望を失った。結局は、たとえ虐殺という事態が生じなかったにせよ、町に居住するラテン系のキリスト教徒たちのおよそ半分が奴隷市場へと連れ去られたのであった。

エルサレムの陥落に関して、歴史家たちがほとんど触れることのない一面がある。ビザンツ皇帝とサラーフッディーンとの間に同盟が結ばれつつあったということを十分に知っていたエルサレム在住のギリシア人たちが、門を開け放つことで「町を売り渡す準備をしていた」ということである。彼らの支援に対する見返りとして、一一八九年に皇帝イサキオス〔二世〕と締結した条約に則って、サラーフッディーンは、聖地にあるすべてのキリスト教会でなされる典礼をラテン典礼からギリシア正教会の典礼に変えさせたのであった（Brand 1962, 170）。

サラーフッディーンへの「賛美」

ロバート・アーウィンが指摘しているように、「イギリスには、十字軍士たちを野蛮にして頑迷な主戦論者として貶し、サラセン人たちを騎士道の主唱者として賛美する、という長らくの伝統がある。実際に、騎士道は東方のムスリムに起源を持つと広く信じられている。ムスリム騎士の中で最も完璧な者の例は、当然のこととして、一二世紀のアイユーブ朝のスルタン、サラーフッディーンであった」（Irwin 2006, 213）。

騎士の鑑としてのサラーフッディーンというこのような見方は、歴史家たちの間でもよく見られる。高く評価された研究書『十字軍国家』において、ダナ・カールトン・マンロウは、次のように記している。「このこと（十字軍士によるエルサレムの占領）と、一一八七年にキリスト教徒からエルサレムを奪った際のサラーフッディーンの行いとを比較する時、我々は二つの文明の間に際立った相違を描くこととなり、聖地でのサラセン人たちとの接触からキリスト教徒たちが何を学ぶことができたのか、ということを悟るのである」と（現在時制であることに注意）（Munro 1935, 56）。同じように、聡明なサミュエル・ヒュー・モフェットも、サラーフッディーンは「当時にしては珍しいくらいに慈悲深かった。彼は、血の風呂の中でそこ（エルサレム）に入場した十字軍士たちに、平穏無事に町を立ち去るよう許可したのである」と記している（Moffett 1992, 391）。一八九八年、ドイツ皇帝ヴィルヘルム〔二世、位一八八八～一九一八年〕が、ダマスクスを訪れた際、サラーフッディーンの墓に銅製の月桂樹の冠を被せたのも、同じ精神の中でのことであった。その冠には、「英雄であるスルタンのサラーフッディーン……一人の偉大なる皇帝からもう一人の皇帝へ」、と刻まれていた（Riley-Smith 2005, 305; Siberry 1995, 368）。サラーフッディーンへの賞賛はなにも最近に生み出されたものではない。啓蒙期以来、サラーフッディーンは、「不思議なことにも」「残虐で野蛮な十字軍士たちと並記される中で理性的にして文明化された人物として」描かれているのである（Tyerman 2006, 351）。エドワード・ギボンでさえ、一七八八年に次のように記している。「幾人かの著述家たちにとって、サラーフッディーンの人間性と第一回十字軍による虐殺とを対比することは、気に入りつつも癪に障る主題となっている……しかし、キリスト教徒たちは降伏を申し出たのであり、エルサレムのムハンマド教徒たち〔ムスリムたち〕は最後の最後まで猛攻撃に屈しなかった、ということを我々は忘れるべきではない」と（Gibbon [1776-1788] 1994, bk. 6, chap. 59）。しかし、ここで我々が思い起こさねばならないのは、当時の根本的な戦争のルールである。すなわち、敵が襲撃によって占領するように仕向けなかった場合〔屈服した場合〕には、町の住民たちは助命されたということ、逆に、敵に襲撃させざるをえなかった場合〔抵抗した場合〕には、往々にして攻撃側にも甚大な被害がもたらされたので、他の町への見せしめとして住民たちが殺害されたということである。このルールは必ずしも町をすぐさま降伏へと追い込んだわけではない。町は長期に及ぶ包囲に耐えることができた。ただしそれは、攻撃者側が城壁を襲撃するのに必要な準備をすべて整えるまでのことであった。当然のごとく、往々にして町側は、攻撃側の失敗を信じて、この時点で屈することはなかったのである。

近年のサラーフッディーンの愛好者たちは、この戦争のルールを無視しているだけではない。彼らはまた、ムスリムの著述家たちなら認識している事実、すなわち、エルサレムはサラーフッディーンが敵に対して日常的に行っていた虐殺における唯一の例外だったということを、慎重に無視している。サラーフッディーンは、エルサレム内のキリスト教徒たちを虐殺することを心待ちにしていたが、さらなる抵抗を止めてエルサレムの住民たちが屈服した見返りとして、住民の約半分に安全保障を提示したに過ぎないのである。多くの他の事例においては、サラーフッディーンはまったくもって騎士らしくない。例えば、ハッティンの戦いの後、彼は捕らえられたテンプル・聖ヨハネ騎士修道会士の幾人かを自ら虐殺した上で、どっかりと座って残りの修道会士たちの処刑の模様を面白そうに眺めていたのである。サラーフッディーンの書記であったイマードゥッディーンは、次のように記している。「彼〔サラーフッディーン〕は、牢獄よりも死がふさわしいとして、彼らの首を刎ねるように命じた。彼の傍らには、あらゆる学者、スーフィー〔イスラーム神秘主義者〕や、決して少なくはない数の敬虔深い者たちがいたが、皆が彼に殺害するのを許可してくれるように請い、剣を引き抜いてそれを袖に巻いていた。サラーフッディーンは、満面の笑みで高座に座ったままであった。不信心者たち〔騎士修道会士たち〕は、暗い絶望の表情を見せていた」と（Madden 1999, 78より引用）。第一次世界大戦中のその驚くべき冒険の過程で、非正規のアラブ軍を率いてオスマン帝国に対峙したトーマス・エドワード・ロレンスは、サラーフッディーンの墓から皇帝〔ヴィルヘルム二世〕の銅製の冠を「解放」し、そして今それはロンドンの帝国戦争博物館に置かれている。

疲れ果てた勝利

ハッティンにおける十字軍士側の壊滅的な敗北の後、完全に十字軍国家を占領するために迅速に動けなかったことは、サラーフッディーンの失策であった。ハッティンにおける勝利の段階では、彼は急ぐ必要はないと考えていたようである。ともかくも、キリスト教徒側の町は、絶望的なほどに武装した守備兵を欠いていた。町からは、今や戦いに敗れた軍隊を再生するために、兵士が剥ぎ取られていたからである。しかし、町は強固なまでに防備されていたため、その多くが軽装騎兵であったサラーフッディーンの軍勢は、「要塞を攻撃することは好まなかった」のであった（Painter 1969b, 46）。加えて、戦利品で手を塞がれたサラーフッディーンの軍勢の多くは、いずこかへと去って行ってしまった。それらの結果として、サラーフッディーンの動きは相当に遅々としていたばかりでなく、その関心は、「住民を自由に立ち去らせることによって」町の降伏を「買うこと」にあったのである（Painter 1969b, 47）。

しかし、彼らはどこに立ち去ったのであろうか。当然、降伏した町に居住していたムスリムたちはどこに行く必要もなく、ギリシア系キリスト教徒たちの多くも留まり続けることを許された。というのも、時を同じくしてサラーフッディーンは、皇帝イサキオスとの協定に署名しようとしていたからである。しかしヨーロッパのキリスト教徒たちには、彼らに残されていまだに占領されていない町、すなわちアンティオキア、ティール、トリポリに群がるより他に選択肢はなかった。

あまりにも多数の避難民がやって来たので、もはや孤立状態となったこれらの町の食糧供給は限界に達した。しかし、特に貴族階級の避難民の大多数が集まったティールは、彼らが加わることで相当数の守備兵を抱えることができた。中にはハッティンの戦いの生存者もいたが、小隊を形成した戦士の多くは、他の部隊がハッティンへ進軍した際に後方の城塞や町の防備のために残された者たちであり、その大多数が武装可能な壮健な男子であった。さらに、これらのキリスト教徒の手に残った町はすべて港町であり、海上からの物資供給や増強が可能であった。そして、実際にそうされたのであった。

おそらく、コッラード・デル・モンフェッラートを乗せた船がティールに到着したこと以上に十字軍国家の救済という点で衝撃を与えた出来事はなかっただろう。コッラードは、一一八三年に聖地へと赴いて死海のすぐ北に位置する重要な拠点である聖エリヤ城の指揮権を獲得した父モンフェッラート辺境伯グリエルモ五世〔位一一三六頃～一一九一年〕と合流する道中で、コンスタンティノープルに滞在していた。最近起こったサラーフッディーンによる侵略を知った時、コッラードはすぐさま少数の騎士団と共にアッコンに向けて出港した。彼の船が港に入った時、いつもは船の来迎を告げるはずの鐘が鳴らず、不審に思ったコッラードは錨を下ろさなかった。誰が乗船しているのかを確認するために港の役人がやって来た時、コッラードは町がサラーフッディーンの手中に落ちたことを悟り、急いで北方のティールへと漕ぎ出したのであった（Lane-Poole [1898] 2002, 221）。

ティールに到着したコッラードは、統率者たちが降伏を考えていることを看取した。しかし彼らは、コッラードとその仲間たちの到来に勇気を得て、あくまでも抵抗して町を防衛する体制を整える指揮者として彼を据えた。ついにサラーフッディーンがやって来て、町の攻囲を開始した。しかし、城壁は頑強であり、守備兵たちは明瞭なまでに十分訓練を受けていた上に決然としており、またムスリムたちは船がティール港を行き来するのを妨げることができなかった。そこでサラーフッディーンは、より容易に食糧などを略奪できる場所を探して、素早く自軍を動かした。しかし一一月になり、最終的にこのキリスト教徒の港町の重要性を十分に理解したサラーフッディーンはティールに向かって引き返したが、今回の場合には占領のための新たな計画が二つあった。まず一つとして、彼はコッラードの父を連れて行った。グリエルモは、かなり老齢であったもののハッティンで戦って、捕虜となっていたのである。ティールの城壁からもその老人が十分見えるような形で進軍してきたサラーフッディーンは、もし町を明け渡さねば父が殺されるだろう、ということを触れ役に叫ばせてコッラードに伝えた。アラブ側の史料によると、コッラードは、父はもう十分に長生きした、と叫び返すような「悪魔」であった（Ibn-el-Athir, Lane-Poole [1898] 2002, 222より引用）。息子の不屈の精神を誇りに思って喜びに満ちたグリエルモ五世は、その時にまたいずこかに連れ去られたが、最終的には解放された（Lane-Poole [1898] 2002, 222; Runciman 1951, 2; 472）。

ティール占領のためのサラーフッディーンの二つ目の計画は、町にとってはさらに危険なものであった。ここ十年間、サラーフッディーンはエジプト海軍を構築していたのである（Ehrenkreutz 1955）。同艦隊は、最近十字軍国家を往来する小規模な船団との複数回の小競り合いの中で、その価値を実証していた。今や彼は、ティール港を封鎖するために一〇隻のガレー船を派遣しており、効果的な包囲網を作り上げていた。コッラードは、サラーフッディーンの包囲陣を破るべくティールのガレー船団を送り出すことによって、この脅威に立ち向かった。ムスリムの船員たちが見張りも立てずに寝入っているのを見て取った攻撃側の船団は、完全な勝利を収めた。五隻のエジプト・ガレー船が拿捕され、残りの五隻は逃げ回ったが、キリスト教徒のガレー船が近づいてくるのを見た乗員たちは、甲板から海に飛び込んでしまったのであった（Ehrenkreutz 1955, 111）。このような海上での失敗が進行している最中、コッラードの注意が港に向けられていると考えたサラーフッディーンは、軍勢を集結して町を攻撃した。しかし、サラーフッディーン軍が近づいてきた時、コッラードは門を開けて騎士たちを突進させ、サラーフッディーン側の全軍を驚かせて敗走させた。攻城兵器がキリスト教徒の手中に落ちないようにするためにそれに火を放った後に、サラーフッディーンは撤退した。

ティールは無事であった。そのすぐ後に、シチリアからノルマン人の大艦隊が到着し、トリポリおよびアンティオキアにも物資の供給と大幅の増強を行った。再びムスリムたちが十字軍士たちを水際へと追い込むのには、もう一世紀を要することとなった。

驚嘆に値するコッラードの勝利は、彼の名声をヨーロッパ中に広め、最終的には彼がエルサレム国王に選出されるという結果を生んだ（ただし彼は、国王戴冠式の直前の一一九二年四月、ニザール派〔シーア派のイスマーイール派の分派、別称アサシン派〕によって暗殺された）。その間、彼は新たな十字軍を駆り立てるためにヨーロッパに使者を送った。派遣団の代表は、新たにティール大司教に選出されたジョスであった（ジョスは歴史叙述家のギヨーム・ド・ティールの後継者である）。一一八九年一月に大司教は、その折りに領土争いについて話し合うために会合していたイングランド国王ヘンリ二世とフランス国王フィリップ二世〔尊厳王、位一一八〇〜一二二三年〕を含む聴衆を得た。「聖地を援助するための彼の訴えはあまりに深い感銘を与えたので、両国王、フランドル伯や他の多くの領主たちは、十字の印を受け取り、新たな十字軍のための準備を始めることに同意した」（Painter 1969b, 47）。その間、新たに教皇に選出されたクレメンス三世〔位一一八七〜一一九一年〕は、ドイツの神聖ローマ皇帝フリードリヒ・バルバロッサに対して、再度十字の印を受け取るようにようやくのことで説得したのであった（すでに記したように、フリードリヒは叔父のコンラート三世に従軍して第二回十字軍に参加していた）。

第三回十字軍

新たな十字軍は、ばらばらに始まった。イングランド人とフランス人たちは、まず始めに幾度にも及ぶ激しい争いを収めねばならなかった。その後、ヘンリ二世は死去し、息子のリチャード（すでに獅子心という渾名で知られていた）がイングランド国王として戴冠された。リチャードも十字の印を受け取っていたので、十字軍に対するイングランドの公約はそのままであった。しかし、イングランド王家が依然としてフランス領内に巨大な所領を保持していた（大西洋側一帯は彼らのものであった）ので、彼とフィリップ二世は東方に向かう前に交渉へと至る必要があった。その間に、フリードリヒ・バルバロッサが聖地に向けての進軍を開始したのであった。

フリードリヒの遠征

ハッティンの戦いから二三ヶ月後の一一八九年五月一一日、皇帝フリードリヒは自軍を率いてレーゲンスブルク（ラティスボン）からハンガリーに至り、セルビアを通過してコンスタンティノープルに向かった。毎度のごとく、フリードリヒがどれくらいの軍勢を召集したかを記すのは困難を極めるが、相当な大軍であったことはすべての史料が一致している。歴史家の多くは一〇万人ということで落ち着いているが（Runciman 1951, 3: 11）、その数はかなり多過ぎるようにも思われる。より妥当な概算としてはフリードリヒは三〇〇〇の騎士を集めたということだが（Painter 1969b, 57）、通例では歩兵の数は騎士のおよそ五～六倍であったことから、第一線の戦士数は総計約二万人だったと考えられよう。当然のことながら、そこには通例の従軍者や一般人の集団も加わっていたに違いなく、したがって進軍にはやはり一〇万人の人々がいたのかもしれない。実際の数がどうであれ、ドイツ人たちの進軍がサラーフッディーンを大いに悩ませ、彼らに対峙することのできる軍隊を掻き集めようと奔走させたと記すだけで十分だろう。ただし、サラーフッディーンにはビザンツ帝国という切り札もあったのである。

数年に及ぶ交渉や山のような高価な贈答品の応酬の後、一一八九年、ビザンツ皇帝イサキオスは、サラーフッディーンと相互防衛条約の締結に至り、聖地に向かおうとする西方の軍勢のすべてに対してビザンツ軍を差し向けることを誓約した。その結果、聖地への進軍に先立ち、皇帝フリードリヒがミュンスター司教および他の高貴なるドイツ人たちを通行させる手筈を整えるためにビザンツ宮廷に派遣した際、イサキオスは彼らを投獄し、彼らの馬や武具をサラーフッディーンの代理人に差し出したのである（Brand 1962, 173）。そして、大きな代償を支払うかもしれないことがわかっているにもかかわらず合意事項に従い、ビザンツ人が繰り返して失敗していた過去の教訓に反して、フリードリヒの軍勢がビザンツ領内に入った時、イサキオスは非正規軍に道中で彼らを攻撃させると同時に、フィリッポポリス〔現ブルガリア共和国プルヴディフ〕にてドイツ人たちを足止めするために主力部隊を派兵した。しかし、フリードリヒ率いる十字軍士たちは、ビザンツ人を簡単に退けて彼らに大きな被害を与えた。そして、先に派遣した司教およびその随行団を解放するため、フリードリヒは、トラキアの大部分を蹂躙しつつコンスタンティノープルへと向かった。

この時点でイサキオスは、フリードリヒの軍勢を害のない程度のものにしたと主張する驚くべき内容の書簡をサラーフッディーンに送った。「彼らは多くの戦士を失い、彼らが我が勇敢な部隊から逃げるのは非常に困難である。彼らは相当に疲弊しているので、あなたの支配領域に到達することはできないだろう。たとえ到達できたとしても、彼らは仲間の手助けをすることもできず、あなたの素晴らしさに対していかなる傷をももたらすことはできないだろう」と（Brand 1962, 175より引用）。それにもかかわらず、イサキオスはサラーフッディーンに援軍要請を行った。しかし、誰も来なかった。

その間、フリードリヒの強力な軍勢は進軍し続け、アドリアノープル（現トルコ共和国エディルネ）を占領し、「コンスタンティノープル包囲まで計画していた」のであった（Brand 1962, 175）。そこで一一九〇年二月、皇帝イサキオスは降伏し、フリードリヒに通行の自由と物資の供給を行うことを規定したアドリアノープル条約に署名し、条約が完全に遵守されることを保証するために、高貴なる者たちから成る人質をフリードリヒに差し出したのである。

この間、「（ラテン・キリスト教徒に対する）憎悪からサラーフッディーンを好ましく思っていた」幾人かのギリシア正教会の主教たちが（Brand 1962, 177）、事の成り行きについての情報をつぶさに集め続けていた。例えば、フリードリヒが容易にビザンツ領内を通行していること、彼が大きな損失を被ることなくしてムスリムが保持するイコニウム（コンヤ）の城塞を襲撃することに成功したことなどについて。道中で大規模な軍勢に遭遇することなくアンティオキアに向けて進軍していたフリードリヒだったが、サレフ川〔現トルコ共和国ギョクス川〕の浅瀬を歩いて渡ろうと馬を降りた際に溺死してしまった。フリードリヒの死は、ドイツ人の十字軍を終わらせた。彼は随行者たちに敬愛・信頼されており、軍隊の統率者としては息子であるシュヴァーベン大公フリードリヒ〔六世、位一一七〇～一一九一年〕が後を引き継いだが、軍隊は皇帝の死によって崩壊してしまった。数日後には、大部分の者たちが踵を返し、故郷へと帰ってしまった。その一〇日後、まだ若いフリードリヒがアンティオキアに到着した時、実働部隊は五〇〇〇人にまで数を減らし、さらに彼がエルサレム王国の沿岸部に達した時には、わずか約三〇〇人の騎士しか残されていなかった（Painter 1969b, 50）。サラーフッディーンは、大きな安堵の溜息を吐いたのであった（Runciman 1951, 3: 16）。

海路を取った十字軍

その間、リチャード獅子心王とフランスのフィリップ尊厳王は、それぞれに軍勢を集め、十字軍を遂行するのに見合うだけの資金を調達し、まさに出発しようとしているところであった。しかし、彼らには陸路をとってビザンツ帝国を経由する意図はなかった。サラーフッディーンがキリスト教徒の港町のすべてを抑えるのに失敗したことを最大限に利用しようとして、彼らは海路で聖地に向かう計画を立てたのであった。

しかし、リチャード獅子心王とフィリップ尊厳王が乗船するだいぶ前に、キリスト教徒の抵抗は、「十字軍士を乗せて北西ヨーロッパの様々な港からやって来た一連の艦隊の到来によって」大幅に増強されていた。「それらは、デーン人、フリース人、北部ドイツ人、フラマン人、イングランド人、ブレトン人、北部フランス人を運んだ」のであった（Painter 1969b, 50）。そこにどれくらい多くの新たな十字軍士たちがいたのかを知るのは不可能である。しかし、「一一九〇年の正月までに、あらゆる種類の数百隻のキリスト教徒の船が、（アッコン）周辺の浜に乗り上げるか、錨を下ろすかしていた」（Pryor 1992, 129）。これら新たにやって来た者たちは、エルサレム国王ギーによるアッコン包囲に加わった。サラーフッディーンは、自軍を率いてこの脅威に立ち向かい、アッコン周辺地域を包囲することでキリスト教徒包囲軍をさらに外側から包囲した。

サラーフッディーンは十字軍士の戦列を攻撃するように自軍を説得できなかったので、手詰まり状態が続いた。アッコンの町が位置する足場のほとんどないような所では、ムスリムたちは、攻撃しては素早く引き上げるという戦術を用いることができず、重装騎兵の突進を受けた場合の逃げ場も確保することができなかったのである。また彼らは、堅固な歩兵の隊列に攻撃する気にもなれなかった。というのも、「十字軍士たちの弩は彼らの弓よりも射程距離が長く、堅固な槍兵の戦列はほとんど打ち破ることができない障壁を形成した」からであった（Painter 1969b, 52）。再度キリスト教徒側が海上からの物資供給を受けた時、勢力が均衡し、膠着状態が始まった。包囲戦を完璧なものにしようとする努力の中で、サラーフッディーンは五〇隻のガレー船から成る艦隊を、さらなる物資供給を妨害するためにアッコンの港に配備した。しかし、これでも十分ではなかったようであり、一一九〇年一月、彼は新たに構築したエジプト海軍の残りすべてを、アッコンの港に至る海路上で戦闘を展開するために派遣した（Pryor 1992, 129）。この動きに対してキリスト教徒たちが抵抗を見せたかどうかは定かでないが、サラーフッディーンが全艦隊を動かしたことはキリスト教徒側に大きく有利となった。一つは、それによってキリスト教徒の艦隊が沿岸部を自由に航行できるようになったということである。さらに重要だったのは、強力な十字軍士たちの艦隊が早急にアッコン港を封鎖して、サラーフッディーンの全艦隊を窮状に追い込んだということであった。

一一九一年三月、フィリップ尊厳王と彼の率いるフランスの小艦隊がティールに到着し、そこから南下してアッコン包囲に加わった。その間、リチャードはキプロスで足止めを食っていた。財産を積んだ船が嵐のためにそこに座礁したからである。キプロス島はビザンツ人反逆者イサキオス・コムネノスの統制下にあり、彼はリチャードの財産を捕獲し、その新たな婚約者であったナヴァラ王女ベレンガリア〔ナヴァラ国王サンチョ六世賢王（位一一五〇～一一九四年）の娘〕を含む非戦闘員の乗船者は解放したものの、乗員と軍勢を船に乗せたままで監禁した。当初は、イサキオスも財産と軍勢を返還することに合意していた。しかしその後、ファマグスタ〔現北キプロス・トルコ共和国ガズィマウサ〕の巨大な城塞の中にいれば安全だと考えた彼は、約束を破ってリチャードに島を立ち去るよう命を発した。激怒したリチャードとイングランド軍があっという間に島を制圧したのだが、それは島民の多くにとっても大きな喜びであった。というのも、イサキオスは、処女を強姦し、裕福な市民を拷問にかけるような暴君であったからである。彼は、リチャードが自分を鉄の鎖で繋ぐようなことはしないと約束した時、戦うことなく降伏した。しかしリチャードは、銀の鎖で彼を繋ぐことで「約束を守った」のであった。一一九四年に解放された後、イサキオスはコンスタンティノープルに戻り、そこで一一九五年に毒殺された。

キプロスの占領は、十字軍士たちに非常に重要な海軍基地を与えることとなった。そこから彼らは、十字軍国家に港町が残っている限り支援や供給を行うことができたのである。リチャードは、自軍をアッコン包囲に参加させるためにキプロスから漕ぎ出し、六月にアッコンに到着した。イングランド軍が上陸してすぐ後に、ジェノヴァからやって来た艦隊によってさらに十字軍士たちは増強されることとなった。これらの新たに到来した軍勢は、外側を包囲しているムスリムの陣形を瞬時に一掃し、町の門に向かって進軍した。ムスリム駐屯軍は、サラーフッディーンの許可を得ずに降伏した。サラーフッディーンの全海軍も降伏した。船員の多くは、単に海へと飛び込んで海岸へ泳いで逃げただけであった。

アッコンの確保と共に、十字軍国家の領土回復が始まった。しかし、そこにフランス国王はいなかった。この段階で、フィリップ尊厳王は撤収して故郷に戻っていたのである。長らく彼の容態は赤痢によって非常に悪化していたのだが、彼が立ち去った主たる理由は、フランス国内に生じた政治的闘争を早急に収めることにあった。ただしフィリップは、数千人の軍勢および彼らに支払うべき資金を置いていった。

今や第三回十字軍は、リチャード獅子心王とサラーフッディーン間の戦いと化したのである。

リチャードとサラーフッディーン

リチャードは、複雑な性格の持ち主であった。「戦士としての彼は狂人同然であり、信じ難いいくらい無謀で無鉄砲だったが、指揮官としての彼は聡明にして注意深く、抜け目なかった。彼は、自分自身の命を危険に晒すことには完全なまでに無頓着であったが、何事においても自軍を必要最低限以上の危険に晒すよう仕向けることはできなかった」（Painter 1969b, 73）。彼の軍団は、そのような指揮官を崇敬した。

一一九一年八月、リチャードは自身に従う十字軍士たちの軍勢の組織化を図り、アッコンから南へ沿岸沿いを進んでエルサレムに向かい始めた。彼の軍勢は約四〇〇〇人の騎士、一万四〇〇〇人の歩兵、およびそのほとんどが現地にて雇われた二〇〇〇人のトゥルコポーレース（軽装歩兵）から構成された。歩兵隊には相当数の弩部隊が含まれていた。夏の暑さのため、十字軍士たちは朝の間しか進軍せず、リチャードは慎重に、十分な量の水を確保できる地点に陣を張った。彼は、単に渇きのために戦いで不利な状況に立たされまいとしていたのである。艦隊も沿岸沿いを進んで、リチャード軍の後に続いた。それが物資の補給をしていたために、リチャード軍は現地の資源に依存せずとも済んだ。艦隊はまた、茂みに身を潜めて攻撃しては素早く引き上げていくサラーフッディーンの騎馬隊から放たれた弓に傷付いた者たちを、引き上げて乗船させたのである。

ムスリム側にとって不幸だったのは、絶え間なく攻撃しても、十字軍士たちにその堅固な陣形を崩すように駆り立てることができなかったということである。海側に立つ重装騎兵隊は、歩兵隊および弩部隊で構成される難攻不落の縦列が掲げている盾によって防備されていた。そこでサラーフッディーンは渋々ではあったが、いまだハッティンの勝利の興奮から醒めやらぬアミールたちに強く勧められて、真正面からの会戦という危険を冒すことを決心した。彼は、自軍の北側が〔現イスラエル国の）アルスーフ（アルスール）の森によって守られ、南側には木の生い茂った丘を抱くような地点を選んだ。一一九一年九月七日、ムスリム軍は、十字軍士たちが戦列を崩して自分たちを追いかけてくることを期待して、打っては引き返すといういつもの戦法を用いて攻撃してきた。しかし、リチャードが馬に乗りながら陣形の中を駆け巡ったため、「弩兵には多数の死者が出た」ものの（Painter 1969b, 74）、十字軍士たちは堅固な陣形を堅持した（Smail 1995, 164）。この時点で、ムスリム軍はさらなる決死の攻撃を仕掛けてきた。一度彼らがその身を投げ打ってきた時、十字軍士側の重装騎兵が歩兵隊の戦列から割って出て、サラーフッディーンの軍勢に激しい突進を仕掛けた。重装騎兵隊は敵側に甚大な損害を与えたが、かつてのキリスト教徒重装騎兵たちが度々行っていたのとは異なり、敵を深追いして散らばることもなかった。したがって、リチャードは騎士たちを統制下に置き、彼らを引き返させて再び陣形を整えることができた。ムスリム側が再度の攻撃に出た時、彼らは他の重装騎兵隊の突進にぶち当たることとなった。そしてその後には、また他の騎兵隊の突進にも。三〇人以上ものアミールの命を含む大損害に苦しめられたサラーフッディーン軍は、平原方面へと逃げていったのである。

「しかしより重要であったのは……サラーフッディーンの軍勢が、平原では自分たちに勝ち目がないことを確信するようになったことであり、会戦の試みに対してまったく関心を失ってしまったことであった。アルスーフの戦いは、国王リチャードの軍勢を打ち破ろうとする最後の（ムスリム側の）試みであった」（Painter 1969b, 75）。実際、サラーフッディーン軍は徐々に、いかなる状況のもとにおいても十字軍士たちに対面することを嫌うようになっていったのである。アルスーフでの敗戦の一年後、ヤッファを再征服するためにサラーフッディーンによって派遣された相当数の軍勢は、リチャードとわずか五〇人の騎士（しかも、わずか六人しか馬に乗っていなかった）の小部隊、および数百人の弩兵に直面した。リチャードの軍勢を数の上で大幅に上回っていたにもかかわらず、ムスリム側は、攻撃から尻込みしたこともあって、勝利できなかった（McLynn 2007, 214-15）。むしろムスリム側は甚大な損害に苦しんだ。この戦いが、第三回十字軍における最後の主要な交戦であった。すでに両陣営とも、外交交渉に向けての準備を入念に行っていたのである。

リチャードはエルサレムの再征服には失敗したので、第三回十字軍の成功にとって最も重要な鍵を西洋世界に与えなかったという点でサラーフッディーンのほうが優勢だった、としばしば言われている。しかし実際には、リチャードは聖なる都市を再占領しようとしなかったのであり、サラーフッディーンはただ過失によってそれを保持したに過ぎなかったのだ。リチャードは、エルサレムがヨーロッパでは非常に象徴的な重要性を有していることを知っていたが、軍事的には厄介なものであることも悟っていた。エルサレムをムスリムの攻撃から防衛するには、多くの駐屯兵および海に至るまでの安全な回廊を要する。しかし、一度彼の軍勢が帰郷してしまえば、エルサレム王国はその二つの必要条件に見合うだけの資源を欠いてしまうであろう。エルサレム王国がその軍事力を最大限に活かせる範囲内で境界線を保全するほうが、エルサレム自体が短期間キリスト教徒の支配下に戻るよりも良策だったのである。ただしその代わりリチャードは、一一九二年にサラーフッディーンと締結したラムラ協約において、非武装のキリスト教徒巡礼者たちはエルサレムに行くことを許可される、という条文を含めたのである。

サラーフッディーンは誠意をもってその合意に署名したが、一年後に彼は五五歳で死去した。サラーフッディーンの死からわずか六年後、リチャードも、フランス王国内に保持していた所領で生じた反乱を鎮圧しようとした間に弩から放たれた矢を受け、その傷が原因となって死去した。彼は四一歳であった。

不運なことに、ヨーロッパに戻ったほとんどの者たちは、リチャードがエルサレム奪回に気が進まなかったことの必然性と知恵を見抜くことができなかった。したがって、リチャードが死去する一年前、教皇インノケンティウス三世が新たな十字軍を呼びかけ始めたのであった。

第四回十字軍

第四回十字軍は、結果として十字軍士たちによるコンスタンティノープルの略奪に終わったがために、長らくの間、十字軍とは貪欲な西洋世界の歴史の中でも恥ずべき出来事である、という主張の主たる「証拠」として役立ってきた。世界がナチスの強制収容所やホロコーストの拡大について学んでからわずか六年後、ケンブリッジ大学の優れた歴史家であるスティーヴン・ランシマンは、次のように記すことができたのである。「第四回十字軍ほどに人類に対する大きな罪は決してない」と（Runciman 1951, 3: 130）。確かにランシマンは、コンスタンティノープルの全人口およそ一五万人の内（Chandler 1987）、十字軍士による略奪の間に命を落としたのはおそらく二〇〇〇人を上回ることはなかったのに対し（Durant 1950, 605; Tyerman 2006, 553）、同時代の他の多くの町でも略奪行為がなされていたばかりでなく、その住民たちは最後の一人まで虐殺されることもあったということを知っていた。では、なぜ彼は第四回十字軍に対してここまで激しい非難を浴びせているのだろうか。なるほど、確かにコンスタンティノープルは、「古代ギリシアの時代から遺された芸術作品や、それに対してコンスタンティノープル以外の町は、まさに退屈な中世の町であった。この上なく優れた当地の職人たちの手による傑作に満ちた……偉大なる町であった」（Runciman 1951, 3: 123）。実際、第四回十字軍に対する憤慨を示す時には、この洗練された都市を称賛するのが一般的である。スピロス・ヴリオニスが記しているように、「ラテン人の軍隊は、ヨーロッパにおける最大の町〔コンスタンティノープル〕を、筆舌に尽くしがたい略奪に晒した。……コンスタンティノープルは、文字通り古代およびビザンツ芸術の博物館となってしまった」（Vryonis 1967, 152）。あるいは、ウィリアム・デュラントの記述には、十字軍士たちは「今や復活祭週間において、裕福な町を、ローマがヴァンダル人やゴート人からも受けたことがないような略奪に晒したのだ」とある（Durant 1950, 605）。その都市の損害に対する嘆きに加えて、当初から第四回十字軍は、商業上の競争相手であるビザンツ人を抹殺するための、悪魔のようなヴェネツィア人の計略以外の何ものでもなかったと主張する学派さえ存在するのである（わかりやすい概要については、Queller and Stratton 1969 を参照）。

以上のような第四回十字軍に対する辛辣な非難のために、教皇ヨハネ・パウロ二世（位一九七八〜二〇〇五年）は、二〇〇一年、ギリシア正教会に次のような謝罪を行うに至った。「キリスト教徒が聖地に安全かつ自由に行き来できるようにするために出発したはずの者たちが加害者となり、彼らが信仰上の兄弟たちに対して目を向けたのは悲劇である。そして、彼らがラテン人のキリスト教徒であったことは、カトリックの者たちを深い後悔で満たすのである」と（Phillips 2004, xiii より引用）。

こういった見解の中では、第四回十字軍より前に起こっていた政治的動乱の最中でのビザンツ人自身による町の略奪、すなわち一〇八一年にアレクシオス〔一世〕コムネノスが「外国人傭兵部隊に三日間首都の略奪を許可した」こと（Queller and Madden 1997, 135）、については触れられていない。また、幾世紀にも及ぶラテン人のキリスト教徒たちに対する正教徒たちの蛮行、例えば、一一八二年に皇帝〔アレクシオス二世コムネノス、位一一八〇～一一八三年〕は、暴徒たちにコンスタンティノープルに居住するすべての西方人を攻撃するように扇動し、その中で「女子供や老人を含む数千人もの人々が虐殺された」（Queller and Madden 1997, 135. その数は十字軍士たちによる町の略奪の間における死者数よりも多い［Carroll 1993, 157, 131; Durant 1950, 605; Tyerman 2006, 553］）ということを知らしめるような言葉もない。また、先立つ三回の十字軍の間に生じ、数万人もの十字軍士たちの命を奪ったビザンツ人による数多くの裏切り行為についても一言もない。当然のことながら、こういった数多くの裏切り行為がビザンツ帝国に対する極度の憎悪を生み出させたことは驚くに値しない。そして、一二〇四年、第四回十字軍の構成員として東方に旅立った者たちもまた、十字軍士たちが皇帝位を奪回するのを手助けしたにもかかわらず、その後に、かつて交わした好条件の約束を反故にして十字軍士の艦隊に火船を差し向けた、あるビザンツ皇帝〔アレクシオス四世アンゲロス、位一二〇三～一二〇四年〕によって欺かれたのであった。その間、コンスタンティノープルに居住するラテン人たちは、一一八二年の虐殺を思い起こし、命の危険を感じて逃亡し、十字軍士の陣営に避難した。その結果、敵軍の支配下にある海岸で座礁していた十字軍士たちは「食糧も資金も枯渇した」のであった（Richard 1999, 250）。彼らがコンスタンティノープルを攻撃したのはその時である。

さて、詳細を見てみよう。

新たな十字軍への教皇インノケンティウスの呼びかけは、当初は無視されていた。ドイツ人はローマと不仲にあり、一方でフランス人とイングランド人は再び戦争状態にあった。しかし、第二回十字軍に対する遅い反応がクレルヴォー修道院長の聖ベルナールの尽力によって打開されたのとまさに同じように、第四回十字軍は、新たな十字軍について説教を行ってほしいという教皇の要請を受諾したフランス人修道士フルク・ド・ヌイイの尽力に呼応する形で進展した。頂点は、一一九九年にシャンパーニュ伯ティボー〔三世、位一一九七～一二〇一年〕によって開催された馬上槍試合の最中にやって来た。落命や怪我が付き物の馬上槍試合の真っただ中で、ムスリムによるエルサレム占領に対する関心が沸き上がり、最終的に伯ティボーが仲間や親族を率いて十字の印を受け取ったのである（McNeal and Wolff 1969, 159）。そこから、新たな十字軍に対する熱狂が広がり、計画が始まった。

今回も、十字軍士たちは海路にて東方に向かうことで合意したが、その目的地に関しては大きな変更があった。エジプトが攻撃的なまでに力を蓄えているのに、なぜ聖地という辺境域で戦わねばならないのか。そこで、当初の計画はナイル河口に屈強の軍勢を船で送り込み、永久に敵を叩き潰すこととされた。それは実に理に適ったことであった。

当然、新たな十字軍を組織する者たちは海軍を有さなかった。そこで彼らは、当時の地中海において主たる海運力を持ってたヴェネツィアへと代表団を派遣した。ヴェネツィア側は、四五〇〇人の騎士をその馬と共に、そして九〇〇〇人の従者と二万人の歩兵を、それに九ヶ月間の食糧と護衛としての五〇隻のガレー軍船を付けて、九万一〇〇〇マルクで運搬することに同意した（McNeal and Wolff 1969, 162）。この大きな仕事を遂行するために、ヴェネツィア人たちはほぼ一年分の対外貿易を停止して、その一年をいち早く造船することに専念しなければならなかったのである。

一二〇二年六月、約束通りにヴェネツィア艦隊は準備された。しかし不幸なことに、十字軍士たちは、当初に予定された三分の一しか集まらなかった。しかも、十字軍士たちは各自が自分の渡航費をヴェネツィアで支払うと考えていたので、集結者が足りないために統率者たちが金貸しから可能な限り借金してもなお、当初ヴェネツィア側に約束していた総額に約三万一〇〇〇マルクも足りなかった（McNeal and Wolff 1969, 167）。この段階で、ヴェネツィアのドージェ〔総督〕は一つの解決策を提案した。

ドージェのエンリコ・ダンドーロ〔位一一九二～一二〇五年〕は、もはや八〇代で目も見えなかったが、いまだ才気に溢れ、人心を動かすことのできる、非常に精力的な統率者であった（Madden 2003）。彼の提案は、ヴェネツィア人たちが十字軍に加わること、そして残金の支払いは延期されるということだった。その代わり、エジプトに向かう道すがら、艦隊はヴェネツィアからアドリア海を抜ける途中のダルマチア沿岸都市で、近年ヴェネツィアの支配に反旗を翻していたザラ（ザダル〔現在はクロアチア共和国内であるが、当時はハンガリー王国領〕）に停泊してそこを占領する、というものであった。

そこで一二〇二年一〇月一日、六〇隻のガレー軍船を含む二〇〇隻以上から成る十字軍士の艦隊は、一万五〇〇〇人の戦士および数千頭の馬を搭載して、ザラに向けてヴェネツィアを出港した（McNeal and Wolff 1969, 173）。一一月末、ザラは抵抗せずに降伏し、そのすぐ後に、十字軍士の艦隊は冬の海をコルフに向けて南下した。

退位させられた皇帝イサキオス二世の息子にして自身も皇位請求権を持つものの、追放の憂き目を見ている最中にあったビザンツ皇子〔アレクシオス四世〕は、この段階で十字軍士たちに驚くべき提案を行った。それは、皇位の奪回を手助けする見返りに、アレクシオスが彼らに二〇万マルク銀貨を与えた上で、彼らのエジプト遠征のために必要なあらゆる物資を供給し、一万人のビザンツ軍を随行させて遠征軍を増強し、ギリシア正教会をローマ教会に帰属させ、そして聖地のキリスト教国家の軍勢を増大するために永続的に五〇〇人の騎士を配備する、というものだった（Richard 1999, 247-48）。その提案は相当なものであったばかりでなく、即効的なものでもあった。おそらくその中で最も重要だったのは、十字軍国家の維持という問題に対する待望の解決策を提示したことであった。その保全をヨーロッパ世界に依存する限り、十字軍国家は永遠に危険な状態にあるということは常に明白であった。しかし、もし主たる責任をビザンツ帝国に移行することが可能であれば、さらに、もしエジプトからの脅威が排除された場合には、十字軍国家に対する援助はその移動距離を大いに縮め、大いに頼りにできるものとなる。したがって、十字軍士の艦隊はギリシアへと迂回して、コンスタンティノープルへ向かって漕ぎ出したのである。

一二〇三年七月五日、十字軍士の艦隊は、コンスタンティノープルの対岸にあるガラタに上陸し、一方でヴェネツィア軍は、金角湾の入り口を塞ぐ鉄の鎖を破壊して町の港へと向かった。当時のビザンツ皇帝〔アレクシオス三世アンゲロス、位一一九五～一二〇三年、イサキオス二世の弟にしてアレクシオス四世の叔父〕は、まったくと言ってよいほどコンスタンティノープルの防御に配慮していなかったので、ヴェネツィア人たちを迎撃するためにギリシア人側が送り出すことのできた数隻の朽ち果てたガレー船は、瞬時にして沈没してしまった。そして七月一七日、町への攻撃が始まった。先陣を切るガレー船に乗り、聖マルコ〔ヴェネツィアの守護聖人〕の旗を振って「自軍に向かって叫んでいる」盲目の年老いたドージェと共に（McNeal and Wolff 1969, 179）、数名のヴェネツィア人たちが上陸した。

自軍が城壁へ梯子をかけるのにまごついているように見えた時、ドージェは自分自身も上陸させるように求めて、「ダンドーロが上陸を決意した時、〔ヴェネツィア軍は〕老人の勇敢さに恥じ入った。彼らは尊敬すべき指導者を見捨てることができず、彼と行動を共にしようと殺到した」のであった（Phillips 2004, 175）。城壁に梯子がかけられ、門がこじ開けられ、ヴェネツィア軍は町の一部を占拠した。その間、十字軍士の軍勢は他方面から町に向かって進軍していた。ギリシア人側が彼らに対峙するための大軍勢を進軍させた時、十字軍士側は堅固な戦列を形成し、彼らが攻撃を仕掛けてくるのを待った。しかし、誰も来なかった。ギリシア軍は撤退してしまっていたのだった。その晩に皇帝も逃亡し、その後すぐにビザンツ人たちは残りの城門を開け、アレクシオス四世を新たな皇帝として迎え入れた。それを受けて、十字軍士たちは町の外へと撤退し、金角湾を挟んで対岸にあるペラ〔現イスタンブルのベイオール地区〕に陣を構えた。

当初は万事うまくいった。宝物庫には金銭がほとんど残っていないことがわかっても、アレクシオス四世は約束した二〇万マルク銀貨の内の幾分かを支払い始めた。しかし彼は、〔ラテン人に対する〕臣民たちからの決然とした敵意に直面した。聖職者や上層階級の者たちはラテン人を憎み、見下していた。緊張が高まるにつれて、「まだ残留していたラテン人の居住者たちは」、今にも勃発しそうな虐殺から逃れるために、「家族と持てるだけの家財を伴って、十字軍士たちのもとに行くために港を渡った」のであった（McNeal and Wolff 1969, 181）。その直後、皇帝アレクシオスは政治的風向きに流され、約束の支払いを停止した。戦争は差し迫っていた。

ギリシア人側は、二回にわたってヴェネツィア艦隊に火船を送り出した。しかし、ギリシアの火という秘策は、もはや効力を失っていたようである。攻撃は失敗に終わった。その間、町の内側では、宮廷内のクーデターによって他の皇室出身者が帝位に置かれていた。彼は、濃い眉毛が繋がっていたために、「ムルツフロス」〔「濃い眉毛」の意〕という渾名で知られていた〔アレクシオス五世ドゥーカス、位一二〇四年〕。彼は、アレクシオス四世を弓弦で絞殺し、皇位継承権を持ちうる他の者たちを殺害した。新たな皇帝は素早く防御を固め、十字軍士たちへのあらゆる物資供給を絶つために軍隊を派遣した。

高い評価を得ているフランス人歴史家のジャン・リシャールが説明しているように、「十字軍士側の状況は手に負えないものとなった……〔彼らには〕食糧も資金もなく、彼らがそうでありたいと願った思惑からは遠くかけ離れていた。ヴェネツィア側も同様の状況に置かれていた。というのも、彼らもまたアレクシオス四世によって約束された物資を当てにしていたからであった」（Richard 1999, 250）。

そこで、統率者たちは集まって可能性を探った。西洋にとっても好都合である新たな皇帝をビザンツ皇帝に据えるという方針の転換は、時間、資金そして人命という点でも高くつくものだった。しかし、皇帝の財産の状況がどのようなものであれ、コンスタンティノープルは巨万の富に満ち溢れていた。彼らは町の略奪を決心し、どのように略奪品を集めて分配するかについて合意に達した。ギリシア人側にとっては不幸なことに、その集団は、新たな皇帝家を創設することによってビザンツ皇帝位を西洋人の手中に堅持することも決定していたのである。

十字軍士側の計画は、最も大きな輸送船の帆柱の先から梯子を伸ばして城壁と塔を攻撃し、同時に追加の軍勢および騎兵を海岸に上陸させる、というものであった。四月九日に攻撃が始まったが、風向きが悪かったために船が岸から離れてしまったこともあって、最終的には失敗に終わった。四月一二日、強風と共に岸の方へと戻って来たヴェネツィア人たちは、梯子を幾つかの塔に固定することに成功し、十字軍士たちは橋を架けた近辺の城壁から防衛隊を駆逐し、幾人かが町中へ降りて内側から門を破壊して開け放った。馬に乗った騎士たちが町中になだれ込んだ。夕暮れまでに、十字軍士たちは、その城壁の周囲数百メートルに広がる町の一部を占拠した。彼らは、夜明けには激しい抵抗に遭うだろうと予測し、戦列を崩さずに睡眠を取った。しかし、ムルツフロスは夜の間に逃亡しており、すべての抵抗は崩壊していた。ほとんどの上流階級の者たちもすでに逃亡していたのである（Wolff 1969, 189）。

三日間にわたって、十字軍士たちは町を略奪した。それについての記述のほとんどは、略奪よりはむしろ強姦や殺人を強調している。そのような非人道的な行為が起こったことは疑いようもなく、また略奪物も膨大な数に上ったが、推定される死亡率は（すでに述べたように）低かった。町の「略奪」について言うと、戦士たちが貴重品を袋一杯に詰め込んでいたということで語るに足りるであろう。指揮官たちは、すべての略奪品を分配するためにいったん提出するように命じた。当然のことながら、多くの物、特に宝石のような小さな貴重品は、提出されることはなかった。そうであっても、提出された物は、最終的に一万着の甲冑と四〇万マルク分に上った（McNeal and Wolff 1969, 185）。

町が足下に平伏したことを受けて、ヨーロッパ人たちは新たな皇帝家の創設という計画の実施へと進んだ。その結果、フランドル伯ボードゥアン〔九世、伯位一一九五～一二〇五年〕が新たなビザンツ皇帝に選出された〔ラテン帝国皇帝位一二〇四～一二〇五年〕。予期されたように、その統治を成功させるには西洋人の軍勢の存在と後ろ盾を必要とした。ボードゥアンを皇位に据えた時、十字軍士たちは一二〇五年までは彼を守り続けることを約束した。エジプト攻略という計画は、完全に放棄された。その期日を迎えた時に第四回十字軍は公式に終了し、約七〇〇〇人の戦士はヴェネツィア船に搭乗して故郷へと戻った。彼らが東方に戻ってくることはなく、帝国という大きな塊はすぐに瓦解し、西洋人の皇帝は一二六一年までコンスタンティノープルを保持したが、一二二五年までにはそのほとんどが西洋人の統制下から離れてしまっていたのである。

小括

コンスタンティノープルの占領は、西洋世界では非常に悪く受け止められた。特に教皇は激怒した。その理由の一つは、最初に起こったザラの占領が、第四回十字軍という事業はヴェネツィア人の都合主義によるものに他ならないとする推断を強めてしまったからであった。加えて、たとえ東方キリスト教徒であろうとも、攻撃はすべてキリスト教徒に対してなされたからであった。しかしより重要であったのは、エルサレムを再征服するために何もなされなかった、もしくは聖地からエジプト人たちを駆逐しなかった、という事実であった。その事実は、教皇インノケンティウス三世には受け入れ難いものだった。第五回十字軍がなくてはならなかったのである。

第一〇章　エジプトに対する十字軍

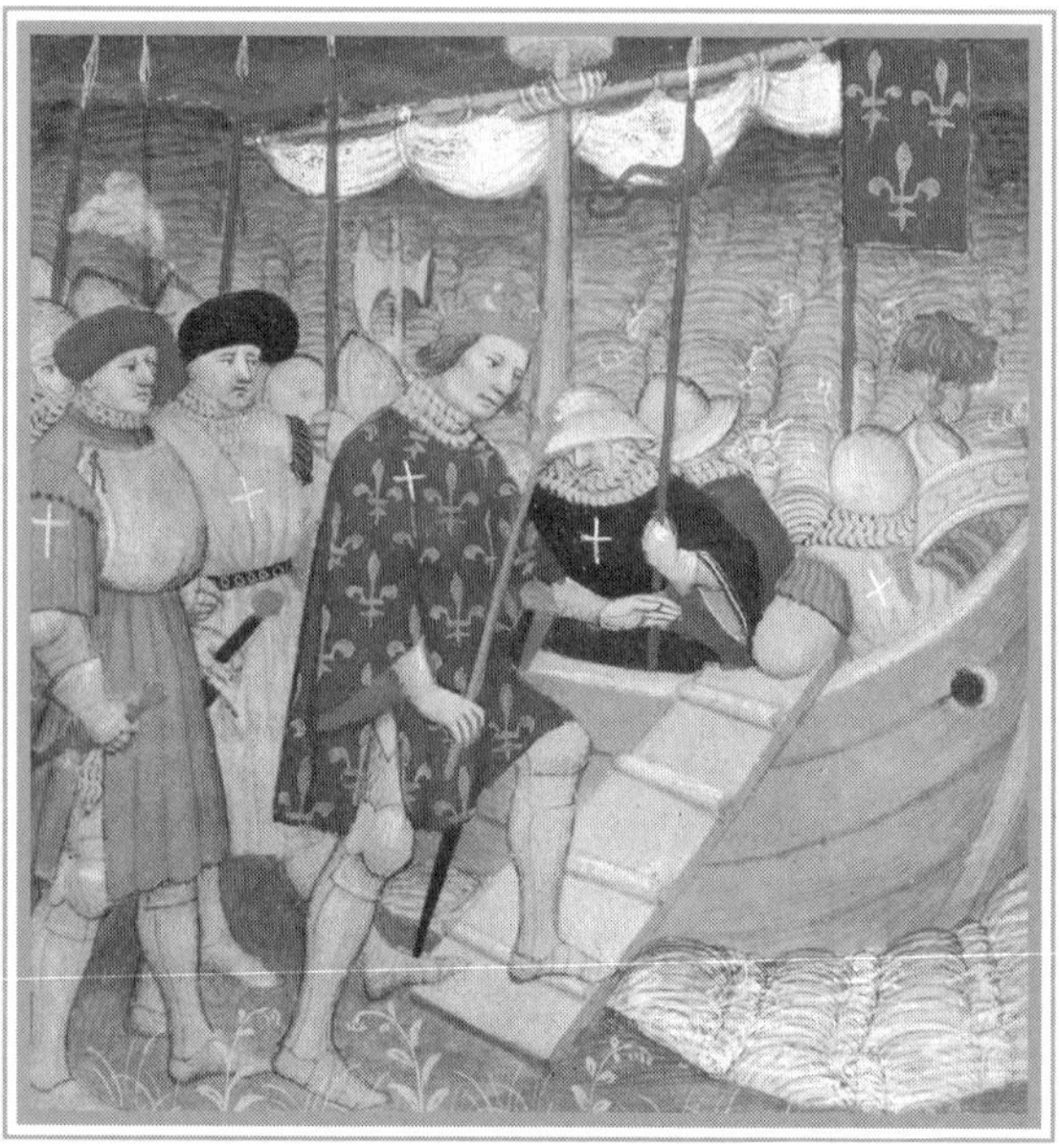

フランス国王ルイ9世〔位1226～1270年〕が、エジプトに向かう途中のキプロスにて、大軍の先頭に立って船に乗り込んでいる。彼が率いた十字軍はいずれも失敗したが（彼は2回目の十字軍の最中に死去した）、人々は彼を大いに賞賛し、その死から27年後に彼は聖ルイとして列聖されたのであった。

© Erich Lessing / Art Resource, NY

第三回十字軍以降、その防衛が緊急事態に対応するためにヨーロッパからやって来る遠征軍に依存し続けるのであれば、聖地は決して安全な状況にはならないだろうということは、西洋の指導者たちにとっては明白となっていた。十字軍国家に対する主たる脅威はエジプトにあるのに、ティール、アンティオキア、アッコンを救済するために軍勢を送り続けることは的外れだった。しかし、もし西洋の軍勢がエジプトを占領して支配すれば、聖地に対するムスリムからの圧力のほとんどは取り除かれることとなり、聖地の防御が必要な時も、キリスト教徒の主力部隊が近場から出動できるであろう。このことが新たな戦略となった。

当然、第四回十字軍はまさにそのような解決策を遂行するために出立したのであったが、最終的にはそのための努力を一切行わなかった。サラーフッディーンの後継者たちは依然としてエジプトを統治しており、エルサレムは依然としてムスリムの手中にあり、十字軍国家の保全は依然として危機的な状況下にあった。さらに悪いことに、十字軍運動にかかる莫大な費用に対する反対が、ヨーロッパ内部で大きくなっていった。そこで、何が問題なのかを熟知していた教皇インノケンティウス三世は、一二一三年、第五回十字軍を呼びかけ始めたのであった。

事は初めから躓いた。一二一六年にインノケンティウスが急逝し、主導的立場にある貴族たち（例えば、フィリップ二世はいまだフランスを統治していた）の多くは、かつてすでに十字軍に参加しており、もう一度参加したいとは思っていなかった。また、概して彼らは在地の係争に巻き込まれており、また中にはアルビジョワ派に対する「十字軍」に参加する者もいた。それにもかかわらず、教皇ホノリウス三世〔位一二一六～一二二七年〕は、ようやくのことでオーストリア大公レオポルト六世〔位一一九八～一二三〇年〕とハンガリー国王アンドラーシュ二世〔位一二〇五～一二三五年〕に軍勢を統率することを同意させた。彼らは、その軍勢をダルマチア沿岸にあるスプラート（現〔クロアチア共和国〕スプリト）に進軍させ（幾人かは船で向かった）、そこで一二一七年八月にヴェネツィア船に乗るように手筈を整えた。

この軍勢は、かつての十字軍の中でも最大規模のものであり、おそらくは一万人の騎乗騎士と必要なだけの歩兵軍から成っていた（Van Cleve 1969, 388）。ただし、当時の統計が怪しげな証拠に基づいて見積もられているということには留意せねばならない。ともかくも、軍勢の数は雇用した船の収容力を遥かに凌いだので、片道およそ三週間を要するアッコンまでピストン輸送せねばならないほどであった。アッコンにて、彼らはキプロス国王ユーグ一世〔位一二〇五～一二一八年〕率いるキプロス軍によって増強され、さらにそこに十字軍国家の軍勢や騎士修道会の部隊が加わった。

十字軍士たちがエジプトを攻撃するために乗船する前に、ハンガリー国王アンドラーシュが言を翻して故郷に戻ることを決めた時、計画はすでに遅れていた。彼は病に冒されていたのだが、おそらくは彼を王位の簒奪者と見なす親族によって毒を盛られていたのだった。一二一八年、彼は自軍を集めて故郷へ向かった（Van Cleve 1969, 393）。アンドラーシュは、道中で何度も小休止を取ったが、その多くは結婚式に出席するためであった。彼の離脱は利用することのできる軍勢を大幅に減じてしまったので、すでにドイツおよびフリースラントから聖地に向かっている途中だと報じられていた多数の追加兵の到着を待つことが決まった（Van Cleve 1969, 394）。これらの軍勢は、一二一八年四月、海上から到着し始めた。その結果、五月に十字軍士の艦隊がダミエッタ（ディムヤート）の港に到着し始めた。エジプトへの攻撃が始まったのである。

ダミエッタは、海から約三キロ、ナイル主流のまさに河口に位置し、後背にはマンザラ湖を抱えている。重厚に要塞化された町は、三つの城壁と多数の塔を有していた。町の真正面にある河に浮かぶ小島には、恐怖心を与えさえするような七段から成る塔があり、そこからは、町の城壁が攻撃を受けた際に、敵船がナイル河上流方面へと侵入するのを防ぐための巨大な鎖がぶら下げられていた（Runciman 1951, 3: 152; Van Cleve 1969, 398-99）。

十字軍士たちは、ダミエッタの真向い、ナイル河の西側にある土手の上に陣を構えた。そこは海に出ることも容易で、防衛の上でも適した場所であった。しかし、攻撃という目的にとっては理想的な場所ではなかった。というのも、十字軍士たちが町を攻撃するためにはナイル河を横断しなければならなかったからである。六月二三日、彼らは「七〇～八〇隻の船に乗って」、それを決行した（Van Cleve 1969, 399）。攻撃は退けられた。一週間後にも彼らはまた失敗した。その後八月末、十字軍士たちは二隻の大きな船を結び付けて一つにし、それを基にして「小さな城塞」を作り上げ（Van Cleve 1969, 400）、そこから巨大なタラップを伸ばした。十字軍士たちは、このからくり道具をナイル河の中にある塔めがけて航行させた。騎兵たちがタラップから突撃して駐屯軍を降伏させ、ナイル河上流への航行を妨げる巨大な鎖を断ち切った。これはあらゆる点において注目すべき成果であり、ダミエッタのムスリムたちは、この出来事に完全に呆然としてしまい、すぐに町は陥落するであろうと予感した。もし十字軍士たちが畳みかけていれば、おそらくそのようになったであろう（Runciman 1951, 3: 154）。しかし十字軍士たちは、河の水位が下がってさらなる増強軍が到着するまで待機することにしたのであった（この軍事遠征の間、迅速になされたことはほとんどなかったのである）。

九月末までには、相当数の増強部隊が到着した。しかし不運なことに、教皇によって十字軍士たちの指揮系統を統合するように派遣された枢機卿ペラージョ・ダルバノ〔ペラージョ・ガルヴァーニ〕も到着したのだった。ペラージョはスペイン人であり、「非常に勤勉で、行政上の経験も豊富な人物であったが、相当に気転に欠けた人物であった」（Runciman 1951, 3: 155）。彼は、自分の意見に従わない者すべてに対して破門でもって脅し続け、その強情さを決断力と勘違いして、第五回十字軍の失敗をもたらしたのであった。それは次のようにして起こった。

十字軍士たちが塔を占拠した後ぐずぐずしている間に、ムスリム側は軍勢を集め、一〇月になって十字軍士たちの陣営を襲撃した。ムスリム側は数の上では大きく上回っていたものの、十字軍士たちは彼らを撃退したばかりでなく、攻撃軍をほとんど皆殺しにした。しかしまたもや、彼らはさらなる攻撃を行うのではなく、勝利を享受することに満足してしまった。しかし、エジプトのスルタンは、エルサレムをキリスト教徒に明け渡すことは避けられないと強く確信していたので、聖なる都市を廃墟にするように命じた。三月の終わりに城壁の取り壊しが始まり、（ギリシア系の）キリスト教徒たちの家屋は略奪された（Runciman 1951, 3: 158）。

その間の一二一九年二月、十字軍士たちはついにダミエッタ再攻撃の準備を整えた。時を同じくして、その地位の継承を巡る陰謀がエジプトのスルタン、アル・カーミル〔アイユーブ朝第五代スルタン、位一二一八～一二三八年〕を相当に脅かすこととなったために、彼は馬に跨って夜間に自軍から脱走した。夜が明けて、その軍勢が統率者に見捨てられたことがわかった時、彼らは混乱して、その多くは武器を置いたまま逃亡した。しかし、ダミエッタにはこの時までごくわずかの駐屯軍しかいなかったにもかかわらず、十字軍士たちは町を襲撃するのではなく、単に町を包囲するために陣営を移しただけであった。

今や、ムスリム側は和睦を望んでいた。彼らは、エルサレム自体も含むかつてのエルサレム王国領のすべてを明け渡し、もし十字軍士たちがエジプトから立ち去るのであれば三〇年間の休戦協定に調印するという案を提示した。軍事統率者たちはこの提案を受諾することを望んだ。しかし、ペラージョ殿は「否」と言った。それを受けて、ムスリム側は先の提示条件に加えて三〇万ベザントを支払うことを提示した。再度ペラージョは却下した。そのような選択の中で、彼は二つの重要な事実を忘れてしまっていた。一つは、様々な十字軍士の部隊が故国に帰ってしまっていたために自軍の規模が小さくなっていたということ、そしてもう一つは、他方でエジプト軍はシリアやその他のイスラーム勢力によって増強されつつあったということである。一二一九年五月、ムスリム側が十字軍士たちの陣営を攻撃した。それに動じなかった十字軍士側の歩兵隊は、彼らに大損害を与えた。二週間後、再びムスリム軍が攻撃したが、再度彼らの遺骸が戦場に散らばった。

ムスリム軍の攻撃を弾き返し続けることに満足することのなかったペラージョは、今や策士となり、ダミエッタの襲撃を試みるように命じた。しかし、その攻撃が事態を進展させることはなかった。二日後に行われた二回目の攻撃も同様であった。七月一三日および七月三一日の攻撃も失敗した。これらの失敗は、十字軍士側の軍事力を弱め、彼らの決心を蝕んでいき、同時にその一方でムスリム側に幾分かの自信を回復させることとなった。八月末、十字軍士側は伏兵に襲われて、流血を伴う敗北を喫した（おそらくは四三〇〇人もの命が失われた。Van Cleve 1969, 414）。それでもなお、十字軍士たちは強大にして危険な敵であった。

この段階に至って、エジプト人たちはもう一度休戦を求めた。しかし彼らにとって不運だったのは、ペラージョの反対にもかかわらず新たな休戦協定の提示を受諾しようと考えていた十字軍統率者たちが議論していた時に、ダミエッタを見張っていたキリスト教徒の歩哨たちが、最寄りの塔では活動の模様が何ら見られないことに気づき、長梯子をかけて登り、その塔およびそれに隣接する部分の城壁すべてが放棄されているのを発見したことであった。より多くの軍勢が掻き集められ、ダミエッタは抵抗なくして占領された。様々なアラブ人年代記作者たちは、その時に十字軍士たちが全住民を虐殺し続けたと主張しているが、城壁の放棄という事実と矛盾しないのは、おそらく疫病の犠牲者となった多くの遺骸や瀕死の者たちを除いて町はほとんど廃墟であったという十字軍士側の主張のほうである（Runciman 1951, 3: 162; Van Cleve 1969, 418）。

今やダミエッタを獲得したペラージョが指揮権を完全に掌握しているのを看取したエルサレム国王の摂政ジャン〔・ド・ブリエンヌ、国王位一二一〇～一二一二年、娘イザベルの摂政位一二一二～一二二五年〕は、船に乗ってアッコンへ戻ってしまった。そして（一二二〇年の）春には、他の多くの十字軍士たちも帰郷した。しかし、離脱者たちの穴は、様々な大司教や司教に率いられて到来した数多くのイタリア人部隊によって埋められた。ただし、これらの教会人たちは、軍事統率者としての力量に欠けていることを示したばかりでなく、ダミエッタにおいて統制を執ることすらできなかった。同時代史料は、酩酊と無秩序が蔓延していたことを記している。また教会人たちは、エジプト人に向かって進軍するよう軍隊を説得することすらできなかったのである。

一年が過ぎたが、その間にムスリム側は、十字軍士たちのさらなる南下を防ぐための防波堤として、ダミエッタに代わる強固な要塞をマンスーラに築き上げていた。その時、さらなるドイツ人の軍勢の到来とエルサレム国王ジャン〔正確には摂政〕の帰還を受けて、ペラージョは新たな軍事遠征を実施することのできる体制にあった。軍勢が南に向けて進軍し、約六〇〇隻の船、ガレー船、小型船から成る大艦隊がナイル川に沿ってそれに随行した。彼らがマンスーラに到着した時、町の攻略には長期の攻囲が必要である、ということが明らかとなった。しかし、ムスリムの陣を迂回するのではなく、ペラージョはマンスーラに対面する所に防備の施された陣を張り始めた。そこは、危険なまでに攻撃を受けやすい場所であった。さらに悪いことに、そこはマンスーラを孤立させることのできる所ではなく、数千もの新たなムスリム軍が彼らの陣営へと流れ込んだ。ペラージョと聖職者たちは、未亡人となっていたキプロス女王のアリクス〔ユーグ一世の妻〕および経験豊富な軍人たちから、繰り返し忠告を受けた。しかし不幸なことに、当時その場にいたパーダーボルン司教オリヴァーがその見事な第五回十字軍に関する歴史書の中で記しているように、「今や我々の罪ゆえに、あらゆる正しい判断が我々の統率者たちからなくなってしまった」(Hallam 2000, 254より引用)。この時点で、ムスリムたちは北側に相当数の軍勢を配備し、そこで彼らはダミエッタからやって来る補給船を攻撃して撃沈した。すぐさまムスリム軍は、南に向かう供給物資を断ち切ったのみならず、十字軍士たちの退却をも危険にするような立場に立った。最終的に、危険な状況にあることを悟ったペラージョは、今や体制を乱して撤退する自軍を率いていたのであるが、そこにムスリム側は、幾つかの堤防を決壊させて十字軍士の陣営から北に向かう進路上のみにナイル河が流れるようにしたのである。

計略に嵌り、支援物資を欠いた際、ペラージョでさえ休戦協定の時が来たことを悟った。ムスリム側も、あまり激しい攻撃を行いたくはなかった。なぜなら、十字軍士たちは依然として打破しがたい軍勢であり、さらに両軍とも、相当数のドイツ人十字軍士の部隊が今にもダミエッタに到着する予定であることを知っていたからである。そこで、一二二一年八月三〇日、八年間の休戦が受諾され、十字軍士側はエジプトからの完全撤退に合意し、両軍とも捕虜を解放した。以前に休戦が模索された際に提示されていた聖地からのエジプト軍の撤退は、そこに含まれなかった。

後に明らかになったように、期待されたドイツ人の増援部隊は、八年後、神聖ローマ皇帝フリードリヒ二世〔位一二二〇～一二五〇年、シチリア国王位一一九七～一二五〇年〕が、その十字軍宣誓の不履行を続けていたがために二度の破門宣告を受けた後の一二二九年に、ようやく小規模な軍勢を率いてアッコンに到着した。多くの事を成し遂げるのに必要な軍勢に欠いていたフリードリヒであったが、それにもかかわらず、エルサレム、ベツレヘム、ナザレをキリスト教徒の支配下に返還するというアル・カーミルとの協定交渉を達成した。その見返りとして、教皇グレゴリウス九世〔位一二二七～一二四一年〕はフリードリヒの破門を撤回した〔実際には破門を撤回するどころか、フリードリヒの回復した地を聖務停止令下に置いた〕。

一五年の間、エルサレムはキリスト教徒の手中にあった。しかしその後の一二四四年八月二三日、新たにアジアから到来したトルコ系遊牧民の集団でエジプトのスルタンと同盟関係にあったホラズム・シャー朝の集団が、「防備に手薄であった」エルサレムを蹂躙し、「手当たり次第にフランク人を殺害してキリスト教徒にとって聖なる場所を汚した」のであった〔Tyerman 2006, 771〕。彼らは続いて、エジプト軍と合流するために南へ進路を取り、合流軍はキリスト教徒たちを海側へと追いやっていった。十字軍国家および騎士修道会は至急全軍を集め、ガザで敵軍のムスリムと会戦したが、キリスト教徒たちは完敗した。十字軍士たちが港町にしがみつくことができたのは、ただ単にトルコ人とエジプト人との間で内紛が生じたからであった。

聖王ルイの崇高なる失敗

その惨事から数週間の内に、「西洋の諸侯たちに……増援部隊が派遣されなければエルサレム王国全土が消滅するということを告げるために」、ベイルート司教がアッコンから出航した（Runciman 1951, 3: 256）。エルサレム王国にとって幸運であったのは、この訴えが、フランス国王が深刻な病気から予想に反して回復した結果十字の印を受け取っていたのと時期を同じくしたことであった。おそらく彼は、十字軍国家で最近起こった惨事の報が西方に届く前に十字の印を受け取っていた。ともかくもルイ九世は、その聖性のみならずその十字軍遠征ゆえに、長らく崇敬されたのである。彼は、その死からわずか二七後の一二九七年、聖王ルイとして列聖された。

おそらくは、聖王ルイによって率いられた十字軍は、すべての十字軍の中で組織的にも、財政的にも、計画の面においても最も優れたものであり、それは主として統率者の能力および実直な性格ゆえであった（Strayer 1969, 487）。一二四五年一〇月、ルイはパリに貴族の一団を召集することから始めた。彼が急がせたこともあって、ほとんどの者たちが十字の印を取った。それと同時に、彼は十字軍のために支払うべきかなり高額な税金を課した。

またもやその計画は、ダミエッタに上陸してカイロに進軍するという形でエジプトを攻撃することであった。しかし今回の遠征は、一二二一年に大惨事をもたらしたナイル河の氾濫期を避けることとなった。自分自身の準備を整えつつ、ルイはヨーロッパ内の他の国王たちをも召集しようとしたが、それは叶わなかった。彼は、特にノルウェー国王ホーコン〔四世、位一二一七～一二六三年〕を誘うことができなかったことに落胆した。というのも、彼こそが必要な艦隊を提供できたからであった。その結果、ルイは、イングランドやスコットランド、そしてそのほとんどはジェノヴァからのものであったが、様々な所から船を調達して準備を整えたのであった。

大幅に遅れた後の一二四八年までに、ついにルイはキプロスに向けて出港し、九月一七日に到着した。そこで十字軍士たちは越冬した。その間、アンティオキア侯ボエモンド五世〔位一二三三～一二五一年〕から、ホラズム・シャー朝のトルコ人たちによる攻撃を撃退するための援軍要請が届き、ルイは五〇〇人の騎士を派兵した（Richard 1999, 345）。一二四九年五月末、十字軍士たちは船に乗り込み、エジプト沿岸を目指して出港した。彼らの数は、おそらく「二五〇〇～二八〇〇人の騎士、五〇〇〇人の弩兵、およびその他約一万五〇〇〇人の戦闘員」であった（Richard 1999, 345）。彼らはダミエッタの海岸に上陸したが、すぐさまエジプトの騎兵隊によって攻撃された。しかし、ムスリム側の突撃は、歩兵隊（その時はキリスト教徒の騎士でさえ徒歩で戦った）の持つ槍で形成された頑強な壁に対しては効果がなく、大きな損害を被った後にムスリム軍は撤退した。海岸からばかりでなく町からも。そして一般人たちも彼らに続いて逃亡した。ダミエッタは、わずか数時間で陥落したのである（Runciman 1951, 3: 262）。

しかし不運なことに、この迅速な勝利がすべての予定を狂わせてしまった。ルイは、ダミエッタを占領することにひと夏を費やし、河の水位が通常の状態に戻った後にナイル河を上流に向けて進むという予測を立てていた。今南下することは、ナイル河の氾濫期に進軍することとなってしまい、それは第五回十字軍を悲しませる行動であった。そこでルイは、自軍を落ち着かせて待機した。しかし、これは決して容易な仕事ではなかった。陣は絶えず無秩序であり、病気や争いが原因となって死亡率も高くなっていった。夏が過ぎ、ルイの軍勢は徐々にその数を減らしていった。幾つかの部隊が帰郷してしまったのである。

一一月二〇日、ついにルイは、一二二〇年にペラージョの軍勢に対抗するために建造されたマンスーラの城塞に向けて、十字軍士たちを率いた。この間に、その城塞は大幅に増強されていた。マンスーラに到着するためには、十字軍士たちはナイル河を横断せねばならなかった。彼らは十分な橋を建造することはできなかったが、歩いて渡ることのできる地点を示すようにと、ある在地のコプト教徒を買収した（Runciman 1951, 3: 266）。それでも河を横断することは困難を極め、幾人かの騎士たちは溺死してしまった。さらに悪いことに、対岸にて堅固な隊列を組み直すのではなく、前衛部隊が、残りの軍勢を待つことなく、城壁の外に陣を張っていたエジプト軍に攻撃を仕掛けてしまった。エジプト人たちが逃げ出した時、頭に血が上った前衛部隊は、彼らを制止しようとしたテンプル騎士修道会総長〔ギヨーム・ド・ソナック、位一二四七～一二五〇年〕の猛烈な努力にもかかわらず、エジプト人たちの後を追いかけ、すぐにマンスーラ内の路上における戦闘が始まった。ここでムスリム側は戦士を再結集したため、数の上で大きく不利となった前衛部隊は虐殺されてしまった。しかし、残りの軍勢が到着し、エジプト人たちを城塞から駆逐した。マンスーラは、十字軍士たちの手中に落ちたのである。

その時点で、十字軍士たちはダミエッタへと引き返すべきであったのかもしれない。しかし、勝利に沸き立っていた彼らは、ダミエッタと聖地とを交換するための交渉が始まるだろうと確信した。しかし話し合いが長引くにつれて、ムスリム側はナイル河を遡って来る十字軍士側の補給船の進行を妨げ始めることに成功し、十字軍士たちは湿地帯の劣悪で不健全な状態に屈し始めた。間もなく南に向かって進軍した約二七〇〇人の騎士の内、わずか四五〇人しか戦えないような状況になった（Richard 1999, 348）。ついにルイは、自軍にダミエッタに戻るよう命じた。しかし、その道中、すべての規律が崩壊し、判断の誤りもあって十字軍士たちは降伏した。ムスリム軍は、落伍者や十字軍士側の船に乗せられた病人や負傷者を瞬時に皆殺しにした。他の多くの者たちには、死かイスラームへの改宗かの選択肢が与えられた。そして、多くの者は死を選択した。ルイもまた捕虜となったが、彼の場合はそのような惨い選択に直面することはなかった。その代わり、（テンプル騎士修道会が持ちかけた）巨額の保釈金についての交渉が始まり、ルイおよび主要な貴族たちは解放された。

その後の四年間、ルイがフランスに戻ることはなかった。その代わり彼は聖地へと赴き、アッコンやヤッファの防衛の強化や再建に巨額の金銭を投じた。一二五四年、ついにフランスへと戻る際、彼は一〇〇〇人のフランス人騎士と相当数の歩兵から成る駐屯軍を、防衛のために残していった。彼らに支払う報酬やその維持費のために、ルイは年間およそ一万ポンドを支出したが、その額はフランス国王の年収の約四パーセントに相当したのである（Riley-Smith 2005, 208）。

完成度の高い十字軍を率いたルイの失敗は、多くのヨーロッパ人たちを失望させ、十字軍運動への反対の高まりに大きく寄与することとなった。間接的にではあるが、それはエジプトにおいてさらに悲惨な効果をもたらすこととなった。スルタン〔アイユーブ朝第八代スルタンのトゥーラーン・シャー、位一二四九〜一二五〇年〕は、父〔アイユーブ朝第七代スルタンのサーリフ、位一二四〇〜一二四九年〕のマムルークによって殺害され（これについては後述する）、その結果としてサラーフッディーンの家系による統治は終焉したのである。以降の二六七年間、マムルーク朝がエジプトを支配することとなった。

十字軍国家に対するバイバルスの攻撃

聖王ルイの敗北に寄与したエジプト人指揮官の一人は、バイバルスという名のマムルークであった。一〇年後に最初のマムルークのスルタンが暗殺され、バイバルスはその位を手中に入れた〔正確には、アイバク（マムルーク朝第二代スルタン、位一二五〇〜一二五七年）の子マンスール・アリー（マムルーク朝第三代スルタン、位一二五七〜一二五九年）を廃位させてスルタンになったムザッファル・クトゥズ（マムルーク朝第四代スルタン、位一二五九〜一二六〇年）を、バイバルス（マムルーク朝第五代スルタン、位一二六〇〜一二七七年）が暗殺した〕。彼は、残虐ではあったが非常に実力のある統治者であった。

「マムルーク」とは、民族的区分でも部族的区分でもない。その言葉は、アラビア語で「所有されている」ということを意味する（Ziada 1969, 735）。すべてのマムルークは、幼少期に攫われたかもしくは購入された奴隷であった。概して彼らはカフカスの村落出身者であり、したがってバイバルスが青い目を持ち非常に長身であったことは、不思議ではなかった。これらのカフカス人の幼い少年たちは、ムスリムとして育てられ、スルタンに身を捧げる奴隷の戦士として訓練された。

一二六〇年に権力を手に入れると、バイバルスはその統治期の最初の二年間を権力基盤の強化に費やし、軍隊を再編し、新たな海軍を構築した（Ziada 1969）。一二六三年までに、彼は聖地に進軍する準備を整えた。彼の進軍は、ナザレを略奪してその町の有名な教会〔受胎告知教会〕を破壊することで始まった。その後、彼はアッコンへと自軍を率いたが、その町があまりにも頑強に要塞化・防備されていたので（駐屯軍には、ルイ九世が与えた騎士と歩兵を含んでいた）、彼は町の周辺域の略奪に着手した後にエジプトへと引き上げた。

一二六五年、彼はさらなる大規模な軍勢と不屈の意志と共に再来した。彼の最初の標的は小さな港町カエサレアであった。町はほとんど抵抗なくして陥落した。次にバイバルスは、自軍を率いて沿岸部を北上し、カイファ〔現イスラエル国ハイファ〕に至った。「警告を受けた町の住民たちは、町も城塞も放棄して停泊していた小舟へとあっという間に逃げ込んだため、町は破壊された。そして、逃げ遅れた住民たちはすべて虐殺されたのであった（Runciman 1951, 3: 318）。引き続いてバイバルスは、〔ハイファの南に位置する〕アトリットにある、巨大なテンプル騎士修道会の城塞〔巡礼城（シャトー・ペルラン）〕を攻撃した。彼は、城壁の外側に広がる農村を焼き払うことはできたが、城塞に向けて進行することはできなかった。そのことを受けて、三月末まで彼は海岸沿いを南進し続け、小規模な港町であるアルスーフ（またの名をアルスールもしくはアポロニア）に至った。その町は、「素晴らしい勇気を持って」戦う二七〇人の聖ヨハネ騎士修道会士によって防衛されていた〔Runciman 1951, 3: 318〕。四月末には城下町がバイバルスの手中に落ちたが、城塞は堅持され続けた。バイバルスは、すべての騎士に自由に立ち去ることを許可する、ということを含む降伏条件を提示した。それを受けて彼らは降伏したのだが、バイバルスは前言を翻して、彼らを皆奴隷にした。そして、いずれ十字軍士たちがこの前哨拠点を回復するかもしれないと恐れたバイバルスは、その後その地に誰も再び居住することがないようにするため、城塞および城下町を徹底的に破壊させた。そして、再びアッコンの番がやって来たが、またもやその町があまりにも強力であることを悟ったバイバルスは、自軍を率いてエジプトへと引き返した。

一二六六年、バイバルスは、内陸部に残って抵抗を続ける陸の孤島に視線を向けた。手始めに、彼は巨大な城塞都市であるモンフォール〔現イスラエル国ミヴトザル・モンフォル〕に向けて自軍を率いたが、すぐさまその町があまりにも強固であることを見て取った。そこで彼は、ガリラヤの高地にあるサフェドに築かれた巨大なテンプル騎士修道会の城塞へと自軍を率いた。駐屯軍は、数名のテンプル騎士修道会士および相当数のシリア人傭兵から構成されていた。バイバルスの到着と同時に、シリア人たちは脱走し始め、すぐにテンプル騎士修道会士だけでは城壁に十分な人員を配備することが不可能となった。バイバルスは、テンプル騎士修道会士たちに降伏条件を提示した。城塞を明け渡せば、傷つけられることなくアッコンに引き上げることができる、と。テンプル騎士修道会士たちは城門を開けて外に出てきた。しかし、ムスリムたちは彼らを捕え、一人ずつ全員の首を刎ねたのであった〔Madden 1999, 181〕。次にバイバルスは、〔ダマスクスの南に位置する〕カーラーにあるキリスト教徒の村落に目を向け、全成人を虐殺して子供全員を奴隷にした。秋になり、彼はアンティオキアを攻撃するための軍隊を送ったが、配下の指揮官たちはその企てには参加しないことを決定した。

翌年（一二六七年）の春、バイバルスは再度アッコンの前まで自軍を進軍させ、今回は城壁への攻撃を行ったが、流血を伴う敗北を喫した。この敗北に対する穴埋めとして、バイバルスはキリスト教徒もしくはキリスト教徒と思しき者を求めて漁り回り、彼らの首のない死体でアッコンの周りを囲ったのであった。まったくもって無駄な行為である。

一二六八年、バイバルスはヤッファを征服し、住民たちを虐殺した。その後の五月、彼は自軍をアンティオキアに侵攻させた。駐屯軍は、城壁に十分な人員を配置させるだけの数を欠いていたが、第一次の攻撃を押し戻すことに成功した。騎士たちは、バイバルスがサフェドやアルスーフで降伏条件を守らなかったことを知っており、したがって交渉の余地はなかった。ムスリム軍による第二次アンティオキア攻撃は町の城壁を打ち破った。続いて起こったのは、「十字軍のすべての時代において最大かつ唯一の大虐殺」であった（Madden 1999, 181）。その模様は、ムスリムの年代記作者たちにすら衝撃を与えた（Runciman 1951, 3: 325）。城門は閉ざされて誰も逃げ出さないように見張りが付けられた上で、かつてほぼ二世紀前、クレルモンの草地にて群衆を喚起するために教皇ウルバヌス二世が用いた描写をそのまま実行に移したかのように、拷問、殺戮、冒瀆行為の乱痴気騒ぎが続いた。間違いなく、バイバルス自身もアンティオキアの虐殺を事細かに自慢していたのである。

このような大惨事が町に降りかかった時、アンティオキア侯ボエモンド六世（位一二五一〜

一二六八年）は町にいなかったので、バイバルスは彼に宛てて、彼が何を失ったのかを知らせる次のような書簡を送った。「もしお前が町にいれば、お前の騎士たちが馬の蹄の下に這いつくばり、お前の家屋が略奪者に襲われているのを目の当たりにしただろう。……また、お前の敵であるムスリムたちが、お前がミサを捧げていた所を、祭壇の上で修道士・司祭・助祭たちの喉を掻き切りながら、そして大司教たちには突然の死を、諸侯たちには突然の奴隷身分をもたらしながら、踏み躙っているのを目の当たりにしたであろう。また、お前の宮殿が炎に包まれ、お前の家臣たちが、来世において業火に焼かれる前に、現世で焼死するのを目の当たりにしただろう」、と（Madden 1999, 181-82）。それでも、町は抵抗し続けた。過去においてバイバルスの降伏条件が無意味なものであることは証明済みであったので、他に選択肢はなかったのである。

悲しいことに、西洋における近年の多くの十字軍の歴史書がアンティオキアの虐殺についてほとんど触れていないことは驚くに値しない。スティーヴン・ランシマンは八行（Runciman 1951, 3: 325）、ハンス・エーバーハルト・マイヤーも一行しか割いておらず（Mayer 1972, 281）、第一回十字軍の間に起こったエルサレムでの虐殺について悍《おぞ》ましいまでの詳述に数頁を割いているクリストファー・タイアマンに至っては、わずか四単語でアンティオキアの虐殺を片付けてしまっているのである（Tyerman 2006, 810）。カレン・アームストロングの場合、この虐殺を述べるのに一二単語を用いているが、それでも彼女はその後で、「生き残るための命がけの決意」を伴った「新たなイスラーム」を創出したのは十字軍士たちによる悍ましい脅威に他ならないから、という理由で十字軍士たちを非難しているのである。またアームストロングは、バイバルスは芸術の庇護者であったがゆえに、彼は「単なる破壊者だったのではなく……偉大なる創造者でもあった」とまで記している（Armstrong [1991] 2001, 448）。

アンティオキアが陥落してしまうと、東方におけるキリスト教徒の国家は、アッコン・ティール・シドン・ベイルート、そしてかつてのアンティオキア侯国領内にあったがもはや海岸沿いの小さな飛び地となってしまったアレクサンドレッタ〔現トルコ共和国イスカンダル〕といった、沿岸部にある少数の港町とその周辺域から成る狭隘な地域のみとなってしまった（Riley-Smith 1991, 115）。バイバルスは、一つにはそれらの頑強な防備および有能な防衛者ゆえに、また一つにはそれらが海に近くて効果的な包囲が不可能であったがゆえに、これら最後の拠点を占領しようとはしなかった。また、彼には他に心配事があった。それは、ルイ九世が再び十字軍を組織しているという噂が広がっていたことであった。

聖王ルイの憂鬱

今や五〇代となって幾分か体力は衰えていたものの、聖王ルイは、依然として十字軍国家の救済とエルサレムの再征服を強く望んでいた。教皇クレメンス四世〔位一二六五〜一二六八年〕との協議を経て、一二六七年、ルイはもう一度十字の印を受け取り、彼の三人の息子と二人の兄弟（アンジュー伯シャルル〔一世、位一二四六〜一二八五年〕とポワトゥー伯アルフォンス〔位一二二五〜一二七一年〕）も同様に十字の印を受け取った。しかしフランス王国領外では、イングランド国王ヘンリ三世〔位一二一六～一二七二年〕とアラゴン国王ハイメ一世〔位一二一三～一二七六年〕しか、彼に加わることに同意しなかった。

この度の十字軍は、前回の十字軍と同様に入念に計画され組織されたのであり、このことこそが出立までにほぼ三年間を要した理由であった。当然のごとく今回も海路を選択し、マルセイユにて利用できる船の数を増やすために、ルイはジェノヴァから一個艦隊を借りた。そして今回も、エジプトの攻撃が第一目標であり、サルディーニャ島南部のカリアリが集合地点として選ばれた。そこにルイは、一二七〇年六月に到着した。しかし、アラゴン王国艦隊は、嵐によって非常に深刻な損害を受けてしまったために到着することはなく、生存者たちも再度の組織化を図るために帰郷してしまった。イングランドでは、ヘンリ三世は自分自身の参加を取り止める代わりに、息子のエドワード〔後のエドワード一世、位一二七二～一三〇七年〕を送り込むことに決めたが、そのためにイングランド王国艦隊の出発は八月まで遅延された。そこでルイは、他の者たちを待たずに進行することを決定し、ほぼ真南に位置するアフリカ沿岸に向けて自軍を率い、一二七〇年七月一八日にチュニスに上陸した。フランス軍は、古のカルタゴに建造された城塞をあっという間に占拠し、安全性の高い形で陣を構えた（Madden 1999, 184; Riley-Smith 2005, 210）。

なぜルイが、エジプトもしくはアッコンでさえなく、チュニスに向かって出航したのかということは長い間議論されてきた。現在では、チュニスのアミールであったムハンマド一世〔ハフス朝（ベルベル人のイスラーム王朝）第二代君主、位一二四九～一二七七年〕が、もし強力なキリスト教徒の軍勢が彼を防御してくれるのならばキリスト教に改宗するつもりだとルイが信じていたからだという見解で一致している（Riley-Smith 2005, 210）。ただし、上陸後にそれは間違った噂だということがわかった。町の防備は脆弱なものであったが、ルイは問題を起こすのを避けて、アラゴン王国およびイングランド王国からの十字軍士たちを待った。しかし、確かに現地のムスリム軍は非常に弱かったが、天候が熾烈を極めた。「夏の暑さが十字軍士たちを打ちのめし、陣中での致死的な疫病の発生を助長した。大多数の戦士たちが死去した」のであった（Madden 1999, 185）。すぐにルイも病に倒れた。一二七〇年八月二五日、国王ルイ九世が死去した。彼の遺体はフランスへと運び戻された。サン・ドニにあった彼の荘厳な墓はユグノー戦争〔一五六二～一五九八年〕の間に破壊され、遺品は散逸してしまった。

ルイの死後すぐに、エドワード王子がイングランド軍と共に到着し、フランス軍が自国に戻るための乗船準備をしているのを目の当たりにして唖然とした。エドワード軍は、エジプトのバイバルスを攻撃するにはあまりにも小規模であったが、彼は投げ出すことなくアッコンに向けて航行し、一二七一年五月、二〇〇～三〇〇人の騎士および約六〇〇人の歩兵と共にアッコンに上陸した（Madden 1999, 211）。彼が使うことのできる軍勢は、失われた領土を奪回するには不十分であったが、アッコンをほぼ難攻不落の状態にした。このことゆえに、エドワードはバイバルスと一〇年間の休戦を交渉することができたのであった。その後、彼が帰郷すると父王が死去しており、今や彼は国王エドワード一世となった。

その間の一二七一年、バイバルスは、キプロスを攻撃するために新たな海軍を派兵した。しかし、奇襲攻撃という優位があったにもかかわらず、戦いにもならなかった。日没まではエジプト艦隊は消えてしまったのである。これとほぼ同時に、バイバルス軍は巨大な聖ヨハネ騎士修道会の城塞クラック・デ・シュヴァリエを征服することに成功し、これによってムスリム軍はトリポリに接近する通路を統制下に置くことができた。しかしその後に、バイバルスはエドワード王子と一〇年間の休戦に合意し、キリスト教徒支配下に残された城塞に脅威を与えることを停止したのである。一二七七年七月一日、バイバルスは死去した。彼の死因については幾つかの伝承があるが、一般的には、彼はアイユーブ家の遺児の飲み物に毒を盛ったが、不注意にも自分でそれを飲んでしまったと信じられている(Runciman 1951, 3; 348)。

小括

十字軍運動の精神は聖王ルイと共に没してしまったわけではなかったが、長い間培われてきた十字軍運動に対する疑念は、彼の失敗によって大きく助長された。豊富な資金に支えられ、入念に組織され、有能かつ聖性を有する統率者によって率いられた十字軍でも勝利することができなければ、一体何ができるのであろうか、と。さらに、ルイでさえ、その事業を遂行する資金を調達するために徴税を必要としたが、多くの人々から(特に聖職者から)の反論に直面していた。ルイの敗北と死去に続いて、十字軍税に対する怒りに満ちた反対は声高に叫ばれるようになり、傑出した者の多くは、聖地防衛の継続を、無用にして見当違いであり、おそらくは悪なる「泥沼」として非難し始めたのである。

終　章　打ち捨てられた使命

年老いた十字軍士の帰郷を描いた19世紀の絵画は、十字軍国家を援助するために不本意ながらも税を払い続けるという犠牲をヨーロッパ人たちに強いた、十字軍時代の終焉を象徴するものである。

© Erich Lessing / Art Resource, NY

十字軍のために必要な資金が十字軍士たち自身やその親族から捻出されている限りにおいては、聖地を解放して維持するために繰り返される努力に反対する者はほとんどいなかった。しかし、国王たちが統率し始めるとすぐに、十字軍運動にかかる費用は聖職者や修道院も含めたすべての者に、十字軍税という形で課されるようになった。それと同時に愚痴も現れ始めた。流血を伴う「十字軍」がヨーロッパ内の「異端」に対して始められた時、その愚痴は徐々に大きくなっていった。例えば、数千人ものカタリ派、ワルド派、ベガルド会、ベギン会の者たちは、教会によって非難された上で討ち死にする、もしくは追い詰められて殺された。こういった出来事の真っ直中で、ついに中世版の反戦運動が広まっていった。そして、二世紀に及ぶ援助を受けた後に、聖地の十字軍国家はその姿を消してしまったのである。

十字軍税

国王としては初めて十字軍を率いたフランス国王ルイ七世は、一一四六年、その聖地への旅の資金を調達するために税を課した最初の人物でもあった。その時の税は、教会人、とりわけ修道会組織にのみ課されたようである。ともかくも、フェリエール〔現フランス共和国シャラント＝マリティーム県内〕の修道院長は、その税が不公平かつ非常に重いものだと批判した最初の人物であった。非難の声をあげたのは彼だけではなかった。サン・ブノワ・シュル・ロワール〔現フランス共和国ロワレ県内〕の修道院長も、要求された額を捻出するためには、祭壇を飾っている神聖なる金や銀を溶かさねばならないとして抵抗した（Siberry 1985, 118）。モン・サン・ミシェル〔現フランス共和国イル＝エ＝ヴィレーヌ県内〕の修道院長の場合は、その税は教会からの「略奪」であるとして激しく不満を述べたばかりでなく、「〔第二回十字軍〕遠征の敗因を神の審判に帰した」のであった（Siberry 1985, 119）。ルイ七世の課した税によってどれくらいの資金が調達されたのかは不明だが、それでも十分ではなかった。彼自身も相当額の金銭を借用し、税徴収長官に対して前払いと貸し付けを求める書簡を幾度となく送っているのである。

その後、イングランド国王ヘンリ二世とフランス国王フィリップ尊厳王〔ルイ七世の誤りであろう〕は、一一六六年、さらに重い税を課したのであるが、この時は教会人のみならず俗人も課税の対象となった。イングランドにおける税率は、初年度には一スターリング・ポンドの収益につき二ペンス、その後の四年間には毎年一ペニーと定められた。フランスでも同様の税率であった。ヨーロッパではこの時に初めて、所領にではなく所得に税が課されたのであった（Siberry 1985, 120）。この時の徴税に対する反論はほとんどなかった。しかし、一一八八年に定められた課税の場合はそうではなかった。一一八八年、来るべき第三回十字軍を資金面で支えるために、イングランドとフランスで再び所得税が課された。それゆえ、この税はサラーフッディーン税として知られるようになり、激しい怒りを掻き立てることとなった。

サラーフッディーン税は、まず最初にイングランド国王ヘンリ二世によって導入され、フィリップ尊厳王もそれに倣った。それは、全収入および動産の一〇パーセントを支払うといったように、十字軍運動に参加しないすべての者に対して要請するものであった。実際に国王の臣民たちを苦しめたのは、以前の徴税ではそれぞれの良心に委ねられていた、すなわち当然各人は適切な額を支払うであろうと考えられていたが、今回のものは各教区に一人のテンプル騎士修道会士と一人の聖ヨハネ騎士修道会士が、一人の司祭と二人の教区民に補佐される形で徴税官として任命されたということであった。この徴税団には、疑わしい場合には調査を行い、支払いを済ませるまで違反者を投獄する権限が与えられた（Cazel 1955, 385）。教会人の多くは、この汚れた税ゆえに来るべき十字軍は悪い結果に終わるであろうと予期した。とあるフランス人のトゥルバドゥール〔吟遊詩人〕は、「教会人、市民、戦士たちに税を課すために十字の印を受け取り……信仰ではなく貪欲の心から十字の印を受け取った暴君」についてを歌いさえしたのである（Bédier and Aubry 1909, 45）。

一一八九年七月六日、ヘンリ二世が死去し、息子のリチャード獅子心王が後を継いだ。サラーフッディーン税ゆえに、リチャードは、死の直前にヘンリがテンプル騎士修道会と聖ヨハネ騎士修道会に対してティールの防衛費として三万マルクを贈与したにもかかわらず、少なくとも一〇万マルクを含む莫大な富を相続した（Painter 1969b, 55）。たとえリチャードが極度の浪費家であったとしても、彼は常時金銭には困らなかったのである。

一二世紀末、税という重荷は、国王から教皇へと移行した。一一九九年、インノケンティウス三世は、第四回十字軍を資金面で支えるために、すべての教会人の収益に対して、年二・五パーセントの税を課した。このことは、表立っての反抗や不払いといった多くの事件を導くこととなった。十字軍税は、聖王ルイの統治期に頂点を迎えた。一二四七年から一二五七年まで、ルイは十字軍運動に一五〇〇万リーヴル、もしくは王家の収入の六倍以上を費やしたと算出されている。不足分は、「贈与」や特別税によって補われた。一二四八年、「贈与」として北フランスにある八二の都市は、「海のかなたへの旅の助けとなるように」、巨額の金銭を「贈与する」ように命ぜられた(Tyerman 2006, 779)。そして、約二七万五〇〇〇リーヴルが贈与されたのであった。加えて、教会への課税からも巨額の資金が産出された。「フランスの教会人たちは、五年以上にわたって一〇分の一税を差し出した」のであるが、それによってほぼ一〇〇万リーヴルまで財源が膨らんだ(Tyerman 2006, 779)。それでも、十字軍を率いる貴族の多くは、自軍および自分自身にかかる費用を自己負担した。十字軍運動とは、非常に費用のかかるものだったのである。

十字軍運動に対する批判

当初から、キリスト教神学者の中には、十字軍運動が罪の赦しをもたらし、修道誓願と同等の道徳的価値を有する、という理屈に対して非難する者がいた。こういった批判は、十字軍がその目的達成に失敗するにつれて増大していき、神はこのような戦争を容認しないという主張を助長していった。さらに悪いことに、「多くのキリスト教徒たちは不敬なことを言い始め」(Siberry 1985, 194)、神はムスリムたちを好んでいるとも主張した。有名なトゥルバドゥールは、次のように問うている。「神よ、なぜあなたは我らのフランス国王の身の上にこのような不幸をもたらされたのか。……我々が神の存在を信じるのを止めて、ムハンマドを崇拝するのはもっともなことである」と（Siberry 1985, 194）。さらに痛烈なのが、あるテンプル騎士修道会士の作った詩である。その詩は、バイバルスによるアルスーフの騎士たちの虐殺もしくは奴隷化の後、絶望の中で書かれた。

私の心はあまりにも悲しみに満ちているので、私は間もなく自害するか、もしくは磔にされた神の栄誉の中で私が受け取ったこの十字架を引き裂くかするであろう。というのも、十字架も私の信仰も呪われたトルコ人から私を守ってもくれなかったし、導いてもくれなかったからである。我々の心は痛むのであるが、誰しもが目の当たりにすることができるようするために、神はむしろトルコ人たちを守ることを望んでおられるようである。……したがって、イエス・キリストはトルコ人たちをまったく否定していないので、彼らと戦おうとする者は狂人である。（Throop 1940, 178 より引用）

そのような反論を論駁するために、主導的立場にある教会人たちは、十字軍士たちの罪ゆえに神は敗北を与えるのだと主張した（Siberry 1985, 69）。十字軍士たち自身も、概してこのような説明を受け入れ、多々改悛の意思を入念に示した。例えば、一〇九九年に起こった、三日間の断食とその後のエルサレム城壁の周りでの裸足の行進のことを思い起こしてほしい。当然、改悛には限界があり、陣営での売春が禁じられることは決してなかった（Brundage 1985）。ともかくも、神が十字軍を支持していないという主張は、とりわけ多額の税を納めている者たちの間で徐々に声高になっていき、一般的なものになっていった。

最終的に、一二七四年に第二リヨン公会議が開催された際、教皇〔グレゴリウス一〇世、位一二七一～一二七六年〕は、名高い〔前〕ドミニコ会総長のアンベール・ド・ローマン〔位一二五四～一二六三年〕に対して、当時広まっていた十字軍運動への反対意見について報告するように求めた。彼の報告は見事な略説であった。

アンベールは、いかにしてムスリムたちが十字軍を起こさせるように刺激したのか、ということについての記述から始めた。六〇〇年以上もの間、彼らはキリスト教世界を攻撃し続けていた。かつて北アフリカ一帯は輝かしいキリスト教の領域であった。しかし今や、モロッコに唯一のキリスト教司教区が残るのみである。彼らは、スペイン、シチリア、イタリアに侵入した。疑いなく、十字軍はキリスト教徒にとって義務である。それなのに、なぜかくも多くの者たちが出立するのを尻込みするのか。

幾人かの者たちは、罪や自堕落に身を投じているがゆえに、出立できなかった。しかし、より多くの者たちは、恐怖ゆえに行くことができなかったのである。そして、その恐怖とは、単に戦闘に対するものだけではなかった。多くの勇猛果敢な騎士たちは、戦闘は恐れずとも、海に出ることを恐れたのであった〔戦闘に熟達した経験豊富な者であっても、乗船時に十字軍宣誓を翻して帰郷してしまうものだということが一般的に知られていた〕。また、自分のことで手一杯であったがために出立できない者たちもいた。また、家族の反対を受けて行けない者もいた。往々にして女性は――中には夫・息子・愛人と共に馬に跨って東方に向かう者もいたのではあるが――非常に声高な十字軍運動反対者であったのである。

しかし、徐々に十字軍運動に参加しない者が増えていった真の主要な理由は、あまりにも多くの批判が十字軍運動に積み重なっていったことだった。幾人かの批判者は、誰であっても人を殺すことを罪と捉えるような平和主義者であった。また幾人かは、もしムスリムがヨーロッパを侵害しないのであれば、「我々が彼らを征服して殺す際には彼らを地獄に送ってしまうのであるが、それはキリスト教的慈愛の精神に反している」として、ムスリムを刺激しないままにしておくほうがより賢明だと反論したのであった（Throop 1940, 169より引用）。また他の者たちは、十字軍は人の命や最良にして有望な人々の活力を無駄にするものだと非難した。多くの者たちは、もしルイ九世がフランスに留まり続けて長生きしていたら、そのほうが遥かに有益だったのではないかと問うた。そして、最も説得力のある批判者の中には、世界にはあまりに多くのムスリムが存在し、パレスチナはあまりに遠すぎるがゆえに十字軍運動は無駄なことだったと攻撃する者もいた。そして、すべては税の問題に戻る。十字軍運動には、あまりにも莫大な費用がかかったのである。

そして十字軍運動に対する批判は、過度に破壊的なものになっていった。最も声高な十字軍運動批判者の幾人かは、同時にカトリック教会に対する声高な批判者でもあったが、その理由は他にもあった。カタリ派（アルビジョワ派）は、死刑を含むあらゆる殺人を非難しており、十字軍に対して具体的な批判を展開することを目指した。同様にワルド派も殺人に反対し、その延長線上であらゆる十字軍運動を批判した。おそらく、こういった見解はこの二つの集団に対する敵意を焚きつけるのを助長したが、彼らに対する（教会によって「十字軍」として正当化された）軍事攻撃の遂行は、すべての十字軍運動に対する反感を生み出すことに、より重要な役割を演じたのであった。カタリ派やワルド派に対する軍事遠征（前者に対しては「アルビジョワ十字軍」（一二〇九～一二二九年）、後者に対しては「ピエモンテの虐殺」（一六五五年））は、ヨーロッパ世界の一部を荒廃させ、経済活動に損害をもたらし、多くのヨーロッパ内の共同体に大きな苦しみをもたらした残忍な掃討戦争であった。

これらすべての要素が合わさった結果、一二七二年にエドワード一世がイングランドへの帰路に就いて以降、一二八七年のブロワ女伯アリクス（位一二五四～一二八八年）に率いられた軍勢や一二九〇年のオトン・ド・グランソン（一二三八頃～一三二八年、イングランド国王エドワード一世に仕えたサヴォワ出身の騎士）指揮下の軍勢を含む幾つかの非常に小規模な軍勢はやって来たものの、大規模な十字軍士の集団はもはや聖地にやって来ることはなかった。

エルサレム王国の陥落

一二八九年二月、エジプトのマムルーク朝スルタン、サイーフッディーン・カラーウーン（第八代スルタン、位一二七九～一二九〇年）は、大軍を率いて北へと進軍し、聖地において十字軍士たちの手に残っていた五つの港町の一つであるトリポリを包囲した。エジプト軍がやって来るという警告をテンプル騎士修道会から受け取った時、最初はトリポリ内にいる誰もがそれを信じなかった。

そして、巨大な城塞としての町の堅牢さに自信をもっていたため、トリポリの住民たちは、実際に敵軍が城門の前に来るまで何ら特別な準備をしなかった。トリポリの人々を大いに驚かせたのは、ムスリムの軍勢が、彼らの想定を遥かに凌ぐほどに大規模だった、ということばかりではなかった。この時のムスリム軍は、町の城壁を粉砕できるような巨大な攻城兵器も運んでいたのである。砲撃が始まった時、トリポリ内にあったヴェネツィア商人共同体の構成員たちは、町はもはや耐えられないと判断し、貴重品を持って船に乗って逃げてしまった。ヴェネツィア商人の行動はジェノヴァ商人にも飛び火し、彼らもまた大急ぎで乗船して去って行ってしまった。このことが町を大混乱に陥れ、ちょうどその時ムスリム軍が城壁に生じた亀裂めがけて総攻撃を開始した。エジプト人の騎馬兵の集団が町の中へなだれこんできた時、数名のキリスト教徒は港に停泊してあった最後の船で逃げることができた。しかし残りの者たちについては、男は殺害され、女子供は奴隷市場へと連れ去られていった。そして、「カラーウーンは、フランク人がその制海権を駆使してトリポリを再征服することがないように、町を徹底的に破壊した」（Runciman 1951, 3: 407）。そして彼は、町が海に直結しないようにするため、三〜五キロ内陸に行った所に新トリポリを建設したのであった。

残りは、アッコン、ティール、ベイルート、ハイファである。

カラーウーンは死の床で、息子で後継者であるアル・アシュラフ（・ハリール、第九代スルタン、位一二九〇〜一二九三年）に、アッコンの征服を誓わせた。そこで一二九一年四月、アル・アシュラフは、父がトリポリに率いたより遥かに大規模な軍勢および強力な攻城兵器と共に、アッコンに到着した。防衛者たちは、勇敢かつ非常に巧妙に戦った。幾度も彼らは、城門を出て反撃し、ムスリムの陣営を襲撃した。支援物資がキプロスから海を経由して届けられ続け、幾人かの市民たちはその帰りの船に乗って避難したが、要塞は攻城兵器から絶えず発射される巨石によって瓦礫と化していった。包囲が始まってから一ヶ月後の五月、一〇〇人の騎乗兵と二〇〇〇人の歩兵から成る増援部隊が、キプロスからやって来た。しかし、それでも十分な数ではなかった。

すぐに、城内の路上でも戦闘が始まり、市民たちの多くは、港の外れにあるガレー船に行くための漕ぎ船に乗ろうと殺到した。しかし、ほとんどの者たちは脱出できず、「すぐにムスリム兵たちは町中へと真っ直ぐに突き進み、老若男女を問わずに皆殺しにした」のであった（Runciman 1951, 3: 419）。五月八日までに、海上にせり出したテンプル騎士修道会の城塞を除くアッコン全域が、ムスリム側の手中に落ちた。生き残った騎士たちと共にテンプル騎士修道会士たちが城塞を堅持している間、キプロスからやって来る小型船が、城塞からの避難民たちを運搬し続けた。この段階において、アル・アシュラフは好条件から成る降伏を提示し、テンプル騎士修道士たちはそれを受け入れ、マムルーク軍は明け渡された城塞を管理する権限を得た。しかし、ムスリムの年代記作者であるアブル・マハースィンが認めているように、マムルーク軍団は「略奪を開始し、女子供をも手にかけ始めた」のであった（Nicolle 2005, 83 より引用）。憤怒したテンプル騎士修道会士たちは、彼らを皆殺しにし、戦いの続行の準備をした。翌日、手違いがあったことを十分に悟ったアル・アシュラフは、再度同じ降伏条件を提示した。テンプル騎士修道会の管区長および数名の同輩たちは、降伏の手筈を整えるための安全保証書を受け取った。しかし、スルタンの陣に到着した時、彼らは捕えられて首を刎ねられてしまった。城壁からその模様を見ていた残りのテンプル騎士修道会士たちは、死ぬまで戦う決心をした。そして彼らは討ち死にしたのである。

一ヵ月も経たない内に、このムスリムの大軍はティールに到着した。駐屯軍はあまりにも小規模で防衛することもできなかったので、戦うことなくキプロスへと船に乗って逃亡した。続いて、ムスリム軍はベイルートに進軍した。ここでも、抵抗は駐屯軍の力を超えるものであったので、彼らもまたキプロスに逃亡した。ハイファもまた無抵抗で陥落した。ただし、カルメル山の修道士たちは虐殺され、修道院は燃やされた。今や最後にキリスト教徒に残されたのは、沖合三キロにある、テンプル騎士修道会所有の要塞化された小島ルアド〔現シリア共和国アルワード島〕のみとなった。テンプル騎士修道会士たちは、一三〇三年までそれを保持したが、その後に生じたフランス国王〔フィリップ四世〕と教皇〔クレメンス五世、位一三〇五～一三一四年〕によるテンプル騎士修道会への弾圧という理由のためだけに立ち去ってしまった。アッコン陥落後、聖ヨハネ騎士修道会士たちはキプロスに集結し、その後の一三一〇年、ビザンツ帝国からロドスを奪った。そこで彼らは優れた海軍を構築し、東方世界におけるヨーロッパ船の防衛という点で重要な役割を果たした。

以上である。現時点においてアメリカ合衆国が国家となったのとほぼ同じくらいの期間、十字軍国家が――少なくとも沿岸沿いには――生き残り続けた、ということは心に留め置かれるべきである。

ムスリム側の記憶

カレン・アームストロングは、十字軍とは「今日の中東における衝突の直接的原因の一つである」と我々に信じ込ませている数多くの者の一人である（Armstrong [1991] 2001, xiv）。確かにそうかもしれない。しかしそれは、ムスリムの世界が過去幾世紀もの間十字軍に対して苦渋の思いを抱き続けてきたからではない。ジョナサン・ライリー＝スミスが説明しているように、「概して人々は、ムスリムたちが十字軍士たちの暴力という辛い記憶を遠い中世期の祖先たちから受け継いできたと考えている。しかし、それはまったくの誤りである。一九世紀末以前においては、ムスリムたちは十字軍に対してそれほどの関心を示しておらず……無関心さと自己満足でもって（それを）回顧していたに過ぎない」のである（Riley-Smith 2003, 160-61）。十字軍が起こっていた当時でさえ、ムスリムの年代記作者たちは十字軍にほとんど注意を向けず、それを「ムスリムの統治者や学者たちがほとんど知らないし関心も持たない、原始的で貧しい非ムスリムの民たち」による侵略としか見なさなかったのである（Peters 2003, 6）。さらに、多くのアラブ人たちは、十字軍を憎むべきトルコ人たちに対する攻撃として簡単に処理し、したがって、それに対する関心をほとんど持たなかったのである（Hillenbrand 1999, 4-5）。実際、一二世紀末のイブン・ザーフィルによる記述の中では、フランク人はエルサレムを占拠したが、それは「トルコ人の影響がエジプトの地まで広がる」のを防ぐためであったと理解したほうがよいと記されている（Hillenbrand 1999, 45）。

十字軍に対するムスリムの関心は、フランス語の歴史叙述をアラビア語に翻訳したアラブ系キリスト教徒によって「十字軍」という単語自体がアラビア語で表された一九世紀に現れ始めたようである。その理由の一つには、一九世紀〔ロマン主義期〕の西洋において、過去の十字軍が初めて人気を博したということがあった。ヨーロッパやアメリカ合衆国では、ウォルター・スコット卿作の数多くの人気小説の中に見られるように、「十字軍および十字軍運動での恋愛」が非常に人気のある文学的主題となった（Knobler 2006, 310）。このような展開にとって、少なくともイギリスやアメリカにおいて十字軍の「脱カトリック化」が必要であったことは、驚くに値しない（Knobler 2006, 310）。このことは、一つには、十字軍を勇敢な反カトリックの英雄に変換した上で、テンプル騎士修道会と教皇との対立を強調することによってなされた。加えて、ヨーロッパ帝国主義の衝撃と十字軍に対する空想的想像との間に強い結び付きが生じたのであり、「その結び付きは、第一次世界大戦期までに、大衆紙の中で、演壇の上で、またはイギリスの軍事力についての公式の宣伝活動の中で、軍事遠征や軍事的英雄が、十字軍や十字軍士として賞賛されることが普通となったほどであった」（Knobler 2006, 310）。

その間の東方では、オスマン帝国は「ヨーロッパの病人」、すなわち防衛に必要な武力すら持てない脆弱な遺物としての実態を完全に露わにしており、そのことはイスラーム文化の全体的な後退性を際立たせ、ムスリム知識人たちの間に西洋に対する「煮えくり返るような怒り」を駆り立て（Lewis 2002, 3）、最終的に彼らの視線を十字軍へと導いたのであった。

したがって、十字軍に関する現在のムスリムたちの記憶および怒りは、幾分かは「第一次世界大戦後の英仏の帝国主義、および第二次世界大戦後のイスラエル国の建国」によって駆り立てられた（Andrea 2003, 2）二〇世紀の創造物なのである（Peters 2003; Riley-Smith 2003）。ヨーロッパの十字軍に言及し始めたのは、絶対的な権威を伴う支配を志向した最後のオスマン帝国のスルタンであるアブデュルハミト二世〔位一八七六〜一九〇九年〕であった。このことは、一八九九年、初めてのムスリムによる十字軍の歴史書の出版を促した。著者サイード・アリー・アル・ハリーリーは、序章において次のように記している。「今日のヨーロッパの君主たちは、我々の至高なる帝国を、過ぎ去りし時代の人々（十字軍士たち）の行為と酷似したやり方で攻撃している。我々の最も輝かしきスルタンのアブデュルハミト二世は、今やヨーロッパは我々に対して十字軍を遂行している、との的確な発言をしているのである」（Sivan 1973, 12）。

　このような主題は、ムスリムのナショナリストたちによってしきりに取り上げられた。「その中には、ムスリムの団結のみが新しい十字軍に対抗できるのだと主張する者たちもおり、十字軍運動の脅威は、汎イスラーム運動についての著作における重要な主題となっていった」（Knobler 2006, 320）。現代の西洋に直面したムスリムの脆弱さという文脈の中においてでさえ、イスラーム絶対主義は繁茂していた。多くの者たちは、次のような見解を提示している。十字軍を通じて「野蛮な西洋人たちは……（イスラーム世界の）文明化された価値を吸収することから恩恵を受けたのだ」と。十字軍士たちがイスラーム世界に及ぼした影響については、「より劣った後進的な文明に立脚する者たちとの接触から、イスラーム世界は一体どのような恩恵を受けることができようか」と（Riley-Smith 2003, 162 より引用）。

最終的に、残虐で植民地化を推進する十字軍士たちという像は、かくのごとく論争上の力を持つようになっていった。その結果、西洋に対するムスリムの敵意というイデオロギー上の語彙において——当然のことながらイスラエル国および世界中に広まっていたユダヤ人の陰謀についての誇大妄想的な物語を除いてではあるが——他のほとんどすべての用法を消し去ってしまったのである。

小　括

これまでの各章の要旨は、ごく簡略にまとめられる。十字軍は、正当な理由のないものではなかった。それはまた、ヨーロッパ植民主義の第一段階でもなかった。それはまた、土地や戦利品、もしくは改宗を目的としてなされたものでもなかった。十字軍士たちは、洗練されたムスリムたちを犠牲にした野蛮人ではなかった。彼らは、自分たちが神の軍に仕えていると真摯に信じていたのである。

注

（1）「十字軍士」に相当するアラビア語の単語はなく、単に「フランク人」として言及されていた。

訳者あとがき

「ロドニー・スタークの *God's Battalions* という本はご存じですか?」「その本の存在は知っていますが、まだ読んだことはありません」「この度、その本の翻訳の出版を考えているのですが、それが際物《きわもの》ではないかどうか、お教えいただけませんでしょうか?」二〇一五年の七月、このような感じであったと記憶しているが、新教出版社の小林望氏との電話でのやりとりが、結果的に本書を翻訳させていただくこととなった第一歩となり、訳者と本書との最初の出会いでもあった。恥ずかしながら、その段階において著者そのものに関する情報も持ち合わせていなかった。しかし、インターネットで検索するとすぐに、著者自身のホームページ(www.rodneystark.com)を見つけることができた。したがって、著者については、そこで詳細を知ることができるので、ここではごく簡単に紹介するに止めておく(最終確認日は二〇一六年四月一八日)。

一九三四年七月八日、ノースダコタ州のジェームズタウンに生まれた著者は、一九五九年にコロラド州のデンバー大学においてジャーナリズム学の学士号を取得する。その後に研究の場をカリフォルニア大学バークレー校に移し、社会学の修士号および課程博士号を取得する。社会学および比較宗教学の教授としてワシントン大学に三二年間奉職した後、二〇〇四年よりテキサス州のベイラー大学に職場を移して現在に至っている。カリフォルニア大学在学中の一九六六年、指導教官であったチャールズ・Y・グロックとの共著という形で、処女作の *Christian Beliefs and anti-Semitism*, New York: Harper & Row を世に出して以来、現段階において著者は三八もの著書を産み出している。

主として現代社会を対象としてきた宗教社会学者である著者は、一九八〇年代に「歴史」と出会うこととなる。その成果が、すでに邦語訳されている *The Rise of Cristianity: A Sociologist Reconsiders History*, Princeton: Princeton University Press, 1996（穐田信子訳・松本宣郎解説『キリスト教とローマ帝国――小さなメシア運動が帝国に広がった理由』新教出版社、二〇一四年）である。著者と「歴史」との接触の詳細については、同書の「はじめに」に譲るとして、同書を皮切りにして著者は社会学という学術理論を携えて「歴史」の世界へと飛び込んでいくこととなる。本書（Stark, Rodney, *God's Battalions: The Case for the Crusades*, New York: HarperOne, 2009）の序章において明示されているように、著者は自分自身はあくまでも歴史学者ではないとしており、したがってその関心は過去にではなく現代社会により重きを置いている。具体的には、「キリスト教」と「西洋」が勝利しているという現状を前提に置き、その背景や理由を「歴史」という過去に問いつつ証明していくというのが著者のスタンスであり、当然のことながら本書においてもこのような姿勢が貫かれている。まずをもってして、読者はこの点を念頭に置いておくべきであろう。

さて、話を元に戻そう。正直なところ、当初訳者は宗教社会学者の著した十字軍の概説書というものに対して、まったく期待していなかった。しかし、そのような先入観の反動であろうか、一度ざっと目を通した後の率直な感想は「なかなか面白い本だな」というものであった。本書は決して

「際物」ではなく、邦語訳される価値のあるものと思われたのであるが、それには大きく見て、ただし当然のことながらそれぞれに関連する三つの理由があった。以下は、もし訳者が十字軍史を研究対象とする歴史学者の一人であると称することを許されるのであれば、そのような者による本書の一種の書評、あるいは注意書きとしてお読みいただければ幸いである。

まず一つ目の理由は、本書がしっかりとした十字軍史に関する研究成果に立脚している、ということである。欧米では膨大な量の研究書が出版されているにもかかわらず、依然として日本語で読めるものは限られている。したがって、専門家でもない日本人は、数多くの未知なる情報と本書の中で出会うことができるであろう。例えば、「十字軍とは何か?」と問われた場合、日本人の多くは「異教徒から聖地を奪回するために結成されたキリスト教徒の軍隊」と答えるであろう。しかし、それは解答の一部に過ぎない。本書に記されているように、「十字軍とは、キリスト教会のために行動することによって得られる贖罪の行為」ということが、少なくとも現在の十字軍史研究の世界においては、正解ということになる。

しかし、読者が注意せねばならないのは、著者が「ここでは、私はヨーロッパ内の異端に対する『十字軍』を除外し、十字軍とは聖地の支配を巡るキリスト教世界とイスラーム世界との衝突を意味し、その活動は一〇九五年から一二九一年の間に起こった、という伝統的な定義を受け入れるものとする」と、序章で明言していることである。著者がこのように十字軍を定義するのは、本書の目的が、十字軍運動に関するより正確な歴史を概観すること以上に、現代世界において一般的に見られるような、十字軍運動こそがイスラーム世界が抱く反西洋という感情の源泉である、というヴィジョンを否定することに置かれているからである。この点については、二つ目、そしてより大きくは三つ目のポイントと関わってくるので、また後述したい。

さて、本書は十字軍の定義以外の点についても、いまだに日本では支配的である十字軍に関する古典的な認識を修正してくれる。十字軍運動に身を投じたのは、家督を継げない次男以下の食いつぶれた者たちではなく、特定の有力家系（十字軍家系）出身者たちであり、十字軍を組織するために莫大な費用を要したこと、したがって、十字軍国家は、現地人から搾取するのではなく、人力および経済の面でヨーロッパ世界に大きく依存していたこと、そして、イスラーム世界における十字軍への反感は二〇世紀の転換期になってようやく現れたこと（なおこの点の詳細については、上山益己「近代ヒストリオグラフィにおける十字軍像の変容――オリエンタリズムとアラブ・イスラーム知識人の歴史認識」『西洋史学』二一八号、二〇〇五年、三七～五六頁において見ることができる）、などが特に注目に値する点である。

当然のことながら、本書に記されていることのすべてが必ずしも通説として定着しているわけではない。あまりにも目に余る点については訳者がすでに本文中で記した通りであるが、例えば、本書の第五章で触れられている神の平和運動と十字軍運動との関係について。著者は、神の平和運動が「失敗」したがゆえに、教皇は十字軍を呼びかけたと断言している。両者の関係については諸説あるものの（詳細については、拙稿「帝国としての「キリスト教国」――普遍教会会議決議録における平和と十字軍の言説」『東北学院大学論集　歴史と文化（旧歴史学・地理学）』四六号、二〇一〇年、五五～八八頁を参照されたい）、この点については、そもそもクレルモン教会会議において初めて教皇が公式に神の平和を提唱した、ということで十分であろう。また、本書の第八章では、古典的な学説に則って、十字軍国家ではフランク人が農村に進出することはなかったと断言しているが、近年の考古学的研究成果は、フランク人による農村定住の実態を明らかにしつつある（詳細については、拙稿「一二世紀エルサレム王国における農村世界の変容――「ナブルス逃亡事件」の背景」『ヨーロッパ文化史研究』一一号、二〇一〇年、一八一～二一五頁や、拙稿「家の中にいる敵――十字軍国家におけるフランク人の農村支配」服部良久編著『コミュニケーションから読む中近世ヨーロッパ史――紛争と秩序のタペストリー』ミネルヴァ書房、二〇一五年、五一三～五三六頁等を参照されたい）。このように、細かな点を見ていけば、まだまだ修正・訂正されるべき点も少なくない。十字軍および十字軍国家史を専門とする訳者が指摘できる点は限られたものであり、その他の領域の専門家たちは、まだまだ多くの問題点を本書の中に見出すかもしれない。しかし本書には、それ以上に数多くの有益な情報が含まれているということを、再度強調しておきたい。

さて、二つ目の理由に移ろう。それは、序章において筆者自身も強調しているように、筆者が歴史学者ではないことである。史料そのものに向き合い、その分析を通じて可能な限り客観的に史実を追求しようとすることが歴史学者の特徴の一つであるとするならば、確かにこの点において本書は歴史学研究の書ではなく、むしろ主観的な文学作品であると言えよう。しかし、往々にして歴史学者たちの議論が史料という手枷足枷によって束縛されてしまうのとは異なり、本書の論展開は自由であり、大胆である。その結果として、本書は歴史学者の著す十字軍の概説書とは異なる二つの特徴を持つこととなる。

まず一点目は、概して歴史学者たちの視点が政治史に偏りがちになるのに対して、著者のそれは経済的であり統計的である、という特徴である。本書で随所に挙げられる統計的数値は、十字軍の歴史像をよりイメージしやすくするための大きな助力となってくれている。また、経済的視点は本書を貫くものであり、十字軍運動の実態やその衰退を、従来の概説書とは異なる側面から照射してくれている。もう一つは、十字軍が開始される前の時期における社会・文化に多くのページを割いている、という点である。その内容の評価については三つ目のポイントと関わってくるので後述したいが、十字軍運動に至るまでのヨーロッパ世界やイスラーム世界の社会・文化の変容について、我々は多くの有益かつ興味深い情報を得ることができるのである。これら二つの点は、宗教社会学者である筆者にしてみれば当然のものなのかもしれないが、少なくとも歴史学畑の訳者にとっては非常に新鮮に感じた次第である。

もちろん、自由さや大胆さは、論理の飛躍という難点と表裏一体である。そこに主観というものが加わると、そのような印象は一層強まる。例えば、教皇権が世俗権力と同じ俎上に載る契機を与えたと共に、「キリストの騎士 miles Christi」概念の形成・発展に大きく寄与することとなった、と一般的には考えられている叙任権闘争について、本書は一切触れていない。その理由として考えられるのは、あくまでも筆者の視線がヨーロッパ世界とイスラーム世界との関係に注がれていることである。しかし、それにもかかわらず、ヨーロッパ世界内部における「十字軍」観の変遷に関して、一五世紀に始まるオスマン帝国によるヨーロッパ侵入を契機として、「十字軍」という言説がオスマン帝国からヨーロッパ世界を防衛する意味合いを強めたことについても言及されていない

（詳細については、拙稿「一四五〇～一四八〇年の聖地巡礼記に見るイスラーム観・ムスリム観・十字軍観――後期十字軍再考（四）」『ヨーロッパ文化史研究』一二号、二〇一一年、一七九～二一七頁等を参照されたい）。紙幅の都合もあったのであろうが、これらの情報の割愛あるいは看過は、本書の中にぽっかりと大きな穴を空けてしまっているという印象を強めることとなっている。しかし、得てして歴史学という学問分野が歴史学者以外の者たちからの刺激によって発展してきたことを考えると、本書が単なる十字軍の概説書という域を超えていることは、強調されて然るべきである。

最後に三つ目の理由について。本書を著した著者の意図が、近年の研究成果を援用しつつ、十字軍運動が展開された同時代の文脈におけるより正確な十字軍の歴史像を提示することによって、現代において広まっている歴史認識、とりわけカレン・アームストロング（塩尻和子・池田美佐子訳『聖戦の歴史――十字軍遠征から湾岸戦争まで』柏書房、二〇〇一年）の見解を批判・否定して修正することであるのは明白である。両者の違いは、一九九一年の湾岸戦争後と、二〇〇一年九月一一日に起こったアメリカ同時多発テロ事件後、という情勢の違いに起因するのであろう。加えて、同時多発テロ事件の数日後、時のアメリカ合衆国大統領ジョージ・W・ブッシュ大統領が「これは十字軍であり、テロに対する戦いである（this crusade, this war on terrorism）」と発言し、その発言に対しては多くの批判が浴びせられたのであるが、このような文脈で考えると、本書の目的のもう一つは「十字軍の復権」であるとも言えよう。しかし、アームストロングと著者とのいずれにも共通するのは、「正当防衛」という考え方である。アームストロングがヨーロッパとイスラームの対立の原因を前者に求めるのに対して、筆者は後者に求めている。確かに、源泉探しというものも歴史学のしかるべき目的の一つであるかもしれないが、概してそこから生じる議論は堂々巡りに陥りやすく、本書もその呪縛に囚われているように感じる。また、アームストロングがイスラーム文明の卓越性を強調するのに対して、筆者はイスラーム文明の後進性を強調し、勝利者としてのヨーロッパ文明の優越性を強調する。アームストロングの見解を過度に否定しようとする反動から、本書の第三章に端的に見られるように、筆者の見解には行き過ぎの感がある。ともかくも、いずれの意見がより説得力を持つのかについて考えてみることも、読者にとっては喜びの一つであるかもしれない。

しかし、訳者にとってより興味深く、かつより重要だと思われるのは、筆者とアームストロングに代表されるような真逆の「十字軍」観が併存している、という現代のアメリカ合衆国社会の実態である。折しも、この「あとがき」を記している最中、アメリカ合衆国大統領候補者指名戦が展開されているが、対称的な「十字軍」観の併存は、多民族の共存・共生を声高に叫ぶような世論が支配的である一方、ムスリムなどの排斥を強く訴える候補者が台風の目となっている、という社会現象と重なって見える。このように考えてみると、本書は現代のアメリカ合衆国社会の実態を紐解くための手掛かりを与えてくれるのかもしれない。またさらに枠組みを広げてみると、同じくこの「あとがき」を記している間に起こった、ブリュッセルでのテロにおけるイスラーム国の犯行声明の中でも「十字軍」という言葉が用いられているが、本書には現代の世界情勢を考える上で重要な要素も含まれているような気がする。さらに、我々の生きている世界において対極的な「十字軍」観が同居し、互いに戦っているという現実は、後世においてはどのように見られるのであろうか。これらの点において、本書は「十字軍」という言説を巡る現代社会の実態を考えるための、また「十字軍」を巡る歴史概念・歴史認識の変遷を見るための、歴とした一つの「史料」に他ならないのである。

以上、訳者が本書の価値として見たポイントである。当然のことながら、本書の持つ価値は読者によって様々に異なるであろう。しかし、上記の点を念頭に置いた上で、改めて本書にお目通しいただければ幸いである。

二〇一六年四月一九日

櫻井康人

Harvard Univ. Press.〔アッシャー、アボット・ペイザン（富成喜馬平訳）『機械発明史』岩波書店、一九四〇年〕
Van Cleve, Thomas C. 1969. "The Fifth Crusade." In Wolff and Hazard 1969, 377-428.
Van Houts, Elisabeth. 2000. *The Normans in Europe*. Manchester, UK: Manchester Univ. Press.
Verbruggen, J. F. 2002. *The Art of Warfare in Western Europe During the Middle Ages from the Eight Century*. Rochester, NY: Boydell Press.
Vryonis, Speros. 1967. *Byzantium and Europe*. New York: Harcourt, Brace, and World.
Webb, Diana. 2001. *Pilgrims and Pilgrimage in the Medieval West*. London: I. B. Tauris.
Wheeler, Benjamin W. 1969. "The Reconquest of Spain Before 1095." In Baldwin 1969, 30-39.
White, Lynn, Jr. 1962. *Medieval Technology and Social Change*. Oxford: Oxford Univ. Press.〔ホワイト、リン・Jr.（内田星美訳）『中世の技術と社会変動』思索社、一九八五年〕
——. 1940. "Technology and Invention in the Middle Ages." *Speculum* 15: 141-56.
William of Tyre. [1180] 1943. *A History of Deeds Done Beyond the Sea*. 2 vols. New York: Columbia Univ. Press.
Wolff, Robert Lee. 1969. "The Latin Empire of Constantinople." In Wolff and Hazard 1969, 187-233.
Wolff, Robert Lee, and Harry W. Hazard, eds. 1969. *A History of the Crusades*. Vol. 2, *The Later Crusades, 1189-1311*. Madison: Univ. of Wisconsin Press.
Ye'or Bat. 1996. *The Decline of Eastern Christianity Under Islam: From Jihad to Dhimmitude*. Rutherford, NJ: Fairleigh Dickinson Univ. Press.
——. 1985. *The Dhimmi: Jews and Christians Under Islam*. Rutherford, NJ: Fairleigh Dickinson Univ. Press.
Ziada, Mustafa M. 1969. "The Mamluk Sultans to 1293." In Wolff and Hazard 1969, 735-58.

Smail, R. C. 1995. *Crusading Warfare, 1097-1193*. 2nd ed. Cambridge: Cambridge Univ. Press.

——. 1951. "Crusaders' Castles of the Twelfth Century." *Cambridge Historical Journal* 10: 133-49.

Southern, R. W. 1970. *Western Society and the Church in the Middle Ages*. London: Penguin.〔サザーン、リチャード・ウィリアム（上條敏子訳）『西欧中世の社会と教会——教会史から中世を読む』八坂書房、二〇〇七年〕

Spielvogel, Jackson J. 2000. *Western Civilization*. 4th ed. Belmont, CA: Wadsworth.

Stark, Rodney. 2007. *Discovering God: The Origins of the Great Religions and the Evolution of Belief*. San Francisco: HarperOne.

——. 2005. *The Victory of Reason: How Christianity Led to Freedom, Capitalism, and Western Success*. New York: Random House.

——. 2003. *For the Glory of God: How Monotheism Led to Reformations, Science, Witch-Hunts, and the End of Slavery*. Princeton, NJ: Princeton Univ. Press.

——. 1996. *The Rise of Christianity*. Princeton, NJ: Princeton Univ. Press.〔スターク、ロドニー（穐田信子訳・松本宣郎解説）『キリスト教とローマ帝国——小さなメシア運動が帝国に広がった理由』新教出版社、二〇一四年〕

Stark, Rodney, and Roger Finke. 2000. *Acts of Faith: Expanding the Human Side of Religion*. Berkeley: Univ. of California Press.

Strayer, Joseph R. 1969. "The Crusades of Louis IX." In Wolff and Hazard 1969, 487-518.

Taylor, Joan. 2008. "The Nea Church." *Biblical Archaeology Review* 34(January/February): 51-59.

Ter-Ghevondian, Aram. 1893. "The Armenian Rebellion of 703 Against the Caliphate." *Armenian Review* 36: 59-72.

Throop, Palmer A. 1940. *Criticism of the Crusade: A Study of Public Opinion and Crusade Propaganda*. Amsterdam: N. V Swets & Zeitlinger.

Turnbull, Stephen. 2004. *The Walls of Constantinople, A.D. 324-1453*. New York: Osprey.

Tyerman, Christopher. 2006. *God's War: A New History of the Crusades*. Cambridge, MA: Belknap Press.

——. 1998. *The Invention of the Crusades*. Toronto: Univ. of Toronto Press.

Usher, Abbot Payson. 1966. *A History of Mechanical Inventions*. Cambridge, MA:

Rogers, Admiral William L. [1940] 1996. *Naval Warfare Under Oars, 4th to 16th Centuries*. Annapolis, MD: Naval Institute Press.

Rodinson, Maxime. 1980. *Muhammad*. New York: Random House.

Roland, Alex. 1992. "Secrecy, Technology, and War: Greek Fire and the Defense of Byzantium, 678-1204." *Technology and Culture* 33: 655-79.

Rose, Susan. 1999. "Islam Versus Christendom: The Naval Dimension, 1000-1600." *Journal of Military History* 63: 561-78.

Runciman, Sir Steven. 1969a. "The Pilgrimages to Palestine before 1095." In Baldwin 1969, 68-78.

——. 1969b. "The First Crusade: Clermont to Constantinople." In Baldwin 1969, 253-79.

——. 1969c. "The First Crusade: Constantinople to Antioch." In Baldwin 1969, 280-307.

——. 1969d. "The First Crusade: Antioch to Ascalon." In Baldwin 1969, 308-41.

——. 1951. *A History of the Crusades*. 3 vols. Cambridge: Cambridge Univ. Press. 〔ランシマン、スティーヴン（和田廣訳）『十字軍の歴史』河出書房新社、一九八九年（原著三巻本の内の第一巻のみ）〕

Russell, Josiah Cox. 1972. *Medieval Regions and Their Cities*. Bloomington: Indiana Univ. Press.

——. 1958. *Late Ancient and Medieval Population*. Philadelphia: American Philosophical Society.

Ruthven, Malise. 2004. *Historical Atlas of Islam*. Cambridge, NA: Harvard Univ. Press.

Salahi, M. A. 1995. *Muhammad: Man and Prophet*. Shaftesbury, UK: Element.

Saunders, J. J. 1962. *Aspects of the Crusades*. Christchurch, NZ: Univ. of Canterbury Press.

Siberry, Elizabeth. 1995. "Images of the Crusades in the Nineteenth and Twentieth Centuries." In *The Oxford Illustrated History of the Crusades*, ed. Jonathan Riley-Smith, 365-85. Oxford: Oxford Univ. Press.

——. 1985. *Criticism of Crusading, 1095-1274*. Oxford: Clarendon Press.

Sire, H. J. A. 1996. *The Knights of Malta*. New Haven, CT: Yale Univ. Press.

Sivan, Emmanuel. 1973. *Modern Arab Historiography of the Crusades*. Tel Aviv: Tel Aviv Univ., Shiloah Center for Middle Eastern and African Studies.

of Constantinople. 2nd ed. Philadelphia: Univ. of Pennsylvania Press.

Queller Donald E., and Susan J. Stratton. 1969. "A Century of Controversy on the Fourth Crusade." *Studies in Medieval and Renaissance History* 6: 235-77.

Ralph of Caen. [c. 1118] 2005. *The Gesta Tancredi: A History of the Normans on the First Crusade*. Aldershot, UK: Ashgate.

Read, Piers Paul. 1999. *The Templars*. New York: St. Martin's Press.

Regan, Geoffrey. 1998. *Lionhearts: Saladin, Richard I, and the Era of the Third Crusade*. New York: Walker and Co.

Richard, Jean. 1999. *The Crusades, c. 1071-c. 1291*. Cambridge: Cambridge Univ. Press.

Riley-Smith, Jonathan. 2005. *The Crusades: A History*. 2nd ed. London: Continuum.

——. 2003. "Islam and the Crusades in History and Imagination, 8 November 1898-11 September 2001." *Crusades* 2: 151-67.

——. 2002a. "Casualties and the Number of Knights on the First Crusade." *Crusades* 1: 13-28.

——. 2002b. "Early Crusaders to the East and the Costs of Crusading, 1095-1130." In *The Crusades: The Essential Readings*, ed. Thomas F. Madden, 156-71. Oxford: Blackwell Publishing.

——. 1999. *Hospitallers: The History of the Order of St. John*. London: Hambledon Press.

——. 1997. *The First Crusaders, 1095-1131*. Cambridge: Cambridge Univ. Press.

——, ed. 1995. *The Oxford Illustrated History of the Crusades*. Oxford: Oxford Univ. Press.

——. 1986. *The First Crusade and the Ideas of Crusading*. Philadelphia: Univ. Press of Pennsylvania Press.

——. 1983. "The Motives of the Earliest Crusaders and the Settlement of Latin Palestine, 1095-1100." *English Historical Review* 98: 721-36.

——. 1978. "Peace Never Established: The Case of the Kingdom of Jerusalem." *Transactions of the Royal Historical Society*, 5th ser., 28: 87-112.

——. 1973. *The Feudal Nobility and the Kingdom of Jerusalem, 1174-1277*. New York: Macmillan.

Robert the Monk. [c. 1106] 2005. *History of the First Crusade: Historia Iherosolymitana*. Aldershot, UK: Ashgate.

——. 1998. *The First Crusade: The Chronicle of Fulcher of Chartres and Other Source Materials*. 2nd ed. Philadelphia: Univ. of Pennsylvania Press.
Peters, F. E. 1993. *The Distant Shrine: The Islamic Centuries in Jerusalem*. New York: A.M.S Press.
Phillips, Jonathan. 2007. *The Second Crusade*. New Haven, CT: Yale Univ. Press.
——. 2004. *The Fourth Crusade and the Sack of Constantinople*. New York: Viking.
——. 1996. *Defenders of the Holy Land: Relations Between the Latin East and the West, 1119-1187*. Oxford: Clarendon Press.
——. 1995. "The Latin East, 1098-1291." In Riley-Smith 1995, 112-40.
Pickthall, M. M. 1927. *The Cultural Side of Islam*. New Delhi: Kitab Bhanan.
Pirenne, Henri. 1939. *Medieval Cities: Their Origins and the Revival of Trade*. Princeton, NJ: Princeton Univ. Press.〔ピレンヌ、アンリ（今来陸郎訳）『西洋中世都市発達史——都市の起源と商業の復活』白揚社、一九四三年〕
Poliakov, Léon. 1965. *The History of Anti-Semitism: From the Time of Christ to the Court Jews*. Vol. 1. New York: Vanguard Press.
Porges, Walter. 1946. "The Clergy, the Poor, and the Non-Combatants on the First Crusade." *Speculum* 21: 1-23.
Prawer, Joshua. 1972. *The Crusaders' Kingdom: European Colonialism in the Middle Ages*. New York: Praeger.
Previté-Orton, C. W. 1966. *The Shorter Cambridge Medieval History*. Vol. 1. Cambridge: Cambridge Univ. Press.
Pringle, R. Denys. 1991. "Survey of Castles in the Crusader Kingdom of Jerusalem, 1989." *Levant* 23: 87-91.
Procopius.［c. 560］1888. *Of the Buildings of Justinian*. London: Adelphi.
Procter, George.［1856］2007. *History of the Crusades: Their Rise, Progress, and Results*. Whitefish, MT: Kessinger Publishing Co.
Pryor, John H. 1992. *Geography, Technology, and War: Studies in the Maritime History of the Mediterranean, 649-1571*. Cambridge: Cambridge Univ. Press.
Queller, Donald E., Thomas K. Compton, and Donald A. Campbell. 1974. "The Fourth Crusade: The Neglected Majority." *Speculum* 49: 441-65.
Queller, Donald E., and Gerald W. Day. 1976. "Some Arguments in Defense of the Venetians and the Fourth Crusade." *American Historical Review* 81: 717-37.
Queller Donald E., and Thomas F. Madden. 1997. *The Fourth Crusade: The Conquest*

1969, 410-47.

Nicolle, David. 2005. *Acre, 1291: Bloody Sunset of the Crusader States*. Oxford: Osprey Publishing.

——. 2004a. *Historical Atlas of the Islamic World*. London: Mercury Books.〔ニコル、デヴィッド（清水和裕監訳）『イスラーム世界歴史地図』明石書店、二〇一四年〕

——. 2004b. *Crusader Castles in the Holy Land, 1097-1192*. Botley, UK: Osprey.

——. 1993. *Armies of the Muslim Conquest*. Oxford: Osprey.

Norwich, Viscount John Julius. 1991. *Byzantium: The Apogee*. New York: Alfred A. Knopf.

——. 1990. *Byzantium: The Early Centuries*. London: Penguin Books.

O'Callaghan, Joseph F. 2003. *Reconquest and Crusade in Medieval Spain*. Philadelphia: Univ. of Pennsylvania Press.

Olson, Eric W. 1997. *The Battle of Hattin, 1187*. Fort Leavenworth, KS: U.S. Army Command and General Staff College.

Oman, Charles W. 1960. *Art of War in the Middle Ages, A.D. 378-1515*. Ithaca, NY: Cornell Univ. Press.

Ostrogorsky, George. 1969. *History of the Byzantine State*. New Brunswick, NJ: Rutgers Univ. Press.〔オストロゴルスキー、ゲオルク（和田廣訳）『ビザンツ帝国史』恒文社、二〇〇一年〕

Painter, Sidney. 1969a. "Western Europe on the Eve of the Crusades." In Baldwin 1969, 3-29.

——. "The Third Crusade: Richard the Lionhearted and Philip Augustus." In Wolff and Hazard 1969, 45-85.

Partington, James Riddick. [1960] 1999. *A History of Greek Fire and Gunpowder*. Baltimore: Johns Hopkins Univ. Press.

Patton, General George S. 1947. *War as I Knew It*. Boston: Houghton Mifflin.

Payne, Robert. [1959] 1995. *The History of Islam*. New York: Barnes and Noble.

——. 1984. *The Dream and the Tomb: A History of the Crusades*. New York: Stein & Day.

Payne-Gallwey, Sir Ralph. 2007. *The Crossbow: Its Military and Sporting History, Construction, and Use*. New York: Skyhorse Publishing.

Peters, Edward. 2004. "The *Firanj* Are Coming—Again." *Orbis* (Winter): 3-17.

edition.
——. 2002b. "The Crusades in the Checkout Aisle." *Crisis Magazine* e-letter, April 12.
——. 1999. *A Concise History of the Crusades*. Lanham, MD: Rowman & Littlefield.
Maier, Christoph T. 1994. *Preaching the Crusades*. Cambridge: Cambridge Univ. Press.
Manchester, William. 1993. *World Lit Only by Fire: The Medieval Mind and the Renaissance*. New York: Little, Brown and Company.
Marshall, Christopher. 1994. *Warfare in the Latin East, 1192-1291*. Cambridge: Cambridge Univ. Press.
Matthew, Donald. 1992. *The Norman Kingdom of Sicily*. Cambridge: Cambridge Univ. Press.
Mayer, Hans Eberhard. 1982. "Henry II of England and the Holy Land." *English Historical Review* 97: 721-39.
——. 1972. *The Crusades*. Oxford: Oxford Univ. Press.
McLynn, Frank. 2007. *Richard and John: Kings at War*. Cambridge, MA: Da Capo Press.
Michaud, J. F. 1855. *The History of the Crusades*. New York: Redfield.
Miller, David. 2005. *Richard the Lionhaert: The Mighty Crusader*. London: Phoenix.
Mitchell, Lt. Col. Joseph B., and Sir Edward Creasy. 1964. *Twenty Decisive Battles of the World*. New York: Macmillan.
Mitchell, Sydney Cox. 1951. *Taxation in Medieval England*. New Haven, CT: Yale Univ. Press.
Moffett, Samuel Hugh. 1992. *A History of Christianity in Asia*. Vol. 1. San Francisco: HarperSan Francisco.
Montgomery, Field-Marschall Viscount (Bernard). 1968. *A History of Warfare*. New York: World.
Moore, R. I. 2008. "A Bad Call." *Times Literary Supplement*, April 25, 25.
Munro, Dana Carleton. 1936. *The Kingdom of the Crusaders*. New York: D. Appleton-Century Company.
Nicholson, Helen. 2003. *The Knights Hospitaller*. WoodBridge, UK: Boydell Press.
——. 2001. *The Chronicle of the Third Crusade, a Translation of "The Itinerium Peregrinorum et Gesta Regis Ricardi."* Aldershot, UK: Ashgate.
Nicholson, Robert. 1969. "The Growth of the Latin States, 1118-1144." In Baldwin

ス、バーナード（尾高晋己訳）『ムスリムのヨーロッパ発見（上）・（下）』春風社、二〇〇一年〕

——. 1994. *Islam and the West*. Oxford: Oxford Univ. Press.

——. 1987. *The Jews of Islam*. Princeton, NJ: Princeton Univ. Press.

——. 1967. *The Assassins: A Radical Sect in Islam*. London: Weideenfeld & Nicolson.〔ルイス、バーナード（加藤和秀訳）『暗殺教団——イスラームの過激派』新泉社、一九七三年〕

Lofland, John, and Rodney Stark. 1965. "Becoming a Word-Saver: A Theory of Conversion to a Deviant Perspective." *American Sociological Review* 30: 862-75.

Lomax, Derek W. 1978. *The Reconquest of Spain*. London: Longman.〔ローマックス、デレク・W（林邦夫訳）『レコンキスタ——中世スペインの国土回復運動』刀水書房、一九九六年〕

Lopez, Robert S. 1976. *The Commercial Revolution of the Middle Ages, 950-1350*. Cambridge: Cambridge Univ. Press.〔ロペス、ロバート・S（宮松浩憲訳）『中世の商業革命——ヨーロッパ 950−1350』法政大学出版局、二〇〇七年〕

——. 1969. "The Norman Conquest of Sicily." In Baldwin 1969, 54-67.

Lunt, W. E. 1915. "Papal Taxation in England in the Reign of Edward I." *English Historical Review* 30: 398-417.

Maalouf, Amin. 1984. *The Crusades Through Arab Eyes*. New York: Schocken Books.〔マアルーフ、アミン（牟田口義郎／新川雅子訳）『アラブが見た十字軍（改訳版）』筑摩書房、二〇〇一年〕

Mackensen, Ruth Stellhorn. 1936. "Background of the History of Moslem Libraries (Concluded)." *American Journal of Semitic Languages and Literature* 52: 104-10.

——. 1935a. "Background of the History of Moslem Libraries." *American Journal of Semitic Languages and Literature* 51: 114-25.

——. 1935b. "Background of the History of Moslem Libraries (Continued)." *American Journal of Semitic Languages and Literature* 52: 22-33.

Madden, Thomas F. 2003. *Enrico Dandolo and the Rise of Venice*. Baltimore: Johns Hopkins Univ. Press.

——. 2002a. "The Real History of the Crusades." *Crisis Magazine*, April 1. Online

Karsh, Efraim. 2007. *Islamic Imperialism: A History*. Updated ed. New Haven, CT: Yale Univ. Press.

Kedar, Benjamin Z. [1990] 2002. "The Subjected Muslims of the Frankish Levant." In *The Crusades: The Essential Readings*, ed. Thomas F. Madden, 235-64. Oxford: Blackwell Publishing.

——. 1984. *Crusade and Mission: European Approaches Toward the Muslims*. Princeton, NJ: Princeton Univ. Press.

——. 1974. "The General Tax of 1183 in the Crusading Kingdom of Jerusalem: Innovation or Adaptation?" *English Historical Review* 89: 339-45.

Kennedy, Hugh. 2001. *The Armies of the Caliphs*. London: Routledge.

Knobler, Adam. 2006. "Holy Wars, Empires, and the Portability of the Past: The Modern Uses of the Medieval Crusade." *Comparative Studies in Society and History* 48: 293-325.

Kollek, Teddy and Moshe Pearlman. 1970. *Pilgrims to the Holy Land*. New York: Harper and Row.

Krey, August C. 1921. *The First Crusade: The Accounts of Eye-Witnesses and Participants*. Princeton, NJ: Princeton Univ. Press.

Krueger, Hilmar C. 1969. "The Italian City States and the Arabs before 1095." In Baldwin 1969, 40-53.

La Monte, John L. 1932. *Feudal Monarchy in the Latin Kingdom of Jerusalem, 1100-1291*. Cambridge: Harvard Univ. Press.

Lane-Pool, Stanlrey. [1898] 2002. *Saladin: All-Powerful Sultan and Uniter of Islam*. New York: Cooper Square Press.

Lawrence, C. H. 2000. *Medieval Monasticism*. 3rd ed. London: Longman.

Leighton, Albert C. 1972. *Transportation and Communication in Early Medieval Europe, A.D. 500-1100*. Newton Abbot, UK: David & Charles.

Lewis, Archibald R. 1951. *Naval Power and Trade in the Mediterranean, A.D. 500-1100*. Princeton, NJ: Princeton Univ. Press.

Lewis, Bernard. 2002. *What went Wrong? Western Impact and Middle East Response*. Oxford: Oxford Univ. Press.〔ルイス、バーナード（臼杵陽監訳・今松泰／福田義昭訳）『イスラム世界はなぜ没落したか？——西洋近代と中東』日本評論社、二〇〇三年〕

——. [1982] 2001. *The Muslim Discovery of Europe*. New York: W. W. Norton.〔ルイ

Holt, P. M. 1983. "Saladin and His Admires: A Biographical Reassessment." *Bulletin of the School of Oriental and African Studies, University of London* 46: 235-39.

Horvath, Ronald J. 1972. "A Definition of Colonialism." *Current Anthropology* 13: 45-57.

Hunt, E. D. 1982. *Holy Land Pilgrimage in the Later Roman Empire, A. D. 312-460*. Oxford: Clarendon Press.

Hussey, Joan M. 1969. "Byzantium and the Crusades." In Wolff and Hazard 1969, 123-51.

Hyland, Ann. 1994. *The Medieval Warhorse: From Byzantium to the Crusades*. London: Grange Books.

Irwin, Robert. 2006. *Dangerous Knowledge: Orientalism and Its Discontents*. New York: Overlook Press.

Issawi, Charles. 1957. "Crusades and Current Crisis in the Near East: A Historical Parallel." *International Affairs* 33: 269-79.

Jaki, Stanley. 1986. *Chance or Reality and Other Essays*. Lanham, MD: Univ. Press of America/ Intercollegiate Studies Institute.

Jaki, Stanley L. 1986. *Science and Creation*. Edinburgh: Scottish Academic Press.

Jamison, Alan G. 2006. *Faith and Sword: A Short History of Christian-Muslim Conflict*. London: Reaktion Books.

Jamison, Evelyn. [1939] 1969. "Some Notes on the *Anonymi Gesta Francorum*." In *Studies in French Language and Medieval Literature: Presented to Professor Mildred K. Pope by Pupils, Colleagues, and Friends*, 183-208. Freeport, NY: Books for Libraries Press.

Jandora, John Walter. 1990. *The March from Medina: A Revisionist Study of the Arab Conquests*. Clinton, NJ: Kingston Press.

——. 1986. "Developments in Islamic Warfare: The Early Conquests." *Studia Islamica* 64: 101-13.

Jenkins, Romilly. [1969] 1987. *Byzantium: The Imperial Centuries, A.D. 610-1071*. Toronto: Univ. of Toronto Press.

Johnson, Edgar N. 1969. "The Crusades of Frederick Barbarossa and Henry VI." In Wolff and Hazard 1969, 87-122.

Kaegi, Walter E. 1992. *Byzantium and the Early Islamic Conquests*. Cambridge: Cambridge Univ. Press.

Gimpel, Jean. 1976. *The Medieval Machine: The Industrial Revolution of the Middle Ages*. New York: Penguin Books.〔ギャンペル、ジャン（坂本賢三訳）『中世の産業革命』岩波書店、二〇一〇年〕

Glubb, Lieutenant-General Sir John Bagot. [1963] 1995. *The Great Arab Conquests*. New York: Barnes and Noble.

Grabar, Oleg. 2006. *The Dome of the Rock*. Cambridge, MA: Belknap Press of the Harvard Univ. Press.

Graetz, Heinrich Hirsh. 1894. *History of the Jews*. Vol. 3. Philadelphia: Jewish Publication Society of America.

Graham, Rose. 1908. "The Taxation of Pope Nicholas IV." *English Historical Review* 23: 434-54.

Grosser, Paul E. and Edwin G. Halpern. 1983. *Anti-Semitism: Causes and Effects. An Analysis and Chronology of Nineteen Hundred Years of Anti-Semitic Attitudes and Practices*. New York: Philosophical Library.

Guibert of Nogent. [c. 1106] 1997. *Gesta Dei per Francos (The Deeds of God through the Franks)*. Rochester, NY: Boydell Press.

Hallam, Elizabeth, ed. 2000. *Chronicles of the Crusades: Eyewitness Accounts of the Wars Between Christianity and Islam*. New York: Welcome Rain.〔ハラム、エリザベス（川成洋／太田美智子／太田直也訳）『十字軍大全——年代記で読むキリスト教とイスラームの対立』東洋書林、二〇〇六年〕

Hamilton, Bernard. 2000. *The Leper King and His Heirs: Baldwin IV and the Crusader Kingdom of Jerusalem*. Cambridge: Cambridge Univ. Press.

Hanson, Victor Davus. 2001. *Carnage and Culture: Landmark Battles and the Rise of Western Power*. New York: Doubleday.

Hill, Donald R. 1993. *Islamic Science and Engineering*. Edinburgh: Edinburgh Univ. Press.

Hillenbrand, Carole. 1999. *The Crusades: Islamic Perspectives*. Edinburgh: Edinburgh Univ. Press.

Hitti, Philip Khuri. 2002. *History of Syria Including Lebanon and Palestine*. Piscataway, NJ: Gorgias Press.〔ヒッティ、フィリップ・フーリ（小玉新次郎訳）『シリア——東西文明の十字路』中央公論社、一九九一年〕

Hodgson, Marshall G. S. 1974. *The Venture of Islam: Conscience and History in a World Civilization*. 3 vols. Chicago: Univ. of Chicago Press.

——. 1992. *Moorish Spain*. Berkeley: Univ. of California Press.

France, John. 2002. "Patronage and the Appeal of the First Crusade." In *The Crusades: The Essential Readings*, ed. Thomas F. Madden, 195-207. Oxford: Blackwell Publishing.

——. 1999. *Western Warfare in the Age of the Crusades, 1000-1300*. Ithaca, NY: Cornell Univ. Press.

——. 1997. *Victory in the East*. Cambridge: Cambridge Univ. Press.

Fregosi, Paul. 1998. *Jihad in the West: Muslim Conquests from the 7th to the 21st Centuries*. Amherst, NY: Prometheus Books.

Fulcher of Chartres. [c. 1127] 1969. *A History of the Expedition to Jerusalem, 1095-1127*. Knoxville: Univ. of Tennessee Press.〔cf. レーモン・ダジール／フーシェ・ド・シャルトル他著（丑田弘忍訳）『フランク人の事績——第一回十字軍年代記』鳥影社、二〇〇八年〕

Gabrieli, Francesco. 1964. "Greeks and Arabs in the Central Mediterranean Area." *Dumbarton Oaks Papers* 18: 57-65.

Gay, Peter. 1966. *The Enlightenment*. New York: W. W. Norton.

Gibb, Sir Hamilton A. R. 1969. "The Caliphate and the Arab States." In Baldwin 1969, 81-98.

——. 1958. "Arab-Byzantine Relations Under the Umayyad Caliphate." *Dumbarton Oaks Papers* 12: 219-33.

Gibbon, Edward. [1776-1788] 1994. *The History of the Decline and Fall of the Roman Empire*. 3 vols. London: Allen Lane/Penguin Press.〔ギボン、エドワード（中野好夫訳）『ローマ帝国衰亡史』全10巻、筑摩書房、一九九七年〕

Gidal, Nachum T. 1988. *Jews in Germany: From Roman Times to the Weimar Republic*. Cologne: Könemann.

Gies, Frances, and Joseph Gies. 1994. *Cathedral, Forge, and Waterwheel: Technology and Invention in the Middle Ages*. New York: Harper Collins.〔ギース、ジョセフ／ギース、フランシス（栗原泉訳）『大聖堂・製鉄・水車——中世ヨーロッパのテクノロジー』講談社、二〇一二年〕

Gil, Moshe. 1992. *A History of Palestine, 634-1099*. Cambridge: Cambridge Univ. Press.

Gillingham, John. 1999. "An Age of Expansion: c. 1020-1204." In *Medieval Warfare: A History*, ed. Maurice Keen, 59-88. Oxford: Oxford Univ. Press.

——. 1997. *The Chivalrous Society*. Berkeley: Univ. of California Press.

Duffy, Eamon. 1997. *Saints and Sinners: A History of the Popes*. New Haven, CT: Yale Univ. Press.

Duncalf, Frederic. 1969a. "The Councils of Piacenza and Clermont." In Baldwin 1969, 220-52.

——. 1969b. "The First Crusade: Clermont to Constantinople." In Baldwin 1969, 253-79.

——. 1921. "The Peasants' Crusade." *American Historical Review* 26: 440-53.

Durant, Will. 1950. *The Age of Faith*. New York: Simon and Schuster.

Edbury, Peter. 1999. "Warfare in the Latin East." In *Medieval Warfare: A History*, ed. Maurice Keen, 89-112. Oxford: Oxford Univ. Press.

——, ed. 1985. *Crusade and Settlement* (papers in honor of R. C. Smail.). Cardiff, UK: Univ. College Cardiff Press.

Ehrenkreuz, A. S. 1955. "The Place of Saladin in the Naval History of the Mediterranean Sea in the Middle Ages." *Journal of the American Oriental Society* 75: 100-116.

Ekelund, Robert B., Robert F. Hébert, Robert D. Tollison, Gray M. Anderson, and Audrey B. Davidson. 1999. *Sacred Trust: The Medieval Church as an Economic Firm*. New York: Oxford Univ. Press.

Erdmann, Carl. [1935] 1977. *The Origin of the Idea of Crusade*. Princeton, NJ: Princeton Univ. Press.

Erdoes, Richard. 1988. *A.D. 1000: Living on the Brink of the Apocalypse*. New York: Harper and Row.

Fahmy, Aly Mohamed. 1966. *Muslim Sea-Power in the Eastern Mediterranean*. Cairo: National Publication.

Farah, Caesar E. 1994. *Islam: Beliefs and Observations*. 5th ed. Hauppauge, NY: Barron's.

Ferris, Eleanor. 1902. "The Financial Relations of the Knights Templars to the English Crown." *American Historical Review* 8: 1-17.

Fink, Harold S. 1969. "The Foundation of the Latin States, 1099-1118." In Baldwin 1969, 368-409.

Fletcher, Richard. 1997. *The Barbarian Conversion: From Paganism to Christianity*. New York: Henry Holt and Company.

sources). West Orange, NJ: Behrman House.

Cheeetham, Nicolas. 1983. *Keepers of the Keys: The History of the Popes from St. Peter to John Paul II*. New York: Scribner's.

Cohen, Raymond. 2008. *Saving the Holy Sepulchre*. New York: Oxford Univ. Press.

Cole, Penny J. 1991. *The Preaching of the Crusades to the Holy Land, 1095-1270*. Cambridge, MA: Medieval Academy of America.

Colish, Marcia L. 1997. *Medieval Foundations of the Western Intellectual Tradition: 400-1400*. New Haven, CT: Yale Univ. Press.

Collins, Roger. 1998. *Charlemagne*. Toronto: Univ. of Toronto Press.

Comnena, Anna. [c. 1148] 1969. *The Alexiad*. London: Penguin Classics.

Constable, Giles. 1953. "The Second Crusade as Seen by Contemporaries." *Traditio* 9: 213-79.

Curry, Andrew. 2002. "The Crusades, the First Holy Wars." *U.S. News & World Report*, April 8, 36.

Daniel-Rops, Henri. 1957. *Cathedral and Crusade: Studies of the Medieval Church, 1050-1350*. London: Dent.

Davidson, H. R. Ellis. 1976. *The Viking Road to Byzantium*. London: George Allen & Unwin.

Davis, Paul K. 2001. *100 Decisive Battles from Ancient Times to the Present*. Oxford: Oxford Univ. Press.

Davis, William Stearns, ed. 1913. *Readings in Ancient History: Illustrative Extracts from the Sources*. Vol. 2, *Rome and the West*. Boston: Allyn and Bacon.

Delbrück, Hans. [1920] 1990. *The Barbarian Invasions: History of the Art of War*. Vol. 2. Lincoln: Univ. of Nebraska Press.

Dennet, Daniel C., Jr. 1948. "Pirenne and Muhammad." *Speculum* 23: 165-90.

d'Eszlary, Charles. 1958. "Magna Carta and the Assises of Jerusalem." *American Journal of Legal History* 2: 189-214.

Dickens, Mark. 1991. "The Church of the East." www.oxuscom.com/ch-of-east.htm.

Donner, Fred McGraw. 1981. *The Early Islamic Conquests*. Princeton, NJ: Princeton Univ. Press.

Duby, Georges. 1994. *The Knight, the Lady, and the Priest*. Chicago: Univ. of Chicago Press.〔デュビー、ジョルジュ（篠田勝英訳）『中世の結婚——騎士・女性・司祭』新評論、一九九四年〕

Crusade." In Edbury 1985, 57-65.

Bull, Marcus. 1993. *Knightly Piety and the Lay Response to the First Crusade: The Limousin and Gascony, c. 970-C. 1130*. Oxford: Clarendon Press.

Bulliet, Richard W. [1975] 1990. *The Camel and the Wheel*. New York: Columbia Univ. Press.

——. 1979a. *Conversion to Islam in the Medieval Period: An Essay in Quantitative History*. Cambridge, MA: Harvard Univ. Press.

——.1979b. "Conversion to Islam and the Emergence of Muslim Society in Iran." In *Conversion to Islam*, ed. Nehemia Levtzion, 30-51. New York: Holmes & Meier.

Burman, Edward. 1986. *The Templars: Knight of God*. Rochester, VT: Destiny Books.

Butler, Alfred. [1902] 1992. *The Arab Conquest of Egypt*. Brooklyn: A&B Publishers Group.

——. 1884. *Ancient Coptic Churches in Egypt*. Vol. 2. Oxford: Oxford Univ. Press.

Cahen, Claude. 1969. "The Turkish Invasion: The Selchükids." In Baldwin 1969, 135-76.

Cardini, Franco. 2001. *Europe and Islam*. Oxford: Blackwell.

Carroll, James. 2004. *Crusade: Chronicles of an Unjust War*. New York: Metropolitan Books.

Cate, James Lea. 1969. "The Crusade of 1101." In Baldwin 1969, 343-69.

Cazel, Fred A. 1995. "The Tax of 1185 in Aid of the Holy Land." *Speculum* 30: 385-92.

Chandler, Tertius. 1987. *Four Thousand Years of Urban Growth: An Historical Census*. 2nd ed. Lewiston, NY: Edwin Mellen Press.

Charanis, Peter. 1969. "The Byzantine Empire in the Eleventh Century." In Baldwin 1969, 177-219.

Chazan, Robert. 2006. *The Jews of Medieval Western Christendom, 1000-1500*. Cambridge: Cambridge Univ. Press.

——. 1996. *In the Year 1096: The First Crusade and the Jews*. Philadelphia: Jewish Publication Society.

——. 1986. *European Jewry and the First Crusade*. Berkeley: Univ. of California Press.

——. ed. 1980. *Church, State, and Jew in the Middle Ages* (a collection of original

Years. Madison: Univ. of Wisconsin Press.

Baldwin, Summerfield. 1937. *Business in the Middle Ages*. New York: Henry Holt.

Barber, Malcolm. 1994. *The New Knighthood: A History of the Order of the Temple*. Cambridge: Cambridge Univ. Press.

Baron, Salo Wittmayer. 1957. *A Social and Religious History of the Jews*. Vols. 3, 4, and 5. New York: Columbia Univ. Press.

Becker, Carl Heinrich. [1909] 2006. *Christianity and Islam*. Boston: IndyPublish.

——. 1926a. "The Expansion of the Saracens—the East." In *The Cambridge Medieval History*, ed. J. B. Bury, H. M. Gwatkin, and J. P. Whitney, 2: 329-65. Cambridge: Cambridge Univ. Press.

——. 1926b. "The Expansion of the Saracens—Africa and Europe." In *The Cambridge Medieval History*, ed. J. B. Bury, H. M. Gwatkin, and J. P. Whitney, 2: 366-90. Cambridge: Cambridge Univ. Press.

Bédier, Joseph, and Pierre Aubry. 1909. *Chansons de Croisade*. Hnoré Champion: Paris.

Beeching, Jack. 1982. *The Galleys at Lepanto*. New York: Charles Scribner's Sons.

Berry, Virginia G. 1969. "The Second Crusade." In Baldwin 1969, 463-512.

Biddle, Martin. 1999. *The Tomb of Christ*. Thrupp, UK: Sutton Publishing.

Bloom, Jonathan. 2007. "Islam on the Temple." *Times Literary Supplement*, December 7, 7-8.

Boas, Adrian J. 1998. "The Frankish Period: A Unique Medieval Society Emerges." *Near Eastern Archaeology* 61, 138-73.

Boorstin, Daniel J. 1983. *The Discoverers*. New York: Random House.

Bramhall, Edith Clementine. 1901. "The Origin of the Temporal Privileges of Crusaders." *American Journal of Theology* 5: 279-92.

Brand, Charles M. 1962. "The Byzantines and Saladin, 1185-1192: Opponents of the Third Crusade." *Speculum* 37: 167-81.

Brent, Michael, and Elizabeth Fentress. 1996. *The Berbers*. Oxford: Blackwells.

Brickman, William W. 1961. "The Meeting of East and West in Educational History." *Comparative Education Review* 5: 82-98.

Brown, Gordon S. 2003. *The Norman Conquest of Southern Italy and Sicily*. Jefferson, NC: McFarland & Co.

Brundage, James A. 1985. "Prostitution, Miscegenation and Sexual Purity in the First

参考文献

Abulafia, Anna Sapir. 1985. "Invectives Against Christianity in the Hebrew Chronicles of the First Crusade." In Edbury 1985, 66-72.

Abun-Nasr, Jamil. 1971. *A History of the Maghrib*. Cambridge: Cambridge Univ. Press.

Afsaruddin, Asma. 1990. "The Great Library at Alexandria." *American Journal of Economics and Sociology* 49: 291-92.

Ahmad, Aziz. 1975. *A History of Islamic Sicily*. Edinburgh: Edinburgh Univ. Press.

Ajram, Dr. K. 1992. *The Miracle of Islamic Science*. Cedar Rapids, IA: Knowledge House.

Alroy, Gil Carl. 1975. *Behind the Middle East Conflict: The Real Impasse Between Arabs and Jews*. New York: G. P. Putnam's Sons.

Andrea, A. J. 2003. "The Crusades in Perspective: The Crusades in Modern Islamic Perspective." *History Compass* 1, 1-4.

Anonymous. [c. 1102] 1962. *Gesta Francorum: The Deeds of the Franks and Other Pilgrims to Jerusalem*. Translated by Rosalind Hill. Oxford: Clarendon Press.〔cf. レーモン・ダジール／フーシェ・ド・シャルトル他著（丑田弘忍訳）『フランク人の事績――第一回十字軍年代記』鳥影社、二〇〇八年〕

Armstrong, Karen. [1991] 2001. *Holy War: The Crusades and Their Impact on Today's World*. 2nd ed. New York: Random House.〔アームストロング、カレン（塩尻和子／池田美佐子訳）『聖戦の歴史――十字軍遠征から湾岸戦争まで』柏書房、二〇〇一年〕

Atiya, Aziz S. 1968. *History of Eastern Christianity. Notre Dame*: Univ. of Notre Dame Press.

――. 1966. *Crusade, Commerce and Culture*. New York: John Wiley & Sons.

Bachrach, Bernard S. 1985. "On the Origins of William the Conqueror's Horse Transports." *Technology and Culture* 26: 505-31.

Bairoch, Paul. 1988. *Cities and Economic Development: From the Dawn of History to the Present*. Chicago: Univ. of Chicago Press.

Baldwin, Marshall W., ed. 1969. *A History of the Crusades*. Vol. 1, *The First Hundred*

訳者略歴
櫻井康人（さくらい・やすと）

1971 年、和歌山県生まれ。2000 年、京都大学大学院文学研究科歴史文化学専攻博士後期課程研究指導認定退学。博士（文学）。現在、東北学院大学文学部歴史学科教授。
主著に『コミュニケーションから読む中近世ヨーロッパ史——紛争と秩序のタペストリー』ミネルヴァ書房、2015 年、『地中海世界の旅人——移動と記述の中近世史』慶応義塾大学出版会、2014 年、『ヨーロピアン・グローバリゼーションの歴史的位相——「自己」と「他者」の関係史』勉誠出版、2013 年、『空間と移動の社会史』ミネルヴァ書房、2009 年（いずれも共著）。

十字軍とイスラーム世界
神の名のもとに戦った人々

2016 年 11 月 17 日　第 1 版第 1 刷発行

著　者……ロドニー・スターク
訳　者……櫻井康人

発行者……小林　望
発行所……株式会社新教出版社
〒 162-0814 東京都新宿区新小川町 9-1
電話（代表）03 (3260) 6148
振替 00180-1-9991
印刷・製本……河北印刷株式会社

ISBN 978-4-400-22724-3　C1022